Hofmann · Gottesreich und Revolution

Rupert Hofmann (Hrsg.)

Gottesreich und Revolution

Zur Vermengung von Christentum und Marxismus in politischen Theologien der Gegenwart

---

Verlag Regensberg Münster

Für vielfältige Anregungen und tatkräftige Hilfe bei der Redaktion des Bandes dankt der Herausgeber Herrn Burkhard Haneke für die Erstellung des Registers Frau Regina Thum und Herrn Jens Bahr.

ISBN 3-7923-0563-1

Gegründet 1591
Gesamtherstellung: Regensberg, Münster

INHALTSVERZEICHNIS

Einleitung

Zu den besonderen Merkwürdigkeiten auf dem Markt zeitgenössischer Ideologien gehört zweifellos die seit der Mitte der sechziger Jahre im Vordringen befindliche Verschmelzung von christlicher Theologie und marxistischer Weltanschauung. Obwohl in ihrer politischen Manifestation unübersehbar geworden, herrscht über den wahren Charakter dieser neuen Bewegung weithin Unklarheit, da sie im Gewande scheinbar herkömmlicher christlicher Redewendungen daherkommt und sich zudem mit einem sozialen Pathos umgibt, das jeden Widerspruch von vornherein als gewissenlos erscheinen läßt.

1.

Ihr Erfolgsgeheimnis ist das Spiel mit sprachlichen Mehrdeutigkeiten in Verbindung mit einer alle Arten der Manipulation offen haltenden Medienkultur. Dies gilt namentlich für die marxistische Variante der sog. „Befreiungstheologie", welcher gerade die profilierteren Vertreter dieser Richtung zuzurechnen sind. „Befreiungstheologie" ist inzwischen zu einem „Hurra-Wort" geworden, das die vorbehaltlose Zustimmung aller billig und gerecht Denkenden erheischt, ohne an ihr Unterscheidungsvermögen übertriebene Anforderungen zu stellen. Diejenige „Theologie der Befreiung", welche Johannes Paul II. unlängst gefordert und als „nützlich und notwendig" für die Kirche bezeichnet hat[1], ist aber selbstverständlich nicht identisch mit derjenigen, welche Gustavo Gutiérrez in seinem gleichnamigen Buch entwickelt hat[2], und die u. a. von Leonardo und Clodovis Boff nach wie vor offensiv vertreten wird. Dennoch versuchten diese alsbald einer weitgehend uninformierten Öffentlichkeit einzureden, der Papst habe die erst zwei Jahre zuvor verurteilte Spielart der „Befreiungstheologie" nunmehr zur Kirchenlehre erhoben[3].

---

[1] Vgl. *Herder-Korrespondenz* 40 (1986), S. 277ff. (280).

[2] *Theologie der Befreiung*, München/Mainz 1973 (1986⁹).

[3] Leonardo und Clodovis Boff, „Über die Freiheit von Sünde und Hunger" in *Süddeutsche Zeitung* Nr. 128 vom 7./8. Juni 1986 (SZ am Wochenende S. II), und zuvor in: *Jornal do Brasil* vom 11. Mai 1986.

Es bedarf freilich keiner Prophetengabe um vorauszusehen, daß mit dem Entschluß der römischen Kurie, an dem Stichwort „Befreiung" festzuhalten, ihm aber gleichzeitig seinen genuin christlichen Sinn zurückzugeben, der aus der tiefen Zweideutigkeit diese Wortes resultierende Grundkonflikt noch lange nicht aus der Welt geschafft ist. Der Ausdruck „Befreiung" war nun einmal längst vor seiner Übernahme durch eine bestimmte theologische Strömung „von fremden Truppen" besetzt und erlebte in Gestalt des Neomarxismus genau zu dem Zeitpunkt eine Renaissance, als er von den Befreiungstheologen in das Zentrum ihrer Erörterungen gerückt wurde. Bekanntlich ist es Karl Marx gewesen, der – unter ausdrücklicher Verwerfung des Gedankens der Menschenrechte – die universelle Befreiung des Menschen u. a. von der Religion erhofft und propagiert hat. Diese sog. „menschliche Emanzipation", deren Träger das Proletariat sein sollte[4], ist aber das genaue Gegenteil des biblischen Befreiungsbegriffs, welcher jedes derartigen emanzipatorischen Elements entbehrt[5]. Die Umdeutung des christlichen Befreiungsbegriffs durch marxistisch beeinflußte Theologen lag daher nahe, als Ende der sechziger Jahre in kirchlichen Dokumenten immer häufiger der Ausdruck „Befreiung" an die Stelle von „Erlösung" trat. Man bedient sich eben solcher Stilmittel nicht ungestraft: „Die Wörter kommen mit erhobenem Zeigefinger zurück"[6].

2.

Die marxistisch inspirierte Befreiungstheologie ist aber nur die derzeit prominenteste Version jenes Amalgams aus Christentum und Marxismus, von dem eingangs die Rede war. Sie hat ihre Vorläufer und Wegbereiter in einer ganzen Reihe weiterer Attributiv- bzw. Genitivtheologien wie der „Theologie der Revolution", der sog. „Neuen politischen Theologie", der „Theologie der Hoffnung" und neuerdings einer „Theologie des Volkes" (Vgl. den Beitrag von P. Beyerhaus,

---

[4] „Zur Judenfrage" in: Ders., *Die Frühschriften*, hrsg. von Siegfried Landshut, Stuttgart 1971, S. 171ff. (190ff., 198f.)

[5] Bernhard Hanssler, „Politik statt Kult?" in: Franz Hengsbach/Alfonso López Trujillo (H.), *Politische Denaturierung von Theologie und Kult*, Aschaffenburg 1978, S. 63ff. (77) unter Hinweis auf 1. Kor. 7,21. Vgl. auch Werner Conze: „für den Christen, der die wahre Freiheit besitzt, werden die sozialen Ordnungen relativiert und vorläufig" (Art. „Freiheit" in: *Geschichtliche Grundbegriffe*, Bd. 2, S. 437).

[6] Peter Hebblethwaite, *Mehr Christentum oder mehr Marxismus?*, Frankfurt a. M. 1977, S. 74f.

S. 167ff.), um nur die wichtigsten zu nennen. Alle diese Theologien gehen auf europäische und (in geringerem Maß) auf nordamerikanische Anreger zurück. Daß speziell die Befreiungstheologie ein völlig eigenständiges lateinamerikanisches Produkt sei, wie immer wieder fälschlich suggeriert wird, ist nur insoweit richtig, als die besonderen lateinamerikanischen, durch Unterentwicklung, Not und Elend breiter Volksschichten gekennzeichneten sozialen und politischen Verhältnisse den *Anlaß* ihres Entstehens bilden. Die führenden Vertreter dieser Theologie aber haben entweder an europäischen Universitäten studiert oder sind selbst europäischer Herkunft und haben mithin ihr geistiges Rüstzeug in Europa erworben. Ihnen kommt freilich ein auf dem lateinamerikanischen Kontinent verbreitetes, dem politischen Messianismus günstiges geistiges Klima entgegen, das aber seinerseits ebenfalls in älteren europäischen Traditionen verwurzelt ist (Vgl. R. Vélez Rodríguez, S. 57ff.).

Die Behauptung, daß die Befreiungstheologie eine urwüchsige lateinamerikanische Schöpfung sei, wirkt daher praktisch als Einschüchterungsphrase. Sie soll gegen Kritik immunisieren, indem sie dem Kritiker zu verstehen gibt, von einem Standort außerhalb Lateinamerikas aus könne diese Theologie gar nicht zutreffend beurteilt werden. Dahinter verbirgt sich freilich zugleich die vulgärmarxistische Grundüberzeugung, wonach das jeweilige gesellschaftliche Sein das Bewußtsein bestimmt. Die Theorie aber, die solches behauptet, erhebt gleichwohl, wie weiland Marx, Anspruch auf Allgemeingültigkeit. So ist aus der christlich marxistischen Grundoption mittlerweile eine messianische Bewegung entstanden, die nicht nur die Konfessionsgrenzen überschreitet, sondern auch nichtchristliche, ja atheistische Weltanschauungen bewußt einbezieht und die sich offenbar für eine Verbreitung in Afrika und Asien ebenso eignet, wie sie von Anfang an dank beachtlicher verlegerischer Anstrengungen in Europa, namentlich in Westdeutschland, Fuß fassen konnte[7]. Sie hat auf internationaler Ebene Rückhalt im Lutherischen, wie im Reformierten Weltbund, vor allem aber in den

[7] Inzwischen versucht sich gar ein westdeutscher Verlag mit der Übersetzung und Herausgabe einer 53bändigen „Bibliothek Theologie der Befreiung" mit unverhohlen missionarischer Intention. Mehr als nur symbolische Bedeutung dürfte dabei die Tatsache haben, daß viele Autoren dieser Buchreihe zugleich für Verlage schreiben, die aus ihrer Sympathie für marxistische „Befreiungs"optionen (etwa im Sinne der „Christen für den Sozialismus") keinen Hehl machen, wie die „edition liberación" (Münster) und die „Edition Exodus" (Freiburg/Schweiz).

meisten Abteilungen des Genfer Kirchenrates (Vgl. P. Beyerhaus, S. 173ff.; W. Hahn, S. 127ff.), dessen offizielle Vertreter freimütig erklären, daß sein Mitarbeiterstamm fast durchweg aus „Sozialisten" bestehe[8]. Folgerichtig kann nun auch der Ökumenebegriff als „weltweite Bewegung von Christen und Nichtchristen" neu definiert werden (Vgl. W. Schlichting, S. 143ff.).

3.

Diese Entwicklung legt den Schluß nahe, daß es sich bei den hier wirksamen Theologien weniger um wissenschaftliche Bemühungen als um Ausdrucksformen einer *neuen*, nämlich *politischen Religion* handelt. Am deutlichsten kommt dies dort zum Ausdruck, wo Theologen in die Rolle von Geschichtspropheten schlüpfen und vorgeben, in die Zwecke von Gottes Geschichtshandeln („Gods action in history") und damit in die Zukunft der Geschichte selbst eingeweiht zu sein. Eine solche „Theologie" aber reflektiert nicht über vorgegebene Glaubensinhalte, sondern bringt ihrerseits neue Glaubenslehren hervor. Innerhalb der christlich-marxistischen Prophetie wird das Mischungsverhältnis von christlichen und marxistischen Elementen von Fall zu Fall variieren, aufs ganze gesehen aber handelt es sich um das folgende gedankliche Grundmuster:

> Die „christliche" Hoffnung ist die allgemein menschliche auf Befreiung von den Übeln dieser Welt. Sie erwartet deren Beseitigung von der Verwirklichung des „Gottesreiches" in der Geschichte. Die Herbeiführung dieses Vollkommenheitszustandes hängt indessen von dem sozialen und politischen Engagement derjenigen ab, welche an eine Welt ohne Elend zu glauben vermögen, in der alle Tränen getrocknet werden (Apok. 21,4). Sie sind berufen, die „christliche Utopie" innerhalb der Geschichte „topisch zu verwirklichen" (L. Boff). – Da das zentrale Übel dieser Welt der „Kapitalismus" ist, bedeutet dies, daß Revolution, näherhin die Beteiligung am Klassenkampf zur Pflicht dieser Gläubigen (Christen wie Nichtchristen) wird. Christus wird damit zum Vorbild des marxistischen Revolutionärs[9], der Revolutionär selber zur Verkör-

[8] Vgl. Edward Norman, *Christianity and the World Order*, Oxford u.a. 1979, S. 26.
[9] Vgl. Henry Deku, „Christus der erste Marxist?" in: Ders., *Wahrheit und Unwahrheit der Tradition*, St. Ottilien 1986, S. 183ff.

perung des wahren Christen. Soweit an Gott als einer transzendenten Wirklichkeit festgehalten wird, bleibt er innerhalb des geschichtlichen Befreiungsprozesses funktionslos. Im übrigen wird Gott als „Humanisierung", „herrschaftsfreie Liebe", internationale Solidarität o.ä. gedeutet.

Es fragt sich, ob ein solches „Gemenge aus christlicher und politischer Religion lebensfähig ist. Vermutlich wird die Kirche auf die Dauer nur einem Herrn dienen können. Sie wird sich entweder zu einer revolutionären politischen Gruppe reinigen, die durch den Glauben an die zukünftige gerechte Friedensgesellschaft geeint ist. Oder sie unterstellt sich dem Evangelium Jesu Christi, dessen Reich nicht von dieser Welt ist"[10].

4.

Geistesgeschichtlich gesehen ist eine marxistisch geprägte politische Theologie ein schierer Anachronismus. Als Theorie scheint der Marxismus heute fast nur noch von Theologen ernst genommen zu werden. Von sachverständigen Ökonomen wird er kaum noch diskutiert. Auch die neomarxistische „Kritische Theorie" Frankfurter Observanz liefert seit längerem nur noch Rückzugsgefechte. Im kommunistischen Machtbereich ist der Marxismus zu einem bloßen Herrschaftsinstrument herabgesunken. Es wirkt daher geradezu grotesk, daß er ausgerechnet von Theologen noch immer als „wissenschaftliches Analyseinstrument" herumgereicht wird.

Was am Marxismus fasziniert, ist aber nun gar nicht so sehr sein theoretischer Gehalt. Er ist keine Wissenschaft im gewöhnlichen Sinne des Wortes, sonst hätte er seine zahlreichen historischen Fehlprognosen nicht zu überleben vermocht. Was ihn namentlich für eine ständig wachsende Zahl philosophisch desorientierter Intellektueller so attraktiv macht, ist vielmehr der Umstand, daß er eine *Heilslehre* ist, welche für das Diesseits als der einzigen Wirklichkeit die endgültige Lösung aller Probleme der Menschheitsgeschichte verheißt. Er bietet gerade

---

[10] Rolf Schäfer, „Politischer oder christlicher Glaube" in: *Zeitschrift für Theologie und Kirche* 71 (1974), S. 181 ff. (226). Der Beitrag bietet eine glänzende Analyse und Kritik des sog. „Politischen Nachtgebets in Köln", einer Agitationsveranstaltung, in welcher sich der neue politische Glaube auf besonders eindrucksvolle Weise Ausdruck verschafft hat.

heute einer sich immer rascher säkularisierenden Welt einen *Erlösungsmythos* an[11] und erweist sich damit einmal mehr als „der ungeratene Sohn des Christentums". Der Marxismus gehört in den Zusammenhang der Kirchen- und Ketzergeschichte, nicht der Wissenschaftsgeschichte. Es ist daher nur konsequent, wenn führende Verfechter des christlich-marxistischen Messianismus von Ernst Bloch bis zu Dorothee Sölle das Wesen des Christentums von den Sektenbewegungen her erfassen und interpretieren wollen (Vgl. S. 22, 24).

5.

Die praktisch-politische Bedeutung dieser Uminterpretation liegt auf der Hand: Sie fördert die politischen Ziele derjenigen, die den Marxismus längst als Herrschaftsideologie instrumentalisiert haben. In einer vergleichsweise harmlosen Form zeigt sich dies dort, wo bei irgendeiner „Demo" aus beliebigem Anlaß rote Fahnen voraus- und schwarze Holzkreuze hinterhergetragen werden. Weniger harmlos ist es dann schon, wenn sich die Studentengemeinden einer westdeutschen Großstadt zu einem ökumenischen Gottesdienst versammeln, um sich von dem nicaraguanischen Kulturminister Ernesto Cardenal sagen zu lassen, mit den Revolutionen in Kuba und Nicaragua sei man dem Himmelreich auf Erden etwas näher gekommen. Erst jetzt beginne sich zu verwirklichen, was die ersten Christen vor 2000 Jahren wollten[12].

Für Cardenal ist Nicaragua das erste Land, in dem die „Theologie der Befreiung" an der Macht ist[13]. Nach dem Befreiungstheologen Leonardo Boff gibt andererseits die Sowjetunion denen, die christlich leben wollen, sogar größere Garantien als die Gesellschaftsordnung im Westen, „weil der Sozialismus den authentischen Christen bessere Bedingungen bietet".[14] Entsprechend positiv fällt die Würdigung der „Theologie der Befreiung" durch den offiziellen Sowjetkommunismus aus. „Im ganzen gesehen, tritt sie nach ihrem sozialen Inhalt als Ideologie der Werktätigen auf, als soziale Konzeption, die darum bemüht ist, sich den revolutionären Gehalt des Marxismus anzueig-

---

[11] Vgl. den Bericht über einen Vortrag von Nikolaus Lobkowicz mit dem Titel „Warum fasziniert der Marxismus?" in: *Neue Zürcher Zeitung* (Fernausgabe Nr. 36) vom 14. Februar 1987, S. 18).

[12] Vgl. *Frankfurter Allgemeine Zeitung (FAZ)* Nr. 239 vom 14. Oktober 1980, S. 3.

[13] Rede aus Anlaß der Verleihung der Ehrendoktorwürde der Ostberliner Humboldt-Universität, vgl. *FAZ* Nr. 250 vom 28. Oktober 1985, S. 25.

[14] Vgl. *FAZ* Nr. 185 vom 13. August 1987 S. 3.

nen“[15]. Die internationale kommunistische Zeitschrift „Probleme des Friedens und des Sozialismus“ nennt das Kind vollends beim Namen. Gestützt auf ausführliche Zitate von Leonardo Boff und Camillo Torres kommt sie zu dem Ergebnis: „Die ‚Theologie der Befreiung‘ ist ein weiterer Beweis dafür, daß Atheisten und Gläubige, Marxisten und Katholiken in einer Einheitsfront gegen den gemeinsamen Feind, den Imperialismus, kämpfen können und müssen“[16].

Für diese Art „Theologie der Befreiung“ setzt sich seit 1985 auch der kubanische Staatschef Fidel Castro ein, weil in dieser „Einheitsfront“ der Kommunismus in Lateinamerika am besten weiter verbreitet werden könne[17]. Er wird jedoch von der deutschen Theologin Dorothee Sölle getadelt, weil er hinter der Entwicklung in Nicaragua zurückbleibe: „Über das Bündnis hinaus, in dem sich Christen und Marxisten gegen dieselben Feinde finden, entsteht eine neue Identität, in der Menschen *Revolutionäre sind, um Christen zu werden*.“[18] Ein Hinweis aus dem Umkreis der Alternativszene erscheint hier schon realistischer, „daß Marxisten-Leninisten christliche ‚Bündnispartner‘ selbstverständlich kaltlächelnd über den Löffel barbieren“[19], dann nämlich, wenn sie als Bündnispartner nicht mehr gebraucht werden.

6.

Die Stimme der Vernunft hat gegenüber politischen Bewegungen, zumal wenn sie religiös motiviert sind, seit jeher einen schweren Stand. Sie werden vollends unangreifbar, wo ihre Wortführer der „Verantwortung des Glaubens vor dem Forum der Vernunft“ zugunsten „der

---

15 Wassilij M. Pasika, „Die ‚Theologie der Befreiung‘. Die lateinamerikanische radikale Variante“ in: *Voprosy filosofi*, 1, 1985, S. 99ff. deutsch in: *Osteuropa-Archiv* 1985, S. A 598ff. (600).

16 Alvaro Oviedo/Stepan Mamontow, „Die ‚Theologie der Befreiung‘: eine neue ‚Ketzerei‘?“ in: *Probleme des Friedens und des Sozialismus* 29 (1986), S. 387ff. (385).

17 Hans Lindemann, *Moskaus Traum: Nicaragua*, Stuttgart/Bonn 1986, S. 140.

18 „Kuba: Sozialismus und Christentum. Frei Betto in Gesprächen mit Fidel Castro über die Kirche als Schwester der Revolution“ in: *Die Zeit* Nr. 46 vom 7. November 1986, S. 16 (Hervorhebung von mir, R. H.). – Der Gesprächspartner Castros, der brasilianische Dominikanerpater Frei Betto, kann daher in einer auch im deutschen Sprachraum verbreiteten „leicht verständlichen Einführung in die lateinamerikanische Theologie der Befreiung“ den Milizionär Viktor sagen lassen: „In der christlichen Gemeinde . . . feiern wir die Sichtbarkeit des Reiches Gottes in den Fortschritten der sandinistischen Revolution“ *(Was ist die Theologie der Befreiung?*, Edition Exodus, Freiburg/Schweiz o.J., S. 27). Über weitere Beispiele von Nicaragua-Schwärmerei von J. B. Metz bis L. Boff vgl. unten S. 29f., 100.

19 Rainer Bieling, „Bevor Orwell kommt“ in: *zitty* 1984, Nr. 2.

Bewährung des Glaubens in der Praxis der Liebe" den Abschied geben[20] und so den Irrationalismus zum Prinzip erheben.

Dennoch möchte die hier vorgelegte Sammlung verstreuter Beiträge gegenüber der Welle befreiungstheologischer Literatur, welche die Stellagen insbesondere christlicher Buchhandlungen überquellen läßt, einen *kritischen* Akzent setzen. Sie will darüber hinaus *Informationen* bieten, welche dem an diesen Fragen interessierten Zeitgenossen nicht ohne weiteres zugänglich sind. Sieht er sich doch mit einer schwer durchschaubaren Doppelstrategie konfrontiert. Sie besteht darin, einerseits zu versichern, daß der Marxismus in der lateinamerikanischen Befreiungstheologie „allenfalls am Rande" vorkomme[21], andererseits aber den historischen Materialismus als „das einzige Instrument" zur Befreiung der Armen zu verteidigen[22].

Der Herausgeber muß natürlich den Vorwurf gewärtigen, ihm mangele es an Sensibilität für die Probleme der Armen, Unterdrückten und Entrechteten, er habe die dringend gebotene „Option für die Armen" als den eigentlichen Kern der Botschaft Christi nicht verstanden, kurz: er halte sich mit theoretischen Quisquilien auf, während die Not der Armen zum Himmel schreie.

Dem soll an dieser Stelle lediglich entgegengehalten werden, daß zum einen die „Option für die Armen" entgegen einem verbreiteten Vorurteil nicht das spezielle Signum von Befreiungstheologien, sondern Gemeingut der Kirche ist, daß also der Streit nicht die Diagnose, sondern die Therapie betrifft, zum anderen aber, daß es eine Illusion ist zu meinen, den Armen werde mit undurchdachten oder gar ideologischen Rezepten geholfen. Sie stiften allenfalls – und zwar neues – „Unheil aus gutem Willen".

7.

In den Arbeiten dieses Bandes werden Voraussetzungen, Methoden und Begriffe, ideengeschichtliche Hintergründe und weltanschauliche

---

[20] So der Aufruf des deutschen Förderkreises „Bibliothek Theologie der Befreiung" (FN 6). – Ein weiches Herz setzt aber einen harten Geist voraus, während ein weicher Geist im Ernstfall das Herz umso härter werden läßt, wofür u. a. das Experiment der sog. Priesterminister in Nicaragua ein sprechendes Zeugnis ist.

[21] Horst Goldstein, „Eine Streitschrift macht viel Lärm" in *Rheinischer Merkur/Christ und Welt* Nr. 2 vom 5. Januar 1985, S. 24.

[22] Leonardo Boff, *Aus dem Tal der Tränen ins Gelobte Land,* Düsseldorf 1982, S. 208f. Das Buch wurde übersetzt von Horst Goldstein (vgl. FN 21)!

Implikationen politischer Befreiungstheologien aus der Perspektive unterschiedlicher wissenschaftlicher Fachrichtungen wie auch verschiedener Konfessionen untersucht. Im Brennpunkt der Aufmerksamkeit steht dabei zwangsläufig jene Begegnung von christlicher Theologie und marxistischer Philosophie, die viele der heute diskutierten Attributiv-Theologien nachhaltig geprägt hat. Zu denken ist an das geistige Erbe Ernst Blochs, dem bei den Versuchen einer Amalgamierung von Christentum und Marxismus wohl eine Schlüsselstellung zukommt. Seiner „Hoffnungsphilosophie" folgend, die einer innerweltlichen Heilserwartung das Wort redet, finden chiliastische Visionen Einkehr in das Gebäude der Theologie, die das Paradies auf die Erde herunterholen wollen und so die klassische Unterscheidung der theologischen Tradition von Gottesreich und Erdenreich radikal einebnen (Vgl. S. 35; W. Schlichting, S. 164).

War es der „Neuen politischen Theologie" von J. B. Metz zunächst nur darum zu tun, die gesellschaftlich-politischen Implikationen theologischer Vorstellungen und Begriffe zu erheben, ging es in einem zweiten Schritt um die Verbindung eschatologischer Verheißungen mit politischen Handlungsorientierungen, und schickte man sich schließlich und endlich an, die Autorität des Evangeliums für konkrete politische Optionen und Aktionen zu bemühen (Vgl. W. Ockenfels, S. 45ff.).

Politische Weltgestaltung gewinnt absolute Priorität vor der Frage nach dem persönlichen Verhältnis des Christen zu Gott; an die Stelle der Bekehrung des einzelnen Sünders tritt die Kritik der Verhältnisse, die man als „strukturelle Sünde" interpretiert; die Vertikale wird unversehens von der Horizontalen verdrängt. Die Bibel wird als „sozialrevolutionäres Buch" entdeckt und die politische Aktion zur ersten Christenpflicht: Nur wer am politischen Befreiungskampf aktiv beteiligt ist, vermag Christus und seinen Willen hier und heute zu erkennen. Damit erhält der Befreiungskampf geradezu heilsgeschichtliche Bedeutung, und wird „die politische Option zu einer Frage des persönlichen Heils" (Vgl. W. Hahn, S. 132).

8.

Aus der Verbindung von Christentum und Marxismus gingen immanentistische Programmentwürfe zur Gewinnung innerweltlichen Heils hervor, die den gleichzeitigen Verlust des transzendenten Gehalts des christlichen Glaubens willig in Kauf nahmen (Vgl. A. Senge, S. 113ff.).

Von eschatologischen Visionen her wird ein völlig hypertropher Politikbegriff gebildet, kommt es zur „Divinisierung" und ubiquitären „Entgrenzung" des Politischen. In Konsequenz solcher Ausweitung des Politikbegriffs geschieht notwendigerweise die „Aufhebung der Unterscheidung von Spiritualia und Temporalia, von Heilsgeschichte und Profangeschichte" (Vgl. M. Spieker, S. 97). Paradoxerweise steht solcher visionären Ausweitung des Verständnisses von Politik anderseits eine Engführung gegenüber, die das Politische auf ein Freund-Feind-Konfliktschema reduziert: Politik erschöpft sich im Klassenkampf.

Die politische Option für den Klassenkampf wiederum wird als schlechterdings mit der christlichen „Option für die Armen" identisch angesehen. Bereits früh haben wichtige Vertreter der „Befreiungstheologie" wie Gustavo Gutiérrez auf die marxistische Gesellschaftsanalyse und die mit ihr verbundene Klassenkampftheorie zurückgegriffen, was man einen „fatalen Geburtsfehler mit Folgen"[23] nennen muß.

Allerdings gaben und geben sich Anhänger und Sympathisanten der „Befreiungstheologie" dabei gern der Täuschung hin, ein solches Anknüpfen an die marxistische Analyse der sozialen Verhältnisse sei möglich, ohne daß damit zugleich auch die geschichtsphilosophischen und atheistischen Implikationen der marxistischen Weltanschauung

---

[23] Vgl. Lothar Roos, Befreiungstheologie und katholische Soziallehre (I), Köln 1985, S. 6f. –
In Reaktion auf die Kritik des kirchlichen Lehramts an „einigen Aspekten der ‚Theologie der Befreiung'" (Vgl. die Instruktion „Libertatis nuntius" der Kongregation für die Glaubenslehre vom 6. August 1984 in: *Herder-Korrespondenz* 38 (1984), S. 464ff.) hat Gutiérrez in verschiedenen Stellungnahmen, namentlich solchen, die für eine breitere Öffentlichkeit bestimmt waren, in den letzten Jahren mehrfach seinen Standpunkt als *nicht-marxistisch* darzustellen versucht. Es fällt schwer, dahinter mehr als eine sophistische Taktik zu vermuten. Die Strategie läuft darauf hinaus, die erste Instruktion der Glaubenskongregation einerseits gutzuheißen und andererseits zu betonen, daß man von ihr nicht betroffen sei. Wozu dann aber die ganze Auseinandersetzung, wenn der maßgebliche Vordenker der „Befreiungstheologie" davon unberührt bleibt? Handelt es sich bei den Kritikern um. Gespensterseher, welche Geschriebenes nicht zu lesen verstehen? Was soll man davon halten, wenn Gutiérrez nunmehr versichert, er habe nie „die marxistische Analyse" verwendet (Vgl. *Stimmen der Zeit* 204 (1986), S. 832), nachdem er zuvor ebendies ausdrücklich als „wichtig zum Verständnis der Unterdrückungsmechanismen in unserer herrschenden Gesellschaftsordnung" bezeichnet und die „zentralen Voraussichten von K. Marx" als richtunggebend für das Verständnis eines angeblichen „weltweiten Klassenkampfs" beschworen hat? – Vgl. G. Gutiérrez, *Die historische Macht der Armen*, Mainz/München 1984, S. 157, sowie a.a.O. (FN 2), S. 83, 88; vgl. ferner unten S. 35.

mitübernommen werden müßten. Doch lassen sich letztlich historisch-materialistische Methode und eine grundsätzlich materialistische Sicht der Wirklichkeit nicht voneinander trennen. Eine Geschichtsinterpretation unter den Vorzeichen des historischen Materialismus zieht den weltanschaulich-ontologischen Materialismus und den mit ihm verbundenen Atheismus zwangsläufig nach sich (Vgl. A. Senge, S. 119). Dadurch wird der eschatologische Heilsglaube der Kirche verkürzt auf ein bloßes „Mit-sein" mit der Geschichte, auf die „Treue" zum notwendigen Ablauf der historischen Entwicklung, die einzig dem Tun des Menschen überlassen ist.

Auch der kolumbianische Erzbischof López Trujillo sieht einen Kernpunkt des Problems hinsichtlich dominierender Strömungen der „Befreiungstheologie" in der marxistischen Analyse und „einer Interpretationsweise, die genau dem Konfliktschema des Klassenkampfes folgt" (Vgl. López Trujillo, S. 83). Ganz der Geschichtsphilosophie des historischen Materialismus entspricht es, wenn „Befreiungstheologen" christliche Zukunftsverheißungen immanentisieren. Christlich-ökumenische Visionen von einem innerweltlich zu schaffenden Heil trafen sich hier mit Ansätzen eines „messianischen Marxismus", wie ihn in der Nachfolge Blochs vor allem Roger Garaudy vertreten hat. Der Dialog zwischen Christen und Marxisten schien hier eine Art chiliastisches Scharnier zu Tage zu fördern, das als verbindendes Moment einige Hoffnung für eine gemeinsame Lösung der anstehenden Weltprobleme versprach. Für die Vertreter des Christentums in diesem Dialog mußte freilich jede ernsthafte Annäherung mit dem Verzicht auf die eschatologische Dimension der Reich-Gottes-Lehre einhergehen.

9.

Auffällig ist das gebrochene Verhältnis der überwiegenden Mehrheit der „Befreiungstheologen" zur traditionellen Soziallehre der katholischen Kirche. Die in der kirchlichen Sozialverkündigung vorhandenen Ansätze und Möglichkeiten, eine Antwort auf die drängendsten Probleme in den Entwicklungsländern zu finden, werden vielfach schlicht ignoriert, möglicherweise deshalb, weil es ihnen aus der Sicht der „Befreiungstheologie" am utopischen, sozial-revolutionären, „befreienden" Impuls mangelt. Der Befreiungsbegriff, wie er die meisten „Theologien der Befreiung" beherrscht, einerseits eine soziologisch reduzierte Version des christlichen Erlösungsbegriffs, ist andererseits viel zu erhaben, als daß er die eher nüchternen, als „Stückwerk" erscheinenden Versuche der Katholischen Soziallehre, auf dem Wege sozial-caritativen Tuns dem Ziel einer Befreiung des Menschen von Armut, Not und Bedrückung näherzukommen, positiv aufnehmen könnte. Dabei werden die Leistungen der kirchlichen Soziallehre zu Unrecht marginalisiert. Sie erneut ins Bewußtsein zu rufen, ist der Sinn der Redeweise von der „befreienden Evangelisierung", die seit der lateinamerikanischen Bischofskonferenz von Puebla (1979) anstelle des Ausdrucks „Theologie der Befreiung" von Vertretern der kirchlichen Soziallehre immer häufiger benutzt wird[24]. Ob der Versuch, der zugleich das Bemühen signalisiert, die tradierte Soziallehre mit den Impulsen einer „recht verstandenen" Befreiungstheologie zu versöhnen, Erfolg haben wird, muß sich freilich erst noch erweisen.

Der Herausgeber

[24] Vgl. die Beiträge in: Lothar Roos/Jaime Veléz Correa (H.), Befreiende Evangelisierung und Katholische Soziallehre, Mainz und München 1987.

Rupert Hofmann

Die eschatologische Versuchung

Zur politischen und politisierenden Theologie nach Ernst Bloch

Vor der „Versuchung des Absoluten" haben vor kurzem fast gleichzeitig *Christian v. Krockow* und *Hagen Schulze* gewarnt.[1] Beide verwenden diese Formel, um das Ergebnis ihrer von Sorge bestimmten zeitdiagnostischen Analysen auf den Begriff zu bringen. Hagen Schulze konstatiert für die deutsche politische Kultur der Gegenwart ganz allgemein eine zunehmende „Hinwendung zur Idee des Absoluten" und deren Umsetzung in Politik, welche sich in der „Abkehr von rationaler, nüchterner Urteilsfindung, von der Bereitschaft, den Argumenten Andersdenkender zuzuhören und ihnen sachlich zu entgegnen, und vom pragmatischen Kompromiß als Voraussetzung des friedensstiftenden Interessenausgleichs" manifestiere. Von Krockow formuliert seine Erkenntnis in Auseinandersetzung mit der öko-pazifistischen Widerstandsbewegung dieser Jahre. Er kritisiert die darin zum Ausdruck kommende „Absolutsetzung des eigenen Standpunktes", von politischen Zielen, welche „nicht länger an Mehrheiten und das Risiko ihres Neinsagens ausgeliefert werden sollen", die ethische Absolutsetzung ferner von bloßen Hoffnungen, für deren Erfüllung es keine Gewißheit geben könne.[2]

Nun zeigt allerdings schon der Ausdruck „Absolutsetzung", daß es Krockow nicht um den Inhalt des Absoluten zu tun ist. Krockows Verdikt richtet sich vielmehr gegen jede Verabsolutierung als solche. Ihm geht es um die festzuhaltende „Unterscheidung des Vorletzten und des Letzten", auf welcher das „zerbrechliche Kunstwerk einer politischen Kultur (beruht), die die Freiheit mit dem Frieden verbindet"[3]. Und wenn er an einer Stelle die „Eschatologisierung" vorletzter Fragen rügt, so meint er damit keine inhaltlich bestimmte Idee oder Ideologie, sondern bedient sich lediglich des entsprechenden griechischen Aus-

---

[1] Christian Graf von Krockow, *Gewalt für den Frieden?,* München 1983², S. 10ff.; vgl. ders., „Die Versuchung des Absoluten" in: *DIE ZEIT* Nr. 36 v. 2. 9. 1983, S. 3; Hagen Schulze, „Die Versuchung des Absoluten. Zur deutschen politischen Kultur im 19. und 20. Jahrhundert" in: *Aus Politik und Zeitgeschichte* 1984, B 7, S. 3ff.

[2] Von Krockow, a. a. O., S. 22f., 21.

[3] Von Krockow, „Gewalt für den Frieden?" in *Die Neue Ordnung* 37 (1983), S. 113ff. (118f.).

drucks zur Bezeichnung eben jenes sogenannten „Letzten", dessen Vermengung mit dem „Vorletzten" er als die Quelle des Übels ansieht.

Aber eine solche Verwendung des Wortes Eschatologie stellt natürlich eine Formalisierung dar. Die materiale Bedeutung von Eschatologie klingt bei Krockow immerhin an, wenn er diesen Begriff zur Charakterisierung des Stalinismus einerseits und des Hitlerismus andererseits verwendet. Bezüglich des ersteren zitiert Krockow *Jules Monnerot* mit der Bemerkung: „Um mitten im Frieden die kriegerischen Aktionen, die konzentrationären Praktiken, die Polizeitorturen und das Wiederauftauchen der Sklaverei zu entschuldigen, braucht man nichts geringeres als eine Verheißung des Paradieses. Auf diese Weise kommt es zu einer unmittelbaren Verbindung zwischen Eschatologie und menschlicher Scheußlichkeit."[4] Und im Hinblick auf Hitler stellt Krockow fest, daß das Erfolgsrezept dieses Demagogen darin bestanden habe, „die Sehnsüchte nach eschatologischer Politik" skrupellos anzusprechen und auszubeuten.[5]

Während es v. Krockow mit diesen Hinweisen bewenden läßt, liefert uns Hagen Schulze zusätzliche Stichworte: Er verweist darauf, daß sich der „Aufbruch in die Utopie des Dritten Reiches nicht umsonst eines Begriffs aus mittelalterlichen chiliastischen Visionen" bedient habe, um die Befreiung aus allem Elend der Gegenwart zu verheißen. Diese chiliastische Vision aber beschreibt er zutreffend als die „Sehnsucht nach dem Gottesreich auf Erden, in dem das Lamm sich zum Löwen schmiegt, in dem die Gegensätze sich vereinigen und das Prinzip des Guten ein für allemal den Sieg davonträgt, in dem das zweifelnde Denken verstummt und das einsame Ich endgültig in einem emphatischen Wir verschmilzt".[6]

Damit sind wir bei unserem Thema. Unter der eschatologischen Versuchung wird dabei jene Spielart der Versuchung des Absoluten verstanden, welche in der Gegenwart eine erstaunliche Verbreitung gefunden hat und die sich als Amalgamierung von christlicher Theologie und Marxismus kennzeichnen läßt.

---

[4] Ebd. S. 114; vgl. Jules Monnerot, *Soziologie des Kommunismus*, Köln/Berlin 1952, S. 356.

[5] Ebd., S. 119.

[6] A.a.O. (FN 1), S. 10, 4.

Vorweg einige Kostproben von Persönlichkeiten, welche in der Medienöffentlichkeit eine hohe Wertschätzung genießen: Da ist einmal der sandinistische Dichter, Priester und Kulturminister von Nicaragua *Ernesto Cardenal,* bei welchem uns das bezeichnete Syndrom in geradezu exemplarischer Nacktheit entgegentritt. In einem Gedicht aus dem Jahre 1973 pries Cardenal die bevorstehende Revolution in Nicaragua mit den Worten: „Ich besinge ein Land, das bald geboren wird . . . Kommunismus oder Reich Gottes auf Erden, das ist das gleiche".[7] Zuvor schon hatte er in seinem „Kubanischen Tagebuch" Übereinstimmung des Castro-Systems mit dem Reich Gottes zu entdecken geglaubt und die Überzeugung geäußert, wer heute wahrer Christ sein wolle, müsse auch Marxist sein. Ein Jahr nach der Revolution erklärte er anläßlich der Verleihung des Friedenspreises des Deutschen Buchhandels in einem Interview: „Befreiung ist ein Kampf, der nie endet . . ., bis wirklich das Königreich Gottes auf Erden existiert".[8]

In der Frankfurter Dankesrede finden sich dann die Sätze: „Wir glauben daran, daß es auf der ganzen Welt einen neuen Menschen geben wird. Alle Programme unserer Regierung . . . werden durchgeführt, um ihn in Nicaragua zu schaffen."[9] Dieser „neue Mensch wird kein einzelner sein, sondern alle Menschen umfassen. Er muß ein Gemeinschaftsmensch sein und ohne Egoismus. Er ist . . . der aus Neuem geschaffene Mensch, von dem Christus sprach . . . Er wird Bürger des Königreichs Gottes im Himmel, aber hier auf Erden sein."[10] Und endlich: „Ich glaube an das Himmelreich. Ich glaube, daß das Himmelreich die Erde und der Kosmos sind, die Gesellschaft der bewohnten Planeten. Und ich glaube an die Auferstehung der Toten in diesem Reich."[11] Was in solchem Zusammenhang „Auferstehung der Toten" bedeuten kann, erläutert Cardenal zwei Jahre später bei einem Besuch der DDR: „Wir sehen in der Auferstehung keinen individuellen, sondern einen kollektiven Akt, der mit der Befreiung aller Menschen identisch ist. Das Reich Gottes, das Reich des Himmels, verstehe ich als die vollendete humani-

[7] Vgl. Eckhart Koch, „Ernesto Cardenal" in: *Politische Studien* 32 (1981), S. 210f. (210); vgl. ferner Ernesto Cardenal vor dem Russell-Tribunal II (1976), zit. nach Lothar Roos, *Befreiungstheologien und katholische Soziallehre (I),* Köln 1985, S. 7.

[8] *Süddeutsche Zeitung (SZ)* Nr. 109 v. 10./11. 5. 1980, S. 161.

[9] Zit. nach Gottfried Küenzlen, *Der neue Mensch.* Ein Kapitel der säkularen Religionsgeschichte. Stuttgart 1982 (Information Nr. 85 – VII/82 der evangelischen Zentralstelle für Weltanschauungsfragen), S. 17.

[10] A.a.O. (FN 8).

[11] A.a.O. (FN 9).

stische Gesellschaft. Weiterleben nach dem Tod bedeutet, sich heute für andere Menschen zu engagieren, denn in ihnen vermag ich fortzubestehen."[12]

Als komplementäres Beispiel aus der Alten Welt wähle ich das Zeugnis der evangelischen Theologin *Dorothee Sölle*, welche in ihrer Rolle als Vorkämpferin der Bewegung „Christen für den Sozialismus" deren Glaubensbekenntnis folgendermaßen umschreibt: Nachdem sie mit anderen und im Unterschied zu Cardenal Gott im geläufigen Sinn des Wortes ausdrücklich für tot erklärt hat, ist nach ihr das „Wesen Gottes, die Heraufführung seines Reiches der Versöhnung (nunmehr) . . . in unsere Hände gegeben. Was die Großkirchen in verschiedenen Formen immer wieder verworfen haben, den Chiliasmus des 1000jährigen Reiches des Friedens, das wird hier nach-theistisch akzentuiert. Die großkirchliche Theologie meinte, den eschatologischen Charakter des Reiches Gottes nur mit Hilfe dieser Verwerfung retten zu können und bestehend darauf, daß das Reich nicht innerhalb der Geschichte und nicht von uns aus zu bauen ist. Die ketzerischen Strömungen des Christentums . . . haben sich gegen diese Lehre . . . gewandt. An diese unterdrückte Linie in der Kirchengeschichte, an Waldenser und Hussiten, frühe Franziskaner und deutsche Mystik, Bauernbewegung, Ketzer und Anführer bis zu Ernst Bloch knüpft ein Teil der christlich-sozialistischen Bewegung heute an. Gott wird dabei . . . nicht als Substanz gedacht. Gott geschieht, indem wir einander annehmen und lieben. Wir können Gott als Humanisierung realisieren oder ihn vernichten. Diese Auffassung von Gott nicht als Vater, sondern als Bruder, nicht als Macht, sondern als Solidarität, nimmt die Elemente der Religionskritik von Marx, Feuerbach und Freud in sich auf."

Es ist daher nur folgerichtig, wenn Dorothee Sölle den lutherischen Choralvers „Ein feste Burg ist unser Gott" durch die zweite Strophe der „Internationalen" ersetzt: „Es rettet uns kein höhres Wesen / Kein Gott, keine Kaiser noch Tribun / Uns aus dem Elend zu erlösen / müssen wir schon selber tun." Und sie fährt fort: „Ist der radikal-kritische und zugleich neue Möglichkeiten der Befreiung eröffnende Gehalt des Satzes ‚Gott ist tot' verstanden, so ist der Weg zu ‚Gott ist rot' nicht mehr weit . . . Gott kann nur rot sein, wenn die Menschen Subjekte ihrer Geschichte werden. Die Subjekte der Befreiung sind wir selber, und jede theologische Fremdbestimmung durch einen ganz anderen Gott widerspricht nicht nur der Marxschen Annahme vom höchsten

[12] *Frankfurter Allgemeine Zeitung (FAZ)* Nr. 103 vom 5. 5. 1982, S. 7.

Wesen für den Menschen, das eben der Mensch sei, sie widerspricht auch dem Evangelium der Befreiung des Menschen für den Menschen. Insofern ist eine nicht-theistische Theologie Vorbereitung einer sozialistischen."[13]

1. Die politischen Visionen Ernst Blochs

Daß in dem zitierten Text der Name *Ernst Blochs* gleichgewichtig neben Feuerbach, Marx und Freud auftaucht, ist alles andere als ein Zufall. Es handelt sich dabei nicht um die persönliche Vorliebe der Autorin, vielmehr nimmt Ernst Bloch bei der Herausbildung dieser neuartigen Verbindung von Christentum und Marxismus eine Schlüsselstellung ein. Sein Auftreten in der Bundesrepublik muß für viele, insbesondere evangelische, später auch katholische Theologen die Bedeutung eines Erweckungserlebnisses gehabt haben, begünstigt vermutlich durch die irrige Annahme, daß Bloch infolge seines Zerwürfnisses mit den Machthabern in der DDR zum Antikommunisten geworden sei, während er in Wirklichkeit Leninist geblieben war.[14] Auf diese Weise ist Ernst Bloch ein bis zum heutigen Tag anhaltender Erfolg beschieden gewesen, welcher ihm innerhalb des sogenannten „sozialistischen Lagers" zwar versagt geblieben ist, der aber gleichwohl die politischen Ziele dieses Sozialismus passiv befördert.

Bekanntlich nimmt Bloch die im Marxismus wirksamen chiliastischen Motive positiv auf. Bereits in den zwanziger Jahren hatte er den mittelalterlichen gewalttätigen Chiliasten Thomas Münzer wieder zu Ehren gebracht, indem er ihn als Theologen der Revolution und damit sozusagen als anonymen marxistischen Revolutionär deutete.[15] Als dann das Dritte Reich auf ganz andere Weise Gestalt annahm, als es sich Bloch erträumte, bestritt er vom Moskauer Exil aus den Nationalsozialisten das Recht, die Vision des „Tausendjährigen Reiches" für sich in Anspruch zu nehmen, und reklamierte sie stattdessen für die marxistische Hoffnung auf eine kommunistische Gesellschaft der Zukunft. In diesem Zusammenhang entwickelte er auch jene vom „Willen zum

---

[13] Dorothee Sölle, „Christen für den Sozialismus" in: Dorothee Sölle/Klaus Schmidt (H.), *Christen für den Sozialismus I*, Stuttgart u.a. 1975, S. 7ff. (14f.).

[14] Vgl. Leszek Kolakowski, *Die Hauptströmungen des Marxismus*, Band 3, München 1981², S. 458ff. (479, 481ff.).

[15] *Thomas Münzer als Theologe der Revolution*, 1921 (1962²) = *Gesamtausgabe*, Band 2, Frankfurt am Main 1969².

Himmel auf Erden"[16] beseelte eschatologische Geschichtsspekulation, welche später in dem Kolossalgemälde des „Prinzip Hoffnung" ihre breitflächige Ausmalung erfahren sollte.

Bloch ist in erster Linie Prophet, mehr Dichter als Denker, mit der Besonderheit freilich, daß er seine Prophetie als eine höhere Art von Wissenschaft, begreift.[17] Vorbehaltloser Marxist, der er ist, entfaltet er – mit *Kolakowski* zu reden – jenes „heilsgeschichtliche Motiv, das bei Marx selbst undeutlich zum Ausdruck kam . . ., das aber die ganze Marxsche Idee in Bewegung versetzte" nämlich den Glauben „an eine künftige Identität des [wahren] Wesens des Menschen mit (dessen) empirischer Existenz",[18] oder mit Blochs eigenen Worten: den Glauben „an ein messianisches Reich Gottes – ohne Gott".[19] In diesem Reich werden alle Wunschträume der Menschheit ihre Erfüllung finden, in Sonderheit aber die religiöse „Utopie" des Christusglaubens, der sich selbst freilich – von Ausnahmen abgesehen – stets mißverstand.

Richtig verstanden wurde dieser Glaube hingegen nach Blochs Meinung von einer gnostischen Sekte des 2. Jahrhunderts, den sog. Ophiten, welche in Jesus die letzte und höchste Reinkarnation der Paradiesesschlange sehen wollten und diese verehrten, weil sie den Menschen die Verheißung eines irdischen Paradieses brachte. Folglich gilt in völliger Umkehrung geläufiger Vorstellungen: „Eritis sicut Deus ist die Frohbotschaft des christlichen Heils."[20] Jesus ist ein Messias *gegen* Gott und für den Menschen, ein Rebell, der sich an die Stelle Gottes setzt, der Verkünder eines „demokratisch-mystischen" und noch zukünftigen Reiches, der „apokalyptischen Weltverwandlung zu einem noch völlig Unvorhandenen"[21].

Vor dem Hintergrund der solchermaßen auf den Kopf gestellten herkömmlichen christlichen Theologie kann Bloch dann den bemerkenswerten Satz formulieren: „Atheismus ist . . . so wenig der Feind religiöser Utopie, daß er deren Voraussetzung bildet: *ohne Atheismus*

---

[16] „Zur Originalgeschichte des Dritten Reiches" (Moskau 1937) in: *Gesamtausgabe*, Band 4, Frankfurt am Main 1962, S. 126ff. (133).

[17] Vgl. Kolakowski, a.a.O. (FN 14), S. 459, 472.

[18] Ebd., S. 487.

[19] *Das Prinzip Hoffnung (PH)*, Frankfurt am Main 1959 = *Gesamtausgabe*, Band 5, S. 1413.

[20] Ebd., S. 1493ff., 1497, 1504 (Zitat); vgl. Kolakowski, a.a.O. (FN 14), S. 487 und zum folgenden Alfred Jäger, *Reich ohne Gott. Zur Eschatologie Ernst Blochs*, Zürich 1969, S. 63ff.

[21] Ebd., S. 1504.

hat Messianismus keinen Platz"[22], oder noch pointierter „*Nur ein Atheist kann ein guter Christ sein, nur ein Christ kann ein guter Atheist sein*"[23].

Das Gros der Christen hat diesen Zusammenhang nun freilich bis heute nicht so recht begriffen, doch wurde das „Reich Gottes auf Erden" immerhin bei wenigen Außenseitern zum „revolutionären Zauberwort durchs Mittelalter und die erste Neuzeit hindurch"[24]. Besonders hat es Bloch in dieser Hinsicht neben Münzer der um gut 300 Jahre ältere Zisterzienserabt *Joachim von Fiore* angetan, der nun in der Tat nach dem Urteil des renommierten englischen Chiliasmusforschers *Norman Cohn* zum Erfinder eines „neuen eschatologischen Systems (wurde), das bis zur Entstehung des Marxismus das einflußreichste der europäischen Geschichte geblieben ist"[25]. Joachim glaubte den verborgenen Sinn der Heiligen Schrift für das „Verständnis der Geschichte und zu Prognosen der künftigen Entwicklung"[26] nutzbar machen zu können und zwar so, daß er das Symbol der göttlichen Dreifaltigkeit auf den Ablauf der Menschheitsgeschichte anwandte. Auf diese Weise wurde das Tausendjährige Reich der Geheimen Offenbarung des Johannes zu einem „Dritten Reich" des Heiligen Geistes, dessen Anbruch Joachim für die nahe Zukunft erwartete. In der Deutung Blochs: „Das ist die eigentliche Kühnheit Joachims, er hat die aufs Jenseits fixierten Blicke auf eine irdische Zukunftszeit ausgerichtet und sein Ideal nicht im Himmel, sondern auf der Erde erwartet"[27]. Die Reichshoffnung tritt damit in eine neue Phase: als „Traum von einem Dritten Evangelium und der Welt, die ihm entspricht"[28]. „Der Gedanke vom Reich geht (seitdem) . . . in der Menschengeschichte um"[29] und wartet darauf, in Marxens Reich der Freiheit endlich seine Erfüllung zu finden.[30]

In der Gegenwart soll der mittlerweile säkularisierte Chiliasmus vornehmlich dazu dienen, die Gegner *Theologie* und *Materialismus* mitein-

[22] Ebd., S. 1413.

[23] Vorspruch zu *Atheismus im Christentum. Zur Religion des Exodus und des Reichs.* Frankfurt am Main 1968 = *Gesamtausgabe,* Band 14.

[24] *PH* (FN 19), S. 590.

[25] *Das Ringen um das tausendjährige Reich,* Bern/München 1961, S. 94f.

[26] Ebd.

[27] Originalgeschichte (FN 16), S. 136.

[28] *PH,* S. 127.

[29] *Thomas Münzer (Gesamtausgabe,* Band 2), S. 104.

[30] *PH,* S. 1411, 1566.

ander zu versöhnen.[31] Er ist freilich gleichzeitig dazu bestimmt, das Sowjetsystem zu verklären, indem Bloch der aus seiner Sicht heruntergekommenen Westkirche das Christentum der Ostkirche entgegensetzt, in welcher angeblich „ein ständiges ungeschriebenes Wesen Joachim de Fiore"[32] fortlebt und als solches im Bolschewismus weiterwirkt. Dieser begründet nämlich nach dem „zweiten oder Pfaffenreich" in Gestalt der römischen Kirche mit der Oktoberrevolution „das dritte (Reich), das in der Sowjetunion anfängt zu beginnen und vor der Finsternis nicht begriffen wird"[33], denn „ubi Lenin, ibi Jerusalem"[34] – wo Lenin ist, da ist auch das neue Jerusalem zu finden.

Kann nun damit im Sinne von Marx das „Rätsel der Geschichte" bereits als „aufgelöst" gelten?[35] – Keineswegs! Bloch umgeht nicht, wie sonst üblich, das Problem der Unausweichlichkeit des individuellen Todes des Menschen, mag dieser auch in einer noch so paradiesischen Gesellschaftsordnung leben. Zwar rühmt Bloch den „roten Helden" als einen, der stirbt, „als wäre die ganze Ewigkeit sein", aber er übersieht dabei nicht, daß vorerst „der naturhafte Tod (bleibt), als der durch keine gesellschaftliche Befreiung berührbare". Bloch vertraut jedoch darauf, daß der Kommunismus, wenn er sich erst einmal auf der ganzen Linie durchgesetzt hat, auch dieses Restproblem des natürlichen Todes, das Problem eines „Krauts gegen den Tod", irgendwie lösen wird. Damit wäre dann auch dieses letzte noch verbleibende Ärgernis hinwegspekuliert. An die Stelle der „abstrakten" Utopie des Ostersonntags wird die „konkret-vermittelte Utopie" einer „Andacht zur Menschenbefreiung" treten, und es wird „das *potentiell Adlerhafte der menschlichen Materie*" zum Vorschein kommen, welches „*exterritorial* zum Werden und Vergehen" ist.[36]

---

[31] „Marxistische Propädeutik und nochmals das Studium" in: *Gesamtausgabe*, Band 10 (1969), S. 255ff. (268ff.); vgl. Gunter Scholtz, „Drittes Reich" in: *Bloch-Almanach*, 2. Folge 1982, S. 17ff. (23).

[32] *PH*, S. 597; vgl. Scholtz, ebd.

[33] *PH*, S. 596.

[34] *PH*, S. 711.

[35] Karl Marx, „Nationalökonomie und Philosophie" in: ders., *Die Frühschriften*, hrsg. von Siegfried Landshut, Stuttgart 1971, S. 225ff. (235).

[36] *PH*, S. 1378f., 1381, 1383, 1390f.; vgl. dazu Kolakowski, a.a.O. (FN 14), S. 476: „Dies ist wohl das (euphemistisch ausgedrückt) leichtfertigste Versprechen, das jemals im Namen irgendeiner politischen Bewegung abgegeben wurde." Vgl. ferner Nikolaus Lobkowicz/Henning Ottmann, „Materialismus, Idealismus und christliches Weltverständnis" in: Franz Böckle u.a. (H.), *Christlicher Glaube in moderner Gesellschaft*, Freiburg u.a. 1981^2, Teilband 19, S. 65ff. (128f.).

2. Politische Theologie im Anschluß an Bloch

Obwohl Blochs ausschweifende Phantasien extrem widerchristlich zu sein scheinen, zeigte sich namentlich der evangelische Theologe *Jürgen Moltmann* von ihnen beeindruckt. Es dauerte nur wenige Jahre, bis dieser Blochs Zukunftsvisionen in seiner „Theologie der Hoffnung“ – der von Adorno respektloserweise so genannten „Kleinen Blochmusik“ – adaptierte, mit einigen theologischen Vorbehalten versteht sich, die jedoch angesichts der Übereinstimmung im übrigen und vor allem im Hinblick auf das *praktische Ergebnis* vernachlässigt werden können.[37] Daß freilich diese Übereinstimmung nur um den Preis von Zweideutigkeiten zu haben war, konnte eigentlich nicht zweifelhaft sein.[38]

So sah sich Moltmann schon bald genötigt, den für die neue „Theologie der Hoffnung“ zentralen Begriff der Zukunft – angeblich das einzige wirkliche Problem der Theologie[39] – neu zu bestimmen, indem er sich von der zunächst von Bloch übernommenen Redeweise von einem „Gott mit ‚Futurum als Seinsbeschaffenheit‘“[40] wieder distanzierte. Zukunft sei nicht gleichzusetzen mit einem Gott, welcher allererst wird, was in dem Wort Futurum zum Ausdruck komme, sondern Zukunft meine das Kommen Christi im Sinne von Parusie (Adventus).[41] Doch scheint diese Präzisierung folgenlos zu bleiben, denn auch zuvor schon hatte es bei Moltmann geheißen, daß die Parusie Christi „als real ausstehende Zukunft durch erweckte Hoffnungen und aufgerichteten Widerstand in die Gegenwart hineinwirke“[42] – was mangels näherer Bestimmung der Modalitäten dieses Widerstands eine ziemlich brisante Formulierung darstellt. Und andererseits gilt nach wie vor, daß Gott in

---

[37] Vgl. Reinhart Maurer, „Endgeschichtliche Aspekte der Hegelschen Philosophie“ in: *Philosophisches Jahrbuch* 76 (1968), S. 88 ff. (103 f., A. 48).

[38] So auch Robert Spaemann, *Zur Kritik der politischen Utopie*, Stuttgart 1977, S. 59 ff., 64, und Manfred Spieker, „Das Problem der Revolution im Dialog zwischen Christen und Marxisten“ in: Winfried Becker/Hans Maier/Manfred Spieker, *Revolution - Demokratie - Kirche*, Paderborn 1975, S. 49 ff. (57).

[39] *Theologie der Hoffnung*, München 1965³, S. 12.

[40] Ebd.

[41] „Antwort auf die Kritik der Theologie der Hoffnung“ in: Wolf-Dieter Marsch (H.), *Diskussion über die „Theologie der Hoffnung“ von Jürgen Moltmann*, München 1967, S. 201 ff. (210 ff.).

[42] A. a. O. (FN 39), S. 207.

dieser Welt noch nicht „zu seiner Identität gelangt" ist,[43] was doch wohl die Vorstellung von einem werdenden Gott impliziert. Jedenfalls bleibt es dabei, daß Christentum ganz und gar Eschatologie ist, d.h. „Hoffnung, Aussicht und Ausrichtung nach vorne", – wie man andererseits Gott „nicht in sich oder über sich, sondern eigentlich immer nur vor sich haben kann"[44]. Dementsprechend muß nun auch die Theologie, wie bei Bloch Wissenschaft überhaupt, selbst zur Prophetie werden, indem sie „Hoffnungssätze der Verheißung" formuliert, die im Gegensatz zu den bisher üblichen „Lehrsätzen" nicht „die Wirklichkeit erhellen (wollen), die da sind, sondern die Wirklichkeit, die kommt". Damit aber treten diese Hoffnungssätze eo ipso „in einen Widerspruch zur gegenwärtigen erfahrbaren Wirklichkeit . . . Sie wollen der Wirklichkeit nicht die Schleppe nachtragen, sondern die Fackel voran"[45].

Als ein solcher Fackelträger betätigte sich Moltmann alsbald auf der Christlichen Weltstudentenkonferenz in Turku – mit 60% Teilnehmern aus Asien, Afrika und Südamerika! –, indem er in seinem Vortrag unter Berufung auf Karl Marx gleich eingangs die These vertrat, daß „die Situation, in der wir leben und glauben, . . . *objektiv ‚revolutionär'* geworden" sei.[46] Das aber ist eine Erkenntnis, zu welcher Moltmann nun nicht als Theologe gelangt sein konnte, da doch voraussetzungsgemäß die Erhellung der „Wirklichkeit, die da ist", nicht Aufgabe der Theologie sein soll. Woher nimmt dann aber Moltmann die Berechtigung für diese weitreichende Behauptung? Die Frage stellen heißt sie beantworten. Es handelt sich einfach um eine gängige marxistisch geprägte politische Grundüberzeugung, die in der Verpackung einer futuristischen Theologie auftritt. Die ganze Rede strotzt nur so von einschlägigen Redensarten: „Wir leben heute in einer Welt nicht realisierter, aber realisierbarer Menschlichkeit."[47] Gefordert wird aufgrund der behaupteten revolutionären Situation eine „Theologie der Revolution", die nur freilich „keine Theologie für Bischöfe" sein könne, sondern eine Laientheologie der leidenden und kämpfenden Christen in der Welt" sein müsse. „Solange Christen nicht revolutionär wirken,

---

[43] Vgl. „Marienbader Protokolle" in: *Neues Forum* 14 (1967), S. 469ff. (473).
[44] A.a.O. (FN 39), S. 12.
[45] Ebd., S. 13f.
[46] „Gott in der Revolution" in: Ernst Feil/Rudolf Weth, *Diskussion zur „Theologie der Revolution"*, München/Mainz 1969, S. 65ff. (65, Hervorhebung nicht im Original!).
[47] Ebd., S. 67.

haben sie auch kein Recht, über Revolution theologische Reden zu halten."[48] „*Das neue Kriterium der Theologie und des Glaubens liegt* (also) *in der Praxis*", und zwar der Praxis eines „neuen Gottesvolkes", von dem im Anschluß an Gal. 3,28 gesagt werden kann: „Hier ist nicht Weißer noch Schwarzer, hier ist nicht Kommunist noch Antikommunist –, denn sie alle sind eins in Christus Jesus."[49] Diese Praxis soll „das abscheuliche Herr-Knecht-Verhältnis abschaffen, damit in Zukunft Menschen menschlicher miteinander umgehen".[50] „Die Machtstruktur der bestehenden Gesellschaft muß in ihrer Inhumanität als nackte Gewalt erwiesen werden". Demgegenüber stellt sich für Moltmann die Frage der Gewaltanwendung nur noch als Problem der Verhältnismäßigkeit der Mittel.[51]

Doch leisten die Christen in dieser Revolution auch einen eigenen spezifischen Beitrag. Sie sind nämlich nicht so „tierisch ernst" wie die anderen Revolutionäre. „Von den Christen . . ., die an Gottes Gegenwart mitten in der Revolution glauben", würde Moltmann erwarten, „daß sie lachen, singen und tanzen". „Die Christen werden auch in der Revolution fremde Vögel sein. Vielleicht sind sie so etwas wie die Narren der Revolution"[52], – und das mag ja auch tatsächlich in einem gewissen Sinne zutreffen.

Es mutet wie ein Echo auf diese Sätze an, wenn *Ernesto Cardenal* uns versichert: „Wir wollten ein fröhliches Land, ein Land in dem die Menschen singen und tanzen, und das haben wir erreicht." Ging es doch bei der Revolution in Nicaragua von vornherein nicht lediglich um den Sturz einer verbrecherischen Diktatur, sondern vorrangig um die Heraufführung eines neuen Äons des wirklichen Friedens und der völligen Gerechtigkeit: „In unserem Land hat es eine Revolution gegeben, die dazu geführt hat, daß sich jetzt (– nach dem Psalmwort –) Gerechtigkeit und Frieden küssen."[53] Und warum sollte man von einem solchen wunderbaren Land nicht mit dem katholischen Theologen *Johannes B. Metz* als einem „biblischen Land" sprechen, als einem Beispiel

---

[48] Ebd., S. 68.
[49] Ebd., S. 73, 76.
[50] Ebd., S. 77.
[51] Ebd., S. 77f.
[52] Ebd., S. 80.
[53] A.a.O. (FN 9), S. 16f.

dessen, was Metz auch für die Bundesrepublik erhofft: „religiöse und zugleich politische Identität des Volkes", repräsentiert von einer „neuen Kirche".[54]

Die politische Theologie von *J. B. Metz* bewegt sich in allen wesentlichen Punkten auf der von Bloch und Moltmann vorgezeichneten Linie. Auch hier ist Gott primär ein „Gott vor uns", nicht über uns.[55] Glaube und moderne Emanzipationsgeschichte haben daher ihren gemeinsamen Bezugspunkt in einer „Kategorialität des Futurischen"[56], so daß Zukunft und Jenseits in höchst unbestimmter Weise ineinander übergehen: „Im Verhältnis zur Zukunft bzw. zur Endgeschichte . . . konvergieren beide Dimensionen."[57] Auf diese Weise glaubt Metz die im Marxismus vollzogene „Wende vom Jenseits in das Später" theologisch einholen zu können.[58] Doch wird bei diesem Vermittlungsversuch wieder einmal einiges auf den Kopf gestellt. So enthält die Paulinische Warnung vor den Denkweisen dieser Welt (Röm, 12.2) für Metz nicht etwa die Forderung, zu rein diesseitigen Heilslehren à la Bloch auf Distanz zu gehen, sondern gerade in Anlehnung an Blochs „Prinzip Hoffnung", „immer neu den *‚revolutionären Konflikt‘* mit der bestehenden . . . Welt auf"-zunehmen und „die Orthodoxie des Glaubens in die *Orthopraxie* der Veränderung dieser Welt" umzusetzen.[59] Und wenn

---

[54] „Nicaragua – Eindrücke aus einem ‚biblischen Land'" in: F. Boll/M. Linz/Th. Seiterich (H.), *Wird es denn überhaupt gehen?*, Beiträge für Walter Dirks, München/Mainz 1980, S. 128ff. (133); ders., „La Iglesia en el proceso revolucionario de Nicaragua" in: *Informes Centro Antonio Valdivieso*, Managua, Juli 1981, Nr. 4; zit. nach: Carlos Corsi, „Nicaragua y America Central – El Christianismo como alegoría del Marxismo" in: *tierra nueva* (Bogotá) 11 (1982), Nr. 42, S. 40ff. (58). – Über Nicaragua, dieses Idol christlich-sozialistischen Schwärmertums in der Bundesrepublik, vgl. Martin Kriele, *Nicaragua – das blutende Herz Amerikas*, München/Zürich 1986³, bes. 111ff., 173ff., 192ff. (über Norbert Greinachers Parteinahme zugunsten des sandinistischen Regimes), ferner: Hans Lindemann, *Moskaus Traum: Nicaragua*, Stuttgart/Bonn 1986, sowie unten FN 74.

[55] *Zur Theologie der Welt*, Mainz/München 1968, S. 81.

[56] »Zukunft gegen Jenseits?" in: Erich Kellner (H.), *Christentum und Marxismus – heute*, Wien 1966, S. 218ff. (226).

[57] *Verantwortung der Hoffnung*, Dokumente der Paulus-Gesellschaft, Band XVII, S. 101; zit, nach M. Spieker (FN 38), S. 58.

[58] A.a.O. (FN 56), S. 219, 221.

[59] Ebd., S. 223; ähnlich ambivalent die Deutung von Jürgen Moltmann: „Sich nicht dieser Welt gleichzustellen, bedeutet . . . (u.a.) in Widerstand und schöpferischer Erwartung die Gestalt der Welt zu verändern" (a.a.O. [FN 39], S. 304). Metz zitiert diesen Passus zustimmend in seinem „Nachwort" in: R. Garaudy/J. B. Metz/Karl Rahner, *Der Dialog*, Reinbek 1966, S. 119ff. (127).

bei Metz zu wiederholten Malen von einem „eschatologischen Vorbehalt" die Rede ist, so soll damit nicht etwa die grundsätzliche Differenz zwischen Gottesreich und Menschenreich betont werden, sondern daß „*jeder* geschichtlich erreichte Status der Gesellschaft" im Sinne eines kritisch-dialektischen Geschichtsverständnisses nur vorläufig ist.[60] Daraus folgt dann der Imperativ, daß – ganz ebenso wie bei Bloch – „die Gegenwart" *grundsätzlich* „überwunden" werden muß[61], – sofern nicht, wie es aus der Perspektive von Metz in Nicaragua der Fall zu sein scheint, Gottes Zukunft ausnahmsweise bereits in die Gegenwart hineinragt.

3. Theologen der Revolution und der Befreiung

Das von den genannten christlichen Theologen in ökumenischer Eintracht zusammengebraute explosive Gemisch aus Vorbehaltschristentum und (quasi-) marxistischer „Andacht zur Menschenbefreiung" (Bloch) erwies sich als wirksames Stimulans für die in rascher Folge aus dem Boden schießenden Theologien der Revolution und der Befreiung, wenngleich sich – wie es zu gehen pflegt –, die nächste Generation in vielem als konsequenter erweisen sollte, da für sie traditionelle Hemmungen kaum noch Bedeutung haben, die etwa bei Metz zumindest in der Anfangsphase trotz allem noch spürbar sind. So denunziert der Befreiungstheologe *Hugo Assmann* die europäischen politischen Theologen als Theologen des Überflusses, die „um sich herum einen stillen Ozean geschaffen (hätten), wo sie sich ruhig hinsetzen und auf Distanz mit der Idee der Revolution flirten (könnten), ohne sich im Prozeß die Hände schmutzig zu machen"[62].

Dennoch entstand unter ihrem Einfluß eine neue Lage.[63] Als Transmissionsriemen der neuen politischen Theologie hatten in den Jahren 1965–1967 die Tagungen der den Dialog mit dem Marxismus suchenden

---

[60] A. a. O. (FN 55), S. 106 (Hervorhebung nicht im Original!).

[61] Art. „Politische Theologie" in: *Sacramentum Mundi III*, Freiburg u.a. 1969, Sp. 1232ff. (1235). Vgl. zu Bloch Carl Heinz Ratschow, Art. „Eschatologie VIII" in: *Theologische Realenzyklopädie*, Band 10, S. 334ff. (340).

[62] Zit. nach Peter Hebblethwaite, *Mehr Christentum oder mehr Marxismus?*, Frankfurt am Main 1977, S. 70).

[63] Vgl. Alfonso López Trujillo, „Die Theologie der Befreiung in Lateinamerika" in: Franz Hengsbach/A. L. Trujillo (H.), *Kirche und Befreiung*, Aschaffenburg 1975, S. 47ff. (67).

„Paulus-Gesellschaft" eine wichtige Rolle gespielt. Hier bot sich den Vertretern dieser Theologie ein geeigneter Resonanzboden, – in welchem Zusammenhang übrigens auch der um einiges bedeutendere *Karl Rahner* erwähnt werden muß. Karl Rahner ist gewiß kein Blochianer, fand sich aber immerhin bereit, die von ihm zunächst vorgenommene grundsätzliche Unterscheidung zwischen christlicher Hoffnung und marxistischem Utopismus [64] im darauffolgenden Jahr wieder zu verwässern, indem er zwischen Gott als der „absoluten Zukunft" und der innerweltlichen Zukunft den folgenden Bedingungszusammenhang konstruierte: „Das Reich Gottes kommt nur zu denen, die das künftige irdische Reich bauen, jeweils mit den Mitteln, die in immer epochaler Neuheit zugeschickt werden."[65] Ähnlich wie Moltmann versichert Rahner, der Christ könne über diese Mittel nicht mehr als andere wissen, obwohl „‚Kampf', ja . . . Gewalt" anscheinend dazugehören, aber einige Jahre später weiß auch Rahner wie Moltmann, daß wir uns in einer „globalen revolutionären Situation" befinden, so daß es „Pflicht des christlichen Gewissens" sei, an dieser „globalen Revolution" teilzunehmen.[66]

Mittlerweile hatte sich eben innerhalb der fortschrittlichen Theologien die Ansicht auf der ganzen Linie durchgesetzt, daß die traditionelle Rolle der Philosophie als „Magd der Theologie" (ancilla theologiae) durch diejenige der Soziologie zu ersetzen sei, eine Ansicht, welcher erstaunlicherweise auch Rahner zuneigte.[67] Nun handelt es sich hierbei insofern um eine erschreckend naive Vorstellung, als natürlich jede Soziologie ihrerseits von philosophischen Prämissen abhängig ist. Dennoch bilden sie den gemeinsamen Nenner all jener theologischen Denkansätze, die es mit dem Marxismus halten, denn daß eine empirisch-analytisch verfahrende Soziologie nicht in Betracht kommen konnte, schien von vornherein als selbstverständlich, ist sie doch im besonderen Maße im Umkreis des ungeliebten anglo-amerikanischen Kapitalismus verbreitet. Ergo nihil! Außerdem steht eine marxistische

---

[64] „Marxistische Utopie und christliche Zukunft des Menschen" in: *Schriften zur Theologie* VI (1965), S. 77ff.

[65] „Christlicher Humanismus" in: *Schriften zur Theologie* VIII (1969) S. 239ff. (256f.); vgl. Helmut Kuhn, *Ideologie – Hydra der Staatenwelt*, Köln u.a. 1985, S. 338f.

[66] „Zur Theologie der Revolution" in: *Schriften zur Theologie* X (1972), S. 568ff. (578, 581f.).

[67] Vgl. Helmut Kuhn, a.a.O. (FN 65), S. 14, 268, 348.

Ideologie dem Christentum insofern näher, als beide – wenn auch auf ganz unterschiedliche Weise – auf ein *messianisches Endreich* ausgerichtet sind.[68] Vielleicht lassen sich aber diese beiden Endreiche dennoch irgendwie zur Deckung bringen? Wie es die Evangelische Studentenpfarrer-Konferenz unlängst formulierte: „Im Wissen, daß wir in einer weltweiten Bewegung von Christen und Nicht-Christen stehen, erfahren wir, daß die messianische Bewegung . . . neu lebendig wird". „Mit dieser weltweiten Bewegung haben wir gelernt, daß Rassismus und Militarismus unser Bekenntnis herausfordern und uns nötigen, an unserem Ort Rassismus und Militarismus zu erkennen und zu bekämpfen."[69]

In solchen Sätzen manifestiert sich eine Entwicklung, die nun noch in groben Zügen skizziert werden soll: Einer der Teilnehmer an den Tagungen der Paulus-Gesellschaft, der italienische Salesianerpater *Giulio Girardi* zog aus seinen dort gewonnenen Eindrücken die naheliegende Konsequenz: Gefordert sei nicht länger eine Theologie, die mit dem Marxismus einen Dialog führt, sondern eine Theologie, die den Marxismus als eine „wissenschaftliche Theorie der Revolution" übernimmt.[70] Von seinem offenen Eintreten für den Klassenkampf und die revolutionäre Gewalt wiederum führt eine direkte Linie zu *Gustavo Gutiérrez,* dem Schulhaupt der marxistisch inspirierten Befreiungstheologen. Auch Gutiérrez beruft sich auf Blochs revolutionären Geschichtsbegriff, lehnt aber die von Bloch herkommende deutsche politische Theologie in Übereinstimmung mit Assmann als nicht weitgehend genug ab,[71] um statt dessen im Anschluß an Girardi und *Althusser* zu behaupten, daß Klassenkampf eine Tatsache sei und daß derjenige, der das Faktum des Klassenkampfes leugnet, sich in Wirklichkeit auf die Seite der herrschenden Klasse der Unterdrücker schlage.

---

[68] Vgl. Edith Eucken-Erdsiek, *Das elfte Gebot. Zur Problematik der revolutionären Theologie,* Stuttgart 1973, S. 13f.

[69] *Texte und Referate,* Wuppertal 1984, S. 28; zit. nach Wolfhart Schlichting, „Ökumene im Verständnis der evangelischen Studentengemeinden" in: Homiletisch-Liturgisches Korrespondenzblatt – Neue Folge 3 (1985/86), S. 169ff. (181). In diesem Band S. 143ff., 157).

[70] „Christlicher Glaube und revolutionäres Engagement" in: *Kirche im Spätkapitalismus,* hrsg. vom Arbeitskreis Kritisches Christentum, Wien o. J., S. 35ff. (46); ders., „Zur gegenwärtigen Konfrontation der Christen mit dem Marxismus" in: *Internationale Dialog Zeitschrift* 7 (1974), S. 255ff. (256); vgl. Angelika Senge, *Marxismus als atheistische Weltanschauung,* Paderborn u. a. 1983, S. 12f.

[71] *Theologie der Befreiung,* München/Mainz 1973 (1986[9]!), S. 197ff.

Er „täuscht sich und andere . . . und verbaut sich den Weg zu einer klassenfreien Gesellschaft". Der Kampf gegen die unterdrückende Klasse sei dagegen Ausdruck christlicher Liebe: „Wir lieben die Unterdrücker, indem wir sie von sich selbst, d.h. aus ihrer unmenschlichen Lage befreien." In dieser Sichtweise ist folgerichtig auch die Einheit der Kirche ein bloßer Mythos, der aufgegeben werden muß. Der Klassenkampf findet vielmehr mitten in der Kirche selbst statt.[72] Wenn daher Gutiérrez neuerdings erklärt, er habe nie gesagt, daß er „die marxistische Analyse benutzte, um die soziale Realität zu erkennen"[73], so widerspricht dies dem tatsächlichen Befund, – wie überhaupt in letzter Zeit in weiten kirchlichen Kreisen zur größeren Ehre der Befreiungstheologie oder auch aus einem vermeintlich sozialen Engagement heraus in befremdlicher Weise mit Nebel geworfen wird.[74]

Gutiérrez' Schutzbehauptung ist allenfalls in dem Sinne zutreffend, daß er die Analyse der sozialen Wirklichkeit nicht als *Theorie*, sondern – gut marxistisch – als revolutionäre *Praxis* begreift, denn der erste Akt hat das „Engagement für den Befreiungsprozeß" zu sein, während die

---

[72] Ebd. S. 260ff; vgl. dazu Wilhelm Blum, „Marx als Kirchenvater" in: *Die politische Meinung* 29 (1984), H. 216, S. 40ff. (42f.).

[73] *SZ* Nr. 44 v. 21. 2. 1985, S. 12.

[74] So von Norbert Greinacher in *FAZ* Nr. 207 v. 15. 9. 1984 (Beilage „Bilder und Zeiten"), von Horst Goldstein (Übersetzer vieler Bücher von Gutiérrez und L. Boff) in *„Rheinischer Merkur/Christ und Welt"* Nr. 2 v. 5. 1. 1985, S. 24, nach welchem „der Marxismus in der lateinamerikanischen Befreiungstheologie insgesamt allenfalls am Rande vorkommt," und in der Jesuitenzeitschrift „Orientierung", passim (z.B. 1984, S. 199ff., 226ff.).

Auch eine von der Katholischen Akademie in Bayern mit erheblichem publizistischen Aufwand durchgeführte Tagung zur Theologie der Befreiung (vgl. die Dokumentation von Johannes B. Metz (H.), *Die Theologie der Befreiung: Hoffnung oder Gefahr für die Kirche?,* Düsseldorf 1986) diente offensichtlich von vornherein mehr der rhetorischen Vermittlung als der kritischen Auseinandersetzung mit dieser Bewegung, hatte man doch mit Kardinal Paulo Evaristo Arns und Johannes B. Metz zwei führende Protagonisten als Schlußredner geladen. Besonders Arns verstand es, bei unkundigen Zuhörern den Eindruck zu erwecken, daß es sich bei der Befreiungstheologie von geringfügigen Schönheitsfehlern abgesehen um eine durchweg begrüßenswerte zukunftsweisende Entwicklung („frische Luft") handle, die lediglich von einigen ängstlichen Gemütern zu Unrecht beargwöhnt wird (vgl. Hans Heigert, „Die Ungeduld der Ängstlichen" in *SZ* Nr. 240 vom 17. Oktober 1985, S. 13). Kurz vor seinem Münchener Auftritt hatte sich Kardinal Arns noch im offenen Gegensatz zu seinem ortsansässigen Amtsbruder Kardinal Obando y Bravo mit den sandinistischen Machthabern in Nicaragua „voll solidarisch" erklärt (vgl. Kriele, a.a.O. [FN 54], S. 128f.). Zur idealistischen Verklärung der dortigen politischen Verhältnisse durch Metz s. oben S. 30 mit FN 54.

Befreiungstheologie „als zweiter Akt erst danach kommt",[75] so daß konsequenterweise diese Theologie überhaupt nur derjenige zu beurteilen vermag, der selbst am Klassenkampf aktiv beteiligt ist.[76] Gutiérrez bekennt sich aber auch explizit zum Marxismus als Analyseinstrument zum Verständnis der herrschenden Gesellschaftsordnung,[77] nicht weniger als der ins öffentliche Gerede gekommene *Leonardo Boff*, welcher glaubt, daß das analytische Instrument des Marxismus dem christlichen Glauben am meisten entspricht, weil es „ihm verwandte Kategorien benutzt"[78] und mehr Möglichkeiten bietet, „die christliche Utopie von Mensch und Gesellschaft topisch zu verwirklichen."[79] Das Gottesreich will nämlich „nicht eine andere Welt sein, sondern diese alte Welt hienieden, die in eine neue verwandelt wird, eine neue Ordnung von Dingen, die alle von dieser Welt sind."[80]

Freilich gibt es für diese Theologen daneben noch eine „endgültige und eschatologische Erlösung", die jedoch „in partiellen innergeschichtlichen Befreiungen" vermittelt wird,[81] oder – mit Gutiérrez zu reden –: „Die eschatologischen Verheißungen erfüllen sich allmählich im Lauf der Geschichte". Als Beispiele werden von ihm erwähnt: die Französische Revolution, aber auch die russische Oktoberrevolution und nicht zuletzt die kubanische Revolution von 1959.[82]

Damit ist es endlich gelungen, die spätestens seit *Augustinus* gültige Unterscheidung von Gottesreich und weltlicher Politik, von Profangeschichte und Heilsgeschichte außer Kraft zu setzen, eine Unterscheidung, die sich u. a. darauf berufen kann, daß es, wie Bernhard Hanssler schreibt, „keine Stelle im Neuen Testament gibt, an der der christlichen Hoffnung eine innerweltliche Verheißung gegeben würde. Immer ist

---

[75] *Die historische Macht der Armen*, München/Mainz 1984, S. 168f., 75, 188.

[76] Auf die mit diesem Ansatz verbundene Immunisierungsstrategie hat mit Recht Manfred Spieker aufmerksam gemacht; vgl. ders., „Karl Marx – ein Kirchenlehrer?" in: *Die politische Meinung* 30 (1985), H. 218, S. 38ff. (42f.).

[77] A.a.O. (FN 75), S. 157; vgl. *Theologie der Befreiung* (FN 71), S. 87.

[78] „Theologie der Befreiung – die hermeneutischen Voraussetzungen" in: Karl Rahner u.a., *Befreiende Theologie*, Stuttgart 1977, S. 46ff. (52).

[79] *Aus dem Tal der Tränen ins gelobte Land*, Düsseldorf 1982, S. 206.

[80] „Rettung in Jesus Christus und Befreiungsprozeß" in *Concilium* 10 (1974), S. 419ff. (420).

[81] Leonardo Boff, „Theologie der Befreiung" (FN 78), S. 54.

[82] Gustavo Gutiérrez, *Theologie der Befreiung* (FN 71), S. 160, 46, 85; vgl. auch S. 88, Anm. 43.

Hoffnung bestimmt als Hoffnung auf Auferstehung (Apg. 23,6), auf ewiges Leben (Tit. 1,2), auf die Herrlichkeit Gottes (Röm. 5,2; Phil. 3,20f.; Kol. 1,27)".[83] Daß andererseits die Erwartung, die Welt bewege sich auf einen immanenten Vollkommenheitszustand zu, in der natürliche Vernunft keine Stütze finden kann, sollte sich eigentlich mittlerweile von selbst verstehen.[84]

4. Befreiungstheologie in der politischen Praxis

Für die Popularisierung der gegenteiligen Auffassung sorgt nun aber die Bewegung „Christen für den Sozialismus", die in Lateinamerika entstanden, inzwischen weltweite Verbreitung gefunden hat. Sie stellt, gemessen an den Befreiungstheologen als den Strategen, gewissermaßen das Fußvolk dar. Hier wird die Vulgarisation des Übernatürlichen noch um eine weitere Stufe vorangetrieben, gemäß einem alten Erfahrungssatz, wonach „quae olim coepta a doctioribus, residuum demisit ad rusticos"[85], frei übersetzt: Man wird sich nicht allzusehr darüber wundern dürfen, wenn eine intellektuelle Nachhut die ihr gemäßen Konsequenzen aus dem zieht, was ihr von bedeutenderen Köpfen vorgedacht worden ist. Einigermaßen verwunderlich muß es indessen erscheinen, daß diese „Christen für den Sozialismus" – womit notabene nach *Cardenal* der „authentische Sozialismus" d.h. der „Sozialismus im marxistischen Sinn" gemeint ist –,[86] sich nicht nur in der Dritten Welt zu etablieren vermochten, sondern auch in der Ersten, wodurch es sozusagen zu einem Re-Import ursprünglich europäischer, mittlerweile jedoch radikalisierter Ideen kommt.

Bereits auf ihrem ersten größeren Kongreß in Santiago de Chile im Jahre 1972 verabschiedeten die „Christen für den Sozialismus" ein Dokument, das nichts anderes enthält als eine marxistische Popularphilosophie, die mit einigen theologischen Reminiszenzen angereichert ist. Demnach geht es um die „totale Veränderung der Gesellschaft", um eine „totale Befreiung", also, „anstatt einer bloßen Transformation der

---

[83] „Politik statt Kult?" in: Franz Hengsbach/Alfonso López Trujillo (H.), *Politische Denaturierung von Theologie und Kult,* Aschaffenburg 1978, S. 63ff. (76).

[84] Vgl. dazu „Fortschritt – eine ganz unvernünftige Idee. Fragen von Florian Rötzer an Robert Spaemann" in: *SZ* Nr. 92 v. 20./21. 4. 1985 (Feuilleton-Beilage).

[85] Guibert de Nogent (1053–1124), *De vita sua* 3, 17 (Patrologia Latina 156, 951).

[86] Cardenal vor dem Russell-Tribunal II (FN 7).

ökonomischen Strukturen", weshalb der Klassenkampf „nicht auf die sozio-ökonomische Ebene beschränkt" ist, sondern „sich auf dem Feld der Ideologie fort"-zusetzen hat. Die geforderte „strategische Allianz zwischen revolutionären Christen und Marxisten" ist daher nicht lediglich taktisch zu verstehen. Das totale Aufgehen im revolutionären Prozeß stellt vielmehr einen Beitrag „zur Geburt eines neuen Menschen" dar, wobei der christliche Glaube aber nicht „als etwas der revolutionären Praxis Vorausliegendes" zu denken ist, sondern sich „im Laufe der revolutionären Erfahrungen" erst entwickelt.[87] Gleichwohl soll es sich aber nach dem Jesuitenpater *Arroyo* bei dem plötzlichen Auftreten der „Christen für den Sozialismus" um „eine spontane Maßnahme zur Rettung des Evangeliums" handeln.[88] Ob einer den Geist des Evangeliums hat, beweist er also durch aktive Teilnahme am Klassenkampf, der jenen Glauben erst hervorbringt, der zugleich seine Voraussetzung ist.

Aus dieser Perspektive erscheint dann die siegreiche Revolution in Nicaragua als neuer Ostersonntag; so bei der evangelischen Theologin *Julia Esquivel* aus Guatemala, die gelegentlich auch in der Bundesrepublik missioniert. Nach ihr zeigt uns nämlich Christus, „daß die Heilsgeschichte eins ist mit der Geschichte der Welt und der Menschen", und deren Höhepunkt ist die „wunderbare Erfahrung der Auferstehung", die mit dem Sieg über Somoza begonnen hat.[89] Für Julia Esquivel ist danach das Reich Gottes ein rein irdisches, so daß sie auch die Verheißung eines „neuen Himmels und einer neuen Erde" in Offenbarung 21,1 umstandslos umdeuten kann in die Vision „einer neuen Erde und einer neuen Gesellschaft"[90], zu deren Errichtung ihr, was Zentralamerika angeht, der Krieg als das gebotene Mittel erscheint.[91] Das aber hatte schon der Befreiungstheologe *Raoul Vidales,* ein Freund und treuer Gefolgsmann von Gutiérrez, in der Zeitschrift „Concilium"

---

[87] „Schlußdokument des 1. Lateinamerikanischen Kongresses ‚Christen für den Sozialismus'" in: Dorothee Sölle/Klaus Schmidt (Hg.), *Christentum und Sozialismus, Vom Dialog zum Bündnis,* Stuttgart u.a. 1974, S. 27ff. (29, 34, 32, 30, 34).

[88] Gonzalo Arroyo, „Die internationale Lage, die Kirche und die Christen" in: *Internationale Dialog Zeitschrift* 7 (1974), S. 198ff. (208).

[89] „Der gekreuzigte Herr: Eine lateinamerikanische Perspektive" in: *Your Kingdom Come.* Mission Perspectives. Report on the World Conference on Mission and Evangelism (Melbourne 1980), Genf 1980, S. 52ff.; vgl. Peter Beyerhaus, *Aufbruch der Armen,* Bad Liebenzell 1981, S. 91, 121.

[90] Ebd., S. 54; vgl. Beyerhaus, a.a.O. (FN 89), S. 95.

[91] Julia Esquivel, *Die Kirche der Armen,* Essen 1982, S. 3.

verkündet: „Wenn die Mitte des Evangeliums wirklich Christus in seinem *Oster*mysterium ist, kommt dies vor allem gerade darin zum Ausdruck, daß das Volk *aufsteht,* um schöpferisch seiner vollen Befreiung entgegenzuschreiten".[92]

Konsequenterweise muß auch die Liturgie zum Zweck des Klassenkampfes umfunktioniert werden. Neue liturgische Formen sind notwendig, denn die Eucharistie „ist der lebendige Ausdruck eines Volkes, das vereint gegen die Unterdrücker kämpft."[93] Das ist aber ebenfalls keine genuin lateinamerikanische Erfindung. In den sechziger Jahren hatte auch die deutsche Katholische Studentenpfarrerkonferenz – weniger radikal – erklärt: „Es darf künftig keine Eucharistiefeier geben, die nicht Vorbereitung oder Planung einer politischen Aktion wäre."[94] Was Wunder, daß dann nach gelungener Revolution in Nicaragua alle Dämme brechen und aus dem Weiheritus der Osterliturgie die Parole wird. „Sandino gestern, Sandino heute, Sandino in Ewigkeit"[95], oder der Friedensgruß der Messe gelegentlich die Form erhält: „Der Friede Sandinos sei mit Euch", worauf das Volk antwortet: „Und mit dem Geiste der Revolution".[96]

Das Kind Jesus aber wird in einem Liedchen als kleiner Schelm besungen, der bei sich denkt: „Morgen will ich Guerillero sein", während seine Mutter davon träumt, der Junge werde wie der Papa Zimmermann werden.[97] Das ist nicht so extravagant, wie es scheinen mag, denn diese Verse wurden auf einer Tagung des Evangelischen Bildungswerkes Berlin zum Thema „Christologische Konsequenzen einer materialistischen Bibellektüre" als Ausdruck lateinamerikani-

---

[92] „Charismen und politische Aktion" in: *Concilium* 13 (1977), S. 588ff. (592; Hervorhebung nicht im Original!); vgl. Martin Kriele, *Befreiung und politische Aufklärung,* Freiburg 1986², S. 236f.; vgl. zu Vidales: Bonaventura Kloppenburg, *Die neue Volkskirche,* Aschaffenburg 1981, S. 107 A. 56 und öfter.

[93] Zusammenfassung der Arbeit der Kommissionen und der zentralen Linien der Nationaltagung (vom November 1972), veröffentlicht von Pablo Richard, in: *Cristianos por el Socialismo.* Geschichte und Dokumentation, Sígueme 1976, S. 255ff. (257); zit. nach Kloppenburg (FN 92), S. 85.

[94] Zit. nach Hanssler (FN 83), S. 70f.

[95] Vgl. Wilhelm Weber, *Wenn aber das Salz schal wird . . . Der Einfluß sozialwissenschaftlicher Weltbilder auf theologisches und kirchliches Sprechen und Handeln,* Würzburg 1984, S. 116.

[96] Vgl. Carlos Corsi, a.a.O. (FN 54), S. 41, und Wilhelm Weber, ebd.

[97] Vgl. Wilhelm Weber, a.a.O. (FN 95), S. 157 A. 258.

schen Christseins heute gepriesen[98] und von dem Franziskanerpater *Uriel Molina* aus Managua als theologisch gehaltvoll qualifiziert,[99] was ihm ein Flugticket nach München einbrachte, wo er auf Einladung der „Kirche von unten“ eine Solidaritätsmesse zelebrierte.[100]

Daß die Auferstehung Christi im Sinne einer permanenten Aufforderung zum Aufstand zu deuten sei, ist auch unter den deutschen „Christen für den Sozialismus“ eine verbreitete Denkweise. Darüber hatte *Dorothee Sölle* schon zu Ende der sechziger und zu Beginn der siebziger Jahre meditiert.[101] Auf der erwähnten Tagung des Evangelischen Bildungswerks waren nicht weniger als drei von neun Beiträgen diesem Thema gewidmet. Zwar kann schlechterdings nicht wegdiskutiert werden, daß die Überzeugung von der Auferstehung Christi der Angelpunkt des urkirchlichen Glaubens gewesen ist, besonders nachdrücklich unterstrichen von Paulus, bei dem es heißt, die Christen wären in ihrer Hoffnung auf Christus bedauernswerter als alle Menschen, wenn Christus nicht in Wahrheit von den Toten auferstanden ist (1. Kor. 15), – aber das scheint nun niemanden mehr zu kümmern. Mit einer exegetischen Sorglosigkeit ohnegleichen wird jetzt argumentiert, in 1. Kor. 15 stecke nichts anderes als „die Erwartung einer von Herrschaft befreiten Welt“.[102] In ausdrücklicher Anknüpfung an die Theologie der Befreiung ergibt sich für *Kuno Füssel*: „Die Auferstehungsbotschaft lautet demnach: Es muß möglich sein, neu zu beginnen. Also: Stehen wir auf“, denn „der bestehende Äon und das ihn konstituierende Böse (müssen) zunächst ausgelöscht werden . . ., damit der neue Äon möglich wird.“[103] Auf *Ernst Bloch* und die materialistische Bibellektüre gestützt, ist nämlich der aufgeklärte Theologe längst dazu gelangt, die

---

98 Bernd Päschke, „Christologie und Solidarität“ in: Dietrich Schirmer (H.), *Die Bibel als politisches Buch. Beiträge zu einer befreienden Christologie*, Stuttgart 1982, S. 20ff. (23f.).

99 Vgl. Wilhelm Weber, a.a.O. (FN 97). – Uriel Molina ist Direktor des prosandinistischen „Centro Antonio Valdivieso“ in Managua (vgl. FN 54). Über Molina und das „Centro“ vgl. Kriele, a.a.O. (FN 54), S. 122ff. und Lindemann, a.a.O. (FN 54), S. 139.

100 Vgl. *SZ* Nr. 67 v. 20. 3. 1985, S. 17.

101 „Auferstehung – nach dem ‚Tode Gottes‘“ in: dies., *Atheistisch an Gott glauben*, Freiburg 1968, S. 97ff., und „Aufstand und Auferstehung“ in: Dorothee Sölle/Klaus Schmidt (H.), a.a.O. (FN 87), S. 49ff.

102 Hans-Jochen Vogel (Studentenpfarrer), „Auferstehung – Ein Versuch, 1. Kor. 15 zu lesen“ in: Schirmer (H.), a.a.O. (FN 98), S. 72ff. (78).

103 „Auferstehung – Einstieg in die unendliche Geschichte“ in: Schirmer (H.), ebd., S. 65ff. (68f.).

„vollständige Diesseitigkeit" der Welt ebenso zu akzeptieren, wie den Glauben „an die Vollendbarkeit des Menschen", eine Position, hinter welche die Theologie „schlechterdings nicht mehr zurück kann."[104]

Irgendwelchen Bedenken „andersgläubiger" Christen wird *Gerhard Borné,* ein Schüler Helmut Gollwitzers, mit dem Hinweis begegnen, daß es „aufgrund fehlender wissenschaftlicher Aufklärung zu Zeiten der Bibel verwunderlich" wäre, wenn nicht auch Jesus nur „in entfremdeter Weise von diesem revolutionären Gott" der materialistischen Theologen „und seinem ‚Reich'" gesprochen hätte.[105] Daß Christus daher, käme er heute wieder, selbst Atheist wäre, dessen ist sich *Dorothee Sölle* ganz sicher. Nachdem nämlich mittlerweile Antibabypillen und Düngemittel erfunden worden sind, gibt es keinen Grund mehr, „in diesen Angelegenheiten zu beten".[106] In unserer „Brave new world" ist Gott einfach überflüssig geworden. Er hat nichts mehr zu tun. Bei dem einzig noch ausstehenden Umsturz der politischen Verhältnisse aber ist Theismus nur ein Handikap.[107] Der Glaube an einen von der Welt geschiedenen persönlichen Gott, so mutmaßt Borné, „hat wohl Ursachen, die in den demokratisch nicht kontrollierten Machtverhältnissen liegen – insbesondere aber in der Tatsache der privaten Aneignung dessen, was die Mehrheit schafft, durch eine kleine Minderheit."[108] Das „Leitbild eines ‚souveränen' Gottes . . . dient . . . als ideologische Rechtfertigung eines Modells von Mensch . . . als ‚feudaler Herr' oder . . . ‚freier Unternehmer'".[109] Heute ist die Zeit gekommen, in der – für Borné ebenfalls wie für Frau Sölle – die zweite Strophe der „Internationalen" gilt.[110]

Man könnte natürlich die Frage aufwerfen, ob es sich überhaupt lohne, sich mit dieser Art von Anti-, also Pseudo-Theologie auseinanderzusetzen. Einerseits drängt sich der Verdacht auf, daß das ganze „a-

---

[104] „Einleitung" in: ders. (H.), a. a. O. (FN 98), S. 7ff. (10, 11, 8).

[105] „Kirche und politische Verantwortung. Zur Frage der Mitgliedschaft von Pfarrern in der DKP" (Vortrag auf der Jahrestagung bayerischer Theologiestudenten 1973) in: D. Sölle/K. Schmidt (H.), a. a. O. (FN 87), S. 94ff. (104).

[106] Dorothee Sölle, „Gibt es ein atheistisches Christentum?" in *Merkur* 23 (1969), S. 33ff. (44, 39).

[107] Gerhard Borné, a. a. O. (FN 105), S. 104 Nr. 6.

[108] Ebd., S. 98.

[109] Gerhard Borné, *Christlicher Atheismus und radikales Christentum,* München 1979, S. 155.

[110] Ders., a. a. O. (FN 107).

theologische" Manöver nur dazu dienen soll, dem revolutionären Sozialismus neue Bataillone zuzuführen, und andererseits ist diese Theologie als ideologischer Überbau des Marxismus schlicht überflüssig. Der „große gute Prozeß"[111] läuft auch ohne sie weiter.

Aber zum einen genügt ein flüchtiger Blick auf kirchliche Veranstaltungen der verschiedensten Art, um sich davon zu überzeugen, daß diese Geisteshaltung zumindest als unreflektierte Grundstimmung verbreiteter ist, als man denken sollte. Und dann ist da zumindest *ein* wesentlicher Aspekt, der eine Auseinandersetzung als unumgänglich erscheinen läßt, der Umstand nämlich, daß der im Marxismus ohnehin virulente *quasi-religiöse Fanatismus* durch die ihm zuteil werdende theologische Überhöhung eine zusätzliche Dynamisierung erfährt. Unter Fanatismus wird hierbei mit *Reinhart Maurer* „jene energiereiche und gefährliche Überhitzung" verstanden, die dann auftritt, „wenn religiöse und politische Überzeugungen in handlungsrelevanter Gesinnung zu einer kompakten Einheit verschmelzen und so für eine bestimmte Politik der Anspruch einer absoluten Begründung erhoben wird".[112] *Martin Kriele* trifft den Kern der Dinge, wenn er schreibt: „Soweit die Theologie der Befreiung den marxistischen ‚Befreiungskampf' zur Arbeit am Reich Gottes überhöht, steigert sie die Fanatisierung ins Äußerste: Wer nicht mitmacht, erscheint als *Feind Gottes.* – Hand in Hand damit geht die Schmeichelei der Selbstliebe: Als Avantgarde im Kampf für das Reich Gottes ist der christliche Marxist nicht nur immer im Recht, sondern er versteht auch noch die *Unterdrückung des Feindes als Ausdruck von Liebe und Brüderlichkeit.*"[113]

Damit ist jede einigermaßen rationale Politik unmöglich geworden. Wenn es dazu noch eines Beweises bedarf, so liefert ihn wiederum *Dorothee Sölle.* Vom Ökumenischen Weltrat der Kirchen als einzige deutsche Referentin zur 6. Vollversammlung nach Vancouver geladen, ließ sie dem von ihr schon Anfang der siebziger Jahre befürworteten „schöpferischen Haß"[114] freien Lauf, indem sie den Kapitalismus im

---

[111] Reinhart Maurer, a.a.O. (FN 37).

[112] „Chiliasmus und Gesellschaftsreligion. Thesen zur politischen Theologie" in: Jacob Taubes (H.), *Religionstheorie und politische Theologie,* Band 1: Der Fürst dieser Welt. Carl Schmitt und die Folgen, München/Paderborn 1983, S. 117ff. (118f.).

[113] A.a.O. (FN 92), S. 233.

[114] Dorothee Sölle, „Gibt es einen schöpferischen Haß?" in: *Merkur* 25 (1971), S. 1152ff., und dies., „Das Problem eines schöpferischen Hasses" in: *Merkur* 26 (1972), S. 400ff.

allgemeinen und die angebliche „militaristische“ Gesellschaftsordnung der Bundesrepublik in Grund und Boden verdammte.[115] Inzwischen aber hat sie sich selbst übertroffen. In einer Predigt zum Passionssonntag vor zwei Jahren im Schaffhausener Münster stempelte sie gar die Bundesrepublik zum „Unrechtsstaat“, weil sie ebensowenig wie andere westliche Demokratien auf Gefängnisse, Irrenanstalten und Kasernen zu verzichten bereit sei.[116] Aus dieser Äußerung wird man schließen dürfen, daß Frau Sölle der Kontakt mit der politischen Wirklichkeit inzwischen so ziemlich abhanden gekommen ist. Ihrem religiös-politischen Fanatismus wird das jedoch – so steht zu befürchten – keinen Abbruch tun.

---

[115] „Wege zum Leben in Fülle. Ein zorniges Plädoyer gegen Geld und Gewalt“ in: *DIE ZEIT* vom 19. 8. 1983.

[116] Vgl. Walther Hofer, „Dorothee Sölle, Diktatur und Demokratie“ in: *Neue Zürcher Zeitung* vom 24. 4. 1985, S. 25.

Wolfgang Ockenfels

Politische Eschatologie

Kritische Anmerkungen zu einer katholischen „Politischen Theologie“

Johann Baptist Metz, der in der deutschsprachigen katholischen Theologie die „Politische Theologie“ (PT) repräsentiert, ist sich der Mehrdeutigkeit des historisch belasteten Begriffs der PT durchaus bewußt. Er grenzt die von ihm konzipierte „neue“ PT von anderen geschichtlichen Formen ab, vor allem von einer „klassischen“ PT, mit der der Primat der Politik theologisch sanktioniert und der absolute Anspruch des Staates legitimiert worden ist. Kennzeichnend für die „klassische“ PT sei die kurzschlüssige, direkte Politisierung der christlichen Botschaft innerhalb der bestehenden politischen Ordnungen.[1]

Allerdings ist jede Art von Theologie in der Perspektive von Metz als eine PT anzusehen: „Es gibt keine Theologie, die nicht politisch wäre“.[2] Auch die moderne transzendentale, existentiale und personalistische Theologie, gegen deren Privatisierungstendenzen sich die Metz'sche PT wendet, wird als „politische“ eingestuft. Jede Theologie, die nicht als Gesellschaftskritik auftritt, wird von Metz unter den Ideologieverdacht gestellt, bestimmte gesellschaftliche Strukturen zu sanktionieren.

Quellen

Die geschichtlichen Wurzeln der PT liegen primär im „Erbe der Aufklärung“, und zwar in jener Entwicklungsstufe der neuzeitlichen Aufklärung, die man als „links“ oder „antibürgerlich“ bezeichnen kann – und die heute vom Neomarxismus repräsentiert wird. In diesem Sinne werden „Neuzeit“ und „Aufklärung“ von Metz in ihren Grundzügen theologisch legitimiert und als quasi geschichtstheologische Kategorien begriffen.

---

1 Vgl. J.B. Metz, Politische Theologie in: *Sacramentum Mundi III*, Freiburg i.Br., Basel, Wien 1969, Sp. 1232.

2 Ders., Wo manifestiert sich Gottes Geist gegenüber den Geistern der Zeit? Disputation zwischen J. M. Lochmann und J. B. Metz, nachgezeichnet von J. Lell, in: *Erfahrung der Welt – Erfahrung des Glaubens*, Jahrbuch des Evangelischen Bundes XXI, Göttingen 1978, S. 43.

Als neutestamentliche Quelle kommt mehr die synoptische als die paulinische Tradition in Frage, weil mit letzterer die Gefahr einer „strikten Verinnerlichung christlichen Heils" und einer „unkritischen Versöhnung des Christentums mit vorgegebenen politischen Mächten" verbunden sei.[3] Metz sieht im „paulinischen Typ" des Freiheitsverständnisses „mehr individualistisch-liberalistische Züge", während er den „synoptischen Typ" als „eher sozialistisch" ansieht.[4] Bei den Synoptikern ist es vor allem die Bergpredigt, die das „Karussell der Politik eher links herum bewegen würde".[5]

Die „neue" PT ist nicht zuletzt auch von der Absicht geleitet, das „verdrängte Erbe jüdischer Religion" aufzunehmen und zur Geltung zu bringen.[6] Zu diesem Erbe zählt für Metz nicht nur die alttestamentliche Tradition – vor allem der Propheten und des Exodus, sondern auch die spätjüdische Apokalyptik. Die PT von Metz beruft sich nicht genealogisch auf andere Formen der PT, die sie rezipiert und beerbt hätten. Sie ist in ihrer dialektischen Verknüpfung von Theologie und Politik durchaus eigenständig, wenn ihre Entwicklungsgeschichte auch Zusammenhänge offenbart mit einer „Theologie der Welt" einer „Theologie der Hoffnung" und einer „memorativ-narrativen Theologie". Metz selber spricht von PT im Plural und bezeichnet sie als „theologische Linke".[7] Die besondere Nähe zur lateinamerikanischen „Theologie der Befreiung" zeigt sich in dem Ausdruck „politische Theologien der Befreiung", zu denen sich seine PT rechnet.[8] Nicht eine Identität, aber „Berührungspunkte" seiner PT mit der „Theologie der Befreiung" sieht Metz in der „Situationsanalyse im Weltmaßstab", im „Primat der Praxis", in der „Basiskategorie Solidarität" und in der PT „des Subjekts".[9] Zweifellos verdankt sich die lateinamerikanische Befreiungstheologie jener westlichen theologischen Impulse, die sie von der PT und von der „Theologie der Revolution" empfangen hat. Inzwischen

---

[3] Ders., Jenseits bürgerlicher Religion, Reden über die Zukunft des Christentums, Forum Politische Theologie 1, München, Mainz 1980, S. 40.

[4] Vgl. ebd. S. 81.

[5] Ebd., S. 95

[6] Ders., Glaube in Geschichte und Gesellschaft, Studien zu einer praktischen Fundamentaltheologie, Mainz 1977, S. 10 Am. 15.

[7] Vgl. ders., Produktive Ungleichzeitigkeit, in: J. Habermas (Hrsg.), *Stichworte zur „Geistigen Situation der Zeit", II: Politik und Kultur,* Frankfurt a. M. 1979, S. 534.

[8] Ders., a. a. O. FN 3, S. 116.

[9] a. a. O. FN 3, S. 116.

aber zeigt sich auch ein umgekehrter Übertragungsvorgang, etwa in der Frage der „Basiskirche", der die Interdependenz zwischen PT und „Theologie der Befreiung" zum Ausdruck bringt.

Die PT von Metz stellt kein geschlossenes, in sich abgerundetes System dar, sondern ist offen für Entwicklungen, Akzentverschiebungen und Modifikationen, die auf Verlagerungen des geistesgeschichtlichen Horizontes und weltgeschichtlicher Situationen eingeht. Sie beschreitet, bildhaft ausgedrückt, eher einen Weg mit verschiedenen Etappen, als daß sie ein Feld abgrenzt und systematisch ordnet. Dabei fällt auf, daß die PT, trotz mancher Kurskorrekturen und Abweichungen, die einmal eingeschlagene Richtung einhält und kaum von einer Generallinie abweicht, die an bestimmten konstanten Markierungen orientiert ist.

Konzept und Entwicklung der Politischen Theologie

Als Schüler von Karl Rahner ist Metz zunächst der Transzendentaltheologie verpflichtet, die, philosophisch geprägt von Kant, Hegel und Heidegger, versucht, das neuzeitliche Denken der Aufklärung mit „katholischem Denken" zu versöhnen. Aus dieser Zeit (1962) stammt der Versuch von Metz, Thomas von Aquin auf Neuzeit hin zu interpretieren und in ihm bereits die Wende vom „kosmozentrischen" zum „anthropozentrischen" Denken auszumachen.[10] Metz arbeitet mit an einer auf der Säkularisierungsthese fußenden „Theologie der Welt", die aber noch im christologischen und anthropologischen Kontext steht.[11] Mitte der sechziger Jahre erfolgt die Wende zur PT, die sich zunächst vor allem gegen eine Engführung des transzendentalen, existentialen oder personalistischen Ansatzes in der „Theologie der Welt" (und damit auch gegen Rahner) wendet.

Gegen eine idealistische Sicht der „Weltlosigkeit des Glaubens" betont die PT dessen geschichtliche und gesellschaftlich-politische Dimension, ohne damit freilich die Säkularisierungsthese von der „Glaubenslosigkeit der Welt" aufgeben zu wollen.[12] Die ursprünglich christologisch begründete „Weltlichkeit der Welt" bleibt bestehen, nur wird „Welt"

---

[10] Vgl. ders., Christliche Anthropozentrik. Über die Denkform des Thomas von Aquin, München 1962.

[11] Vgl. ders., Zur Theologie der Welt, Mainz, München 1968, S. 133.

[12] In der logischen Konsequenz der PT liegt jedoch die Aufhebung der Säkularisierung in Gesellschaft und Staat.

jetzt primär als Gesellschaft (bzw. Politik) und Geschichte sichtbar, die mit dem Glauben in ein neues dialektisches Verhältnis treten. Die noch evolutiv verstandene Freiheitsgeschichte korrespondiert nun mit einem primär eschatologischen, nicht christologischen Glaubensverständnis. Die Schwerpunktverlagerung von der Anthropologie zur Soziologie, von der Christologie zur Eschatologie ist durch den Austausch des philosophischen Hintergrundes (Wechsel zu K. Marx, E. Bloch, „Frankfurter Schule") hervorgerufen und theologisch beeinflußt durch S. Kierkegaard und D. Bonhoeffer.

Zeitgeschichtlich fällt die Entstehungsphase der PT mit der studentischen Protestbewegung in den westlichen Ländern zusammen, mit einer besonders bei Intellektuellen wachsenden Abneigung gegen den vorherrschenden politischen Pragmatismus und die Zwänge der „technokratischen" Zivilisation und, damit verbunden, mit einer Renaissance des Marxismus. Der Glaube an den Fortschritt der Gesellschaft und die Machbarkeit der Zukunft war damals noch weitgehend ungebrochen.

Das Programm der PT hat zunächst eine zweifache Ausrichtung. Erstens versteht sie sich als „kritisches Korrektiv gegenüber einer extremen Privatisierungstendenz gegenwärtiger Theologie".[13] Unter diesem mehr innertheologischen Aspekt der „Entprivatisierung" geht es der PT um die kritische Reflexion der „gesellschaftlich-politischen Implikationen" theologischer Vorstellungen und Begriffe. Indem die PT eine Antwort auf die aufklärerische Religions- und Ideologiekritik geben will, wendet sie deren Instrumente an und fragt nach den „gesellschaftlich-politischen" Bedingtheiten der Theologie. Zugleich fragt sie nach der „gesellschaftlichen Dimension der christlichen Botschaft", wobei eine klare Unterscheidung zwischen einer originären „gesellschaftlichen" Dimension und einer bloß herangetragenen gesellschaftlichen Bedingtheit der christlichen Botschaft und ihrer Theologie unterbleibt.

Kirche als gesellschaftskritische Institution

Zweitens versteht sich PT „positiv als Versuch, die eschatologische Botschaft unter den Bedingungen unserer gegenwärtigen Gesellschaft" und unter „Berücksichtigung des Strukturwandels ihrer Öffentlichkeit"

---

[13] Vgl. ders., a. a. O. FN 11, S. 99ff.; „Politische Theologie" in der Diskussion, in: H. Peukert (Hrsg.), *Diskussion zur „politischen Theologie"*, Mainz, München 1969, S. 275.

zu formulieren.[14] In diesem mehr externen Bezug auf die Gesellschaft wird aber die „positive" Aufgabe einer PT, die sich von der situationsbestimmenden Aufklärung sowie von den eschatologischen Verheißungen leiten läßt, nur als Gesellschaftskritik konzipiert. Die Kirche wird als „gesellschaftskritische Institution" definiert.[15] In beiden Aspekten der PT kommt bereits ihr hermeneutischer Grundcharakter zum Vorschein, ihr neues Theorie-Verhältnis: „Die praktische und – im weitesten Sinne des Wortes – politische Vernunft muß künftig an allen kritischen Reflexionen der Theologie beteiligt sein".[16]

Nach der zwischenzeitlich eingetretenen Kritik[17] an diesem Konzept reagiert die PT 1969 mit einigen Akzentverlagerungen und Ergänzungen: An erster Stelle wird die PT als „politische Hermeneutik" charakterisiert.[18] Es folgt zweitens ihre (unveränderte) Aufgabe als „kritisches Korrektiv" innerhalb der „privatisierten" Theologie.[19] An dritter Stelle wird die kritische Funktion der PT in der Kirche genannt, d. h. die Kritik an kirchlichen Institutionen und Traditionen wird als „primäre Form theologischer Gesellschaftskritik" erkannt.[20] Damit zieht die PT strategisch die Lehre aus der Erfahrung, daß sie als Gesellschaftskritik weitgehend wirkungslos bleiben muß, solange nicht die Kirche für ihr Programm gewonnen ist. So wird die kritische Funktion der Kirche erst an letzter Stelle erwähnt.

In dieser zweiten Phase der PT wird erstmals die politische Ethik angesprochen, die vorher von der Eschatologie überdeckt wurde. Nun werden, auch als Antwort auf die Frage nach inhaltlichen Kriterien der Kritik, die eschatologischen Verheißungen mit politischen Handlungs-

---

[14] Vgl. ders., a. a. O. FN 1, Sp. 1233.

[15] Vgl. ders., a. a. O. FN 11, S. 107.

[16] Ebd., S. 104.

[17] Zu den frühen Kritikern gehören vor allem *H. Maier, G. Ermecke, H. J. Wallraff, W. Kerber, O. v. Nell-Breuning* und *R. Spaemann*. Diese Kritik bezog sich noch auf die erste Phase der PT und kommt vor allem darin überein, daß in der PT die Gefahr eines neuen Integralismus oder gar Klerikalismus für die Politik gegeben sei, daß die PT keine sozialethischen Kriterien der Politikgestaltung aufzeigen kann und daß ihre Verbindung von Eschatologie und Gesellschaftskritik nicht zulässig sei. Auf diese Einwände, namentlich von seiten der Katholischen Soziallehre, ist die PT nicht ernsthaft eingegangen, und es kam nie zu einem wirklichen Dialog.

[18] Vgl. Metz, „Politische Theologie" in der Diskussion, a. a. O. FN 13, S. 274.

[19] Vgl. ebd. S. 275.

[20] Vgl. ebd. S. 277.

orientierungen verbunden.[21] Dem Vorwurf der Traditionslosigkeit und der reinen Zukunftsbezogenheit begegnet die PT mit der Einführung der Memoria-These: Mit der „gefährlichen Erinnerung" des Glaubens soll auch der theologische (gegenüber dem soziologischen) Charakter der PT deutlicher hervorgehoben werden.[22] In der politisch-theologischen Hermeneutik ist die Verbindung von „politisch" und „theologisch" keine bloße Anwendungsfrage, wie etwa „rein" theologische Erkenntnisse auf die konkrete Politik angewandt werden können, sondern die Frage, wie weit die theologische und kirchliche Substanz „politisch" durchsetzt ist. Von daher rückt die konkrete politische Thematik in den Blick der PT. In der zweiten Entwicklungsstufe der PT geht es noch vorrangig um die ideologie- und gesellschaftskritische Intention, Bestrebungen zu verhindern, „die Kirche für eine ganz bestimmte konkrete Politik neu aufzuladen"[23] und die Theologie „mit falschen partikularen Machtinteressen" zu vermischen.[24] Daß die Kirche (und ihre Theologie) „immer schon" als eine „politische Größe" anzusehen ist, wird dabei von einer Kritik vorausgesetzt, die die falsche politische Richtung von Kirche und Theologie entlarven will. Dazu benötigt sie aber theologische, nicht politische Kriterien über wahr und falsch: „Die politische Richtung einer Theologie stimmt nur dann, wenn auch ihre theologische stimmt und nicht umgekehrt".[25] Der inhaltlichen Bestimmung solcher Kriterien dient zunächst die „gefährliche Erinnerung" an Glaubenswahrheiten. Erinnert werden freilich nicht die biblischen Traditionen und dogmatischen Glaubenssätze als solche, so wie die Kirche sie überlieferte und verbindlich interpretiert hat, sondern selektiv nur jene, die sich als „gefährlich" interpretieren lassen in dem Sinne, daß sie die „Banalität des Bestehenden" durchstoßen und zu einer kritisch-revolutionären Praxis stimulieren. Wahrheitskriterium der dogmatischen Lehrsätze ist nicht ihre Christlichkeit, sondern „Kriterium ihrer genuinen Christlichkeit ist die kritisch-befreiende Gefährlichkeit".[26] Die Gefährlichkeit solcher Erinnerung besteht darin, daß die eschatologische Zukunft (mit ihren Verheißungen) gegen die konkrete

---

[21] Vgl. ebd. S. 279ff.

[22] Vgl. ebd. S. 284.

[23] Ders., Was will die politische Theologie?, in: *Politische Theologie, Fragen des sozialen Lebens 9*, hrsg. von der Katholischen Sozialakademie Österreichs, Wien 1971, S. 38.

[24] Vgl. ders., a.a.O. FN 6, S. 65.

[25] Ders., a.a.O. FN 2, S. 43.

[26] Vgl. ders., Reform der Gegenreformation heute, Zwei Thesen zur ökumenischen Situation der Kirchen, Mainz, München 1969, S. 41, a.a.O. FN 6, S. 178.

Gegenwart der Gesellschaft kritisch-revolutionär ausgespielt wird. Natürlich hält keine Gegenwart den Vergleich mit der verheißenen Zukunft des Reiches Gottes aus. Im Vergleich mit dieser Zukunft muß jede Gegenwart als höchst mangelhaft und miserabel erscheinen, was ein starkes Motiv für radikale Aktionen abgibt oder nur ein dumpfes Jammertalgefühl der Unzufriedenheit und Resignation hinterläßt.

„Gottesgedanke unweigerlich politisch"

Die Öffnung zu einer positiven „Option" für die richtige „politische" Richtung von Kirche und Theologie wird in der dritten Phase der PT (um 1977) vollzogen. Nun ist der „Gottesgedanke unweigerlich politisch . . . nicht nur in jener ideologiekritischen Intention . . ., sondern auch in sich selbst: als Ausdruck einer Option, nämlich für das Subjektseinkönnen und Subjektwerdenmüssen aller Menschen".[27] Das Christentum bedarf keiner nachträglichen Politisierung, die der Ideologiekritik zum Opfer fällt, sondern es ist „in sich selbst als messianische Praxis der Nachfolge politisch".[28] Hier zeigt sich der Versuch, aus dem hermeneutischen Zirkel gegenseitiger Bedingtheit von Theologie und Politik herauszukommen und einen archimedischen Punkt zu finden, von dem aus der Kirche und ihrer Theologie die richtige politische Richtung gewiesen werden kann. Die Option für das „Subjektsein aller Menschen vor Gott" wird dem Evangelium entnommen, das in diesem Sinne politisch „ist" und politisch „verpflichtet".

Ursprünglich galt für die PT nur die als Kritik formulierte Aussage als ideologiefrei. Jetzt wird eine positive Option formuliert als Antwort auf die Herausforderung des marxistischen Kampfes um ein „neues Subjekt", die aber auch als eine nachträglich in das Evangelium verankerte oder dem Evangelium angesonnene Option entlarvt werden kann.

Modellcharakter von Basisgemeinden

Wie situationsbedingt auch die dritte Phase der PT ist, zeigt die in ihr abgeschlossene Verwandlung der (evolutiven) Eschatologie in eine (revolutionäre) apokalyptische Naherwartung. Die apokalyptische Prä-

[27] Ders., a.a.O. FN 6, S. 65.
[28] Vgl. ders., a.a.O. FN 3, S. 40.

gung der Eschatologie findet in einer Zeit statt, in der die Wachstums- und Wirtschaftskrise, die Umweltproblematik und die Angst vor einem Atomkrieg für ein weit verbreitetes Katastrophenbewußtsein gesorgt haben. So stellt sich die Apokalyptik als „mystische Entsprechung zu einer erfahrenen politischen Wirklichkeit“[29] dar. Dies ist nicht die Zeit, den „Streit zwischen subjektlosen Ideen und Konzeptionen“ fortzuführen: Es geht jetzt um die „konkrete geschichtlich-gesellschaftliche Situation von Subjekten“.[30]

Die PT als „praktische Fundamentaltheologie“ fragt hier zunächst nach den Subjekten christlicher und kirchlicher Praxis. Situationsangemessen wären „apokalyptische Menschen“[31] eines radikalen Nachfolgechristentums, das sich etwa in den religiösen Orden idealtypisch und antizipatorisch manifestiert. Die „bürgerliche“ Wirklichkeit der Orden, die sich angeblich den religiösen Bedürfnissen der „bürgerlichen“ Subjekte einer „Service“-Kirche angepaßt haben[32], vor allem auch die Ausweitung der Situationsanalyse „im Weltmaßstab“ lenkt die Aufmerksamkeit der PT auf bestimmte lateinamerikanische „Basisgemeinden“, denen ein Modellcharakter für die Gesamtkirche zugesprochen wird.[34] Nur in solchen Basisgemeinden sieht die PT die Chance, eine neue Verbindung von Religion, Moral und Politik, ein Bewußtsein vom „solidarischen Subjektsein aller“ herzustellen. Gestützt auf die neomarxistische Diagnose, die den Abschied vom „bürgerlichen Zeitalter“ und den „Übergang in eine freie nachbürgerliche und nachkapitalistische Gesellschaft“ konstatiert, prognostiziert die PT die „Kirche als Basiskirche“.[35]

Von Anfang an und zentral geht es der PT um das „apologetische“ Interesse, Rechenschaft über den Grund des Glaubens und seiner Hoffnung abzulegen. Dabei ist entscheidend, wem gegenüber und in welchem Kontext der christliche Glaube und seine Tradition zu verantworten ist. In der Strategie der PT wird eine bloße Verteidigungs- und Abwehrhaltung des Glaubens durchbrochen und ein Vorstoß in Gebiete

[29] Ders., Zeit der Orden? Zur Mystik und Politik der Nachfolge, Freiburg, Basel, Wien 1977, S. 84.

[30] Ders., a.a.O. FN 6, S. 3.

[31] Ders., a.a.O. FN 29, S. 87.

[32] Vgl. ders., a.a.O. FN 6, S. 26ff.

[33] Vgl. ebd. S. 4.

[34] Ders., a.a.O. FN 7, S. 536.

[35] Vgl. ders., a.a.O. FN 3 S. 118f.

unternommen, die dem Glauben entfremdet sind. Zunächst handelt es sich um den Versuch der offensiven Rechtfertigung des Glaubens angesichts der „Freiheitsgeschichte", die durch die neuzeitliche Aufklärung bestimmt ist. Diese „Freiheitsgeschichte" wird mit der christlichen Heilsgeschichte dadurch versöhnt, daß die Aufklärungsprozesse grundsätzlich eine theologische Rechtfertigung erhalten, wobei die PT Begriffe der Aufklärung übernimmt, die mit der theologischen Tradition brechen.

Immer mehr setzt sich bei der PT aber die Erkenntnis von der „Dialektik der Aufklärung" durch, wonach die neuzeitliche „Freiheitsgeschichte" sich keineswegs ungebrochen positiv entwickelt, sondern Rückschläge erfährt und Katastrophen hervorbringt. Hier gerät nun die Theodizeefrage in den Mittelpunkt des politisch-theologischen Interesses, die Rechtfertigung Gottes „im Angesicht der Leidenserfahrung".[36] Diese Rechtfertigung gelingt der PT nicht als ein theologisch-argumentativer Vorgang – vor allem nicht gegenüber dem Elend und Leiden in der Dritten Welt. Hierin liegt wohl das stärkste Motiv für die PT, das Schwergewicht ganz auf die Praxis zu verlegen. Sie will eine Theologie unter dem Primat der Praxis sein, bleibt aber in ihrem Charakter eine theologische Theorie, deren Tauglichkeit für die politische Praxis höchst zweifelhaft ist.

Zum Politikbegriff der Politischen Theologie

Die Unterscheidung des Politischen vom Religiösen ist für die PT vor allem deshalb kaum möglich, weil das, worauf sich Religion bezieht, vom „über"-natürlichen auf ein geschichtliches Jenseits verlagert wird. Die vertikale wird durch eine horizontale Unterscheidung ersetzt, die nur noch eine temporale Distanz (eschatologische Differenz) erkennen läßt. Die Geschichte als ganze, die von der absoluten Zukunft Gottes getragen und bestimmt wird, gilt zwar nicht – wie die dem Menschen gestaltbare Teilgeschichte – als ein politischer Begriff „im engeren Sinne des Wortes"[37], aber in einem erweiterten Sinn ist sie doch „politisch". Sie kann nämlich durch christliche, an den eschatologischen Verheißungen orientierte Praxis wenigstens partiell antizipiert werden. Auf dieser

[36] Vgl. ders., Zu Lasten der Nichtgefragten. Ein Brief mit Rückfragen, in: W. Jens (Hrsg.), *Warum ich Christ bin*, München 1979, S. 254 f.
[37] Vgl. ders., a. a. O. FN 11, S. 110.

Ebene wird sowohl die Autonomie des Politischen durch das Religiöse, als auch die des Religiösen durch das Politische in Frage gestellt. Wie der Christus der PT einem politischen Rebellen zum Verwechseln ähnlich erscheint, so kann das Reich Gottes vor allem in der apokalyptischen Naherwartung zum Greifen nahe erscheinen und im Vorgriff der politischen Praxis verfügbar gemacht werden.

Die gängige Unterscheidung zwischen der gesellschaftlichen, wirtschaftlichen und politischen Ordnung findet in der PT keine Entsprechung. Ein eigener ökonomischer Bereich scheint für die PT nicht zu existieren, er wird jedenfalls nicht beachtet. Das Politische wird mit dem Gesellschaftlichen so eng verbunden (in den Texten meist mit einem Bindestrich), daß beide Begriffe als synonym und austauschbar erscheinen. Vom „öffentlichen" Bereich des Politischen und Gesellschaftlichen zunächst abgegrenzt wird das Persönliche, Individuelle und Private, das jedoch keine eigenständige Berechtigung zu haben scheint und durch das Programm der „Entprivatisierung" im Gesellschaftlich-Politischen aufgeht. Auf einen „vorpolitischen" gesellschaftlichen oder privaten Bereich geht die PT nicht ein. Der Politikbegriff der PT impliziert die Politisierung aller Lebensbereiche und die Einebnung des Gefüges pluraler Teilordnungen zugunsten einer politisch-gesellschaftlichen Ganzheit.

Mit dieser Ganzheit spricht die PT den „Staat" an, von dem sie jedoch einen höchst unklaren und zwiespältigen Begriff hat. Einerseits wird er als konkrete Herrschaftsform einer massiven Kritik unterzogen, andererseits läßt die PT ihn als politische Freiheitsordnung gelten, insofern seine politischen Strukturen, Verfassungen und Herrschaftsformen auf der Basis der „Freiheitsgeschichte" der Gesellschaft gründen.[38] Die PT will die angeblich erst in der Aufklärung wirksam gewordene Unterscheidung zwischen Staat und Gesellschaft nicht aufkündigen. Diese Unterscheidung setzt jedoch voraus, daß das Politische nur eine Dimension (unter anderen) in der Gesellschaft ist, die dann auch nicht total politisiert werden dürfte. Da die PT die Dimension des Vorpolitischen oder gar Unpolitischen nicht gelten läßt, kann sie die Unterscheidung zwischen der gesellschaftlichen und der staatlich-politischen Ordnung auch nicht mehr durchführen.

---

[38] Vgl. ders., „Politische Theologie" in der Diskussion, a.a.O. FN 13, S. 269ff.

Kein apriorischer Rechtsbegriff

Die wenigen, den Staat betreffenden Ausführungen lassen erkennen, daß die PT nicht nur den eschatologischen Vorbehalt gegen eine Verabsolutierung von Herrschaftsformen einsetzt, sondern überhaupt jede Herrschaft eschatologisch in Frage stellt, die der Freiheit vorausliegt und deshalb Gott vorbehalten sei.[39] Die Verkündigung der eschatologischen Herrschaft Gottes wird hier direkt und unmittelbar zur politischen Herrschaftskritik. Die PT hat keinen apriorischen Begriff von Recht, Gerechtigkeit und Gemeinwohl, der der geschichtlichen Freiheit vorgegeben ist, weil er in der Natur (bzw. Vernunft) des Menschen verankert ist, und von daher eine staatliche Gemeinwohlordnung grundsätzlich legitimiert, die die konkreten Einzelfreiheiten an das Recht bindet und auf das Gemeinwohl ausrichtet. Als Freiheitsordnung, wie die PT sie utopisch versteht, kann der Staat eigentlich nicht mehr als eine Herrschaftsordnung angesprochen werden, die selber an ein apriorisches Recht und an Grundwerte gebunden ist – und dadurch auch Bedingungen schaffen kann, unter denen die Ausübung einer positiv-sinnvollen Freiheit überhaupt erst möglich ist. Die PT stellt den Staat unter eine geschichtliche Freiheit, die sich vor allem als Emanzipation von Herrschaft und Befreiung vom Leid versteht und die sich als Kritik an den „Herrschenden" und Konflikt mit den „Besitzenden" zum Ausdruck bringt. Als politische Freiheitsordnung ist der Staat lediglich ein Produkt gesellschaftlicher Konstruktion und geschichtlichen Wandels.[40]

Neue Verbindung von Politik und Moral

Für die PT – und darin stimmt sie mit der Katholischen Soziallehre überein – bewährt sich die Autonomie des Politischen gegenüber technologischen Sachgesetzlichkeiten und vermeintlichen Sachzwängen darin, daß die Bestimmungen der allgemeinen Prioritäten und Anwendungszwecke des technischen Fortschritts zu den politischen Herrschaftsaufgaben zählen.[41] Der Politikbegriff der PT ist aber nicht auf

[39] Vgl. ebd., S. 272f.

[40] Vgl. ders., Zur Präsenz der Kirche in der Gesellschaft, in: *Die Zukunft der Kirche*, Berichtband des Concilium-Kongresses 1970, Zürich, Einsiedeln, Köln, Mainz 1971, S. 89.

[41] Vgl. ders., a.a.O. FN 3, S. 84.

einen Staat bezogen, der auch die Herrschaft von „oben“ nach „unten“ verkörpert, sondern auf eine gesamtgesellschaftliche Freiheitsordnung, die die politische Entscheidungsfindung nur von „unten“, von der Basis her regelt. Die von der PT geforderte neue Form politischen Lebens und politischer Strukturen[42] ist allerdings nur in verschwommenen Umrissen erkennbar: Als „radikale Demokratisierung des Unterbaus der Gesellschaft“ ist sie auf das die Politik von „unten“ Bewegende bezogen, auf Basis- und Alternativbewegungen, auf „Subkulturen“ und „Gegenkulturen“, in denen sich eine neue Verbindung von Politik und Moral heranbildet.[43] Hier ist auch der Ort der Basisgemeinden, die eine neue (dialektische) Einheit von Glaube und Politik bewirken sollen.

Freilich ist die politische Basiskultur nicht bloß als eine Art autonomer Selbstverwaltungskörperschaft anzusehen, die auf dem Boden der gesellschaftlichen Basis verbleibt. Ihre „Basiskonflikte“ entzünden sich an der politischen Herrschaft von „oben“, und ihre Kritik soll ja gerade von dieser Herrschaft befreien. Damit ist ihre Politik unweigerlich nach „oben“ gerichtet. Sie versucht, beherrschenden Einfluß auf die politische Bewußtseinsbildung und Entscheidungsfindung auszuüben und drängt ihrerseits nach „oben“, nach gesamtgesellschaftlicher Geltung, für die man auch den Begriff der „Macht“ einsetzen kann.

Der Politikbegriff der PT kann also nicht von „Macht“ abstrahiert werden, auch wenn die PT diesen Ausdruck scheut, und zwar von einer Macht, die zunächst von der Basis, nicht vom Staat ausgeht. Der Begriff des Politischen bleibt an der Machtvertikalen orientiert, deren Richtungssinn jedoch umgekehrt wird. Weil die Machtstrukturen eschatologisch entlegitimiert werden, können auch keine (naturrechtlichen) Maßstäbe wirksam werden, an denen sich der Vollzug der Macht zu orientieren hat, fehlen auch jene Kriterien, die zur Kontrolle der Macht erforderlich sind.

In ein Dilemma gerät die PT, wenn das Experiment einer politischen Alternativordnung gesamtgesellschaftlich durchgeführt werden soll. Die PT kann nämlich nicht ausschließen, daß die neue „politische“ Struktur und Lebensweise, die sich in religiös oder moralisch besonders motivierten Gruppen durchaus bewähren kann, völlig pervertiert wird, wenn sie auf eine politische Gesamtordnung übertragen wird.

---

[42] Vgl. ders., a.a.O. FN 6, S. 89.
[43] Vgl. ebd., S. 90f.

Am Beispiel Nicaraguas zeigt sich, daß die PT in der Lage ist, nicht nur die gewaltsame Revolution, sondern auch deren neue staatliche Einrichtungen theologisch zu verteidigen.[44] Es handelt sich nicht um eine Revolution von „oben“, sondern um eine „Revolution der kleinen Leute“; nicht „Generäle, Funktionäre und Bürokraten“ waren ihre Träger, sondern „Poeten, Priester und Pädagogen“. Daß es für die neuen Machthaber unausweichlich war, die revolutionären Errungenschaften von „oben“ herrschend zu verteidigen, müßte die PT eigentlich dazu veranlassen, ihren Politikbegriff auch mit der staatlichen Herrschaftsordnung zu verknüpfen, wodurch er freilich in sich widersprüchlich wäre.

Emanzipatorisch-geschichtlicher Politikbegriff

Für die PT läßt sich resümierend sagen, daß in ihr ein emanzipatorisch-geschichtlicher Politikbegriff vorherrschend ist, der nicht an überzeitlichen Zielwerten orientiert, sondern auf den gesellschaftlich-geschichtlichen Prozeß verwiesen ist. Die dialektisch verlaufende „Freiheitsgeschichte“ bewirkt einen ständigen Wandel politischer Herrschaftsstrukturen und Institutionen, von denen keine als „natürlich“ legitimiert erscheint. Der Politikbegriff ist auf das utopische Ziel einer solidarischen und zugleich herrschafts- und leidfreien Gesellschaft gerichtet, die nur durch permanente Ideologiekritik im ständigen Konflikt mit den „Herrschenden“ oder (apokalyptisch verschärft) durch Revolution zur Realität wird. Dabei bleibt die Frage der Legitimität revolutionärer Gewalt unerörtert, abgestufte Modelle einer Reformstrategie werden nicht diskutiert.

Auf die enge Verbindung, die die PT ganz offensichtlich mit dem dialektisch-kritischen Politikbegriff der neomarxistischen „Frankfurter Schule“ eingeht, soll hier nur am Rande hingewiesen werden. Der neomarxistische Begriff des Politischen, der auf Gesamtpolitisierung, Konflikt und Legitimitätsentzug abzielt, hat wiederum, wie M. Rhon-

[44] Vgl. ders., Nicaragua, Eindrücke aus einem „biblischen Land“, in: F. Boll / M. Linz / Th. Seiterich (Hrsg.), *Wird es denn überhaupt gehen?*, Beiträge für Walter Dirks, München, Mainz 1980, S. 129.

heimer[45] nachgewiesen hat, seine wesentlichen Wurzeln im Politikverständnis Carl Schmitts, für den die Politik vor allem die Unterscheidung von Freund und Feind bedeutet. Eine ähnlich polarisierende und konfliktorientierte Unterscheidung trifft die PT, wenn sie die Basiskirche der Bürgerkirche, wenn sie „oben“ und „unten“ schroff gegenüberstellt, so daß sie schon gemäß der Schmitt'schen Definition als eine politische Theologie bezeichnet werden kann.[46]

---

[45] Vgl. M. Rhonheimer, Politisierung und Legitimitätsentzug, Freiburg, München 1979, S. 158ff.; ebenfalls E. Kennedy, Carl Schmitt und die „Frankfurter Schule“, in: *Geschichte und Gesellschaft 12 (1986) S. 380–419.*

[46] *Vgl. zum selben Thema das inzwischen erschienene umfangreiche Werk des Verfassers mit dem Titel „Politisierter Glaube? – Zum Spannungsverhältnis zwischen Katholischer Soziallehre und Politischer Theologie“, Bonn 1987.*

Ricardo Vélez Rodríguez

Politischer Messianismus und Theologie der Befreiung

Im Kontext der lateinamerikanischen Kirche präsentiert sich die Theologie der Befreiung heute als progressive und originelle Option, hervorgegangen aus der besonderen Situation der Abhängigkeit unseres Kontinents. In der vorliegenden Arbeit geht es uns darum, die angebliche Originalität zu untersuchen und aufzuzeigen, inwieweit die Grundlinien der angesprochenen Theologie überkommene politische und religiöse Entwürfe wiedergeben.

Es kommt uns darauf an, die Tradition herauszustellen, die das neue Phänomen Befreiungstheologie inspiriert. Diese Tradition ist in dem politischen Messianismus verwurzelt, der in der Moderne seine Systematisierung in der Schule Saint-Simons gefunden und eine Reinterpretation in den Markierungen des Traditionalismus Lamennaisscher Prägung erhalten hat.

I. Der politische Messianismus der Saint-Simonschen Schule

Ein zutiefst apokalyptisches Gefühl beherrschte den Grafen Saint-Simon (1760–1825): er sah eine universale, der Gesellschaft ein friedliches Zusammenleben garantierende Religion heraufdämmern. „Sagen wir es geradeheraus: Die Tage der unvollkommenen Lösungen sind gezählt. Sich ganz resolut in Richtung des allgemeinen Wohls zu bewegen, ist unumgänglich. Die Wahrheit in ihrer Totalität muß unter den aktuellen Umständen hervortreten; der kritische Moment ist gekommen. Diese in vielen Texten des Alten Testaments prophezeite Krisis, die die Völker der Bibel über lange Zeit erwartet haben, ist es, die die Institution der Heiligen Allianz unter Beweis stellt, der Einheit, die auf den edelsten Prinzipien der Moral und der Religion gründet. Das ist die von den Juden erwartete Krise, die, als sie ihrer Heimat beraubt umherschweiften und Opfer von Verfolgungen wurden, niemals die Hoffnung aufgaben, den Tag zu erleben, an dem die Menschen wie

Brüder zusammenleben. Schließlich tendiert diese Krisis direkt auf die Errichtung einer glaubwürdigen universalen Religion und deren Einsetzung für alle in einer friedlichen gesellschaftlichen Organisation."[1]

Entsprechend sah Saint-Simon die Krise der europäischen Gesellschaft im Untergang des *Ancien Régime,* ausgehend von der industriellen Revolution und der Französischen Revolution insbesondere.

Nach dem Empfinden des Philosophen war die Französische Revolution nicht eine *révolution régéneratrice,* sondern ein Schauspiel der Zerstörung, der nutzlosen Wortgefechte und sozialen Unordnung. Im Blick auf diese Krisenlage hebt er hervor: „Das Fehlen allgemeingültiger Ideen hat uns zum Ruin geführt: eine wirkliche Wiedergeburt werden wir nicht erleben, es sei denn mit der Hilfe allgemein verbindlicher Ideen; die alten Ideen sind untergegangen . . . und nicht mehr zum Leben zu erwecken. Wir brauchen neue Ideen . . ., ein System, d.h. eine Form von Auffassung, die von Natur aus einprägend, absolut und exklusiv ist."[2]

Während Saint-Simon den Protagonisten der Französischen Revolution jeglichen heroischen Wert aberkennt, sieht er indes Napoleon als die Verkörperung dieses Wertes, nicht jedoch aufgrund seiner Qualitäten als Soldat oder Eroberer, sondern hauptsächlich als „. . . den geistigen Führer der Menschheit . . . und deren politisches Haupt"[3], das auf der Grundlage rationaler Prinzipien Gesetze erläßt.

Saint-Simon bemühte sich um das Aufspüren eines Ganzheitsprinzips, welches die rationale Erklärung des Universums erlaubte. Auf der Suche danach bekannte er sich schließlich zu einer deterministischen Sicht des Menschen, die Talmon so klassifiziert: „Der Mensch ist wie eine kleine Uhr inmitten eines anderen Größeren, des Universums, von dem er seine Bewegungsenergie erhält. Saint-Simon glaubte, schrittweise die Determinationsgesetze des Universums der Reihe nach entschlüsseln zu können und schließlich zu den Gesetzen der sozialen Organisation zu gelangen vermittels einer bald zu erwartenden Rekonstruktion der Interdependenz des Organischen und des Anorganischen, der festen und flüssigen Körper, der Materie und der Bewegung."[4]

---

[1] Zit. n. Talmon (J. L.), Mesianismo Político, la etapa romántica (span. Übers. v. Antonio Gobernado). México 1969, S. 21. (Deutsche Ausgabe: Politischer Messianismus. Die romantische Phase, Köln/Opladen 1963, S. 21; die folgenden Seitenangaben sind zugleich diejenigen der dt. Ausgabe).

[2] Ebd., S. 26.

[3] Ebd., S. 26.

[4] Ebd., S. 27.

In diesem Zusammenhang wird die Gesellschaft als „wirkliche, organisierte Maschine“ begriffen oder als Organismus, der sich im Laufe der Zeit eigene Organe schuf zur Anpassung an verschiedene Situationen. Die intelligible Einheit der Geschichte ist weder der Staat noch die Nation, sondern die als Organ gesehene Gesellschaft. Ihre Kräfte und Prozesse entspringen nicht einer willkürlichen Schöpfung, sondern sind das Ergebnis des gesellschaftlichen Organismus.

Das Wesentliche der sozialen Prozesse schlägt sich indessen in den philosophischen Systemen nieder, die so zum wichtigsten Mechanismus bei der Anpassung des sozialen Organismus an die verschiedenen Zeitläufe werden. Nach Talmon ist jedes gesellschaftliche System „die Anwendung eines philosophischen Systems. Religion, Moral, Politik, Schulwesen sind nichts anderes als Reflex und Anwendung eines Gedankensystems, einer Weltanschauung.“[5]

In der Formulierung des gesellschaftlichen Heilsplanes durch eine Elite, der es obläge, ihn auszuführen, durchschritt das Saint-Simonsche Denken zwei Etappen: eine wissenschaftliche und eine religiöse. Dieser doppelte Zug ist übrigens auch typisch für Auguste Comte, einen Jünger Saint-Simons; sein Werk zeigt diese zweiseitige Prägung durch das Wissenschaftliche und das Dogmatisch-Religiöse.

In der ersten Phase seines Wirkens sah Saint-Simon in der denkenden Elite den lenkenden Kopf des sozialen Gefüges. Sie sollte sich aus den Industriellen zusammensetzen, die an der Front der Implantation des industriellen Systems standen. Ihre Führungsrolle in der Gesellschaft bedürfte nicht mehr des Zwangscharakters früherer Epochen, denn nun würde ja nicht mehr die Gewalt, sondern die Vernunft den Vorrang haben. Die noch zu verrichtende Arbeit bestünde daher darin, dem einzelnen seinen in der industriellen Gesellschaft zukommenden Platz zuzuweisen. Saint-Simon bekräftigt, daß in dem industriellen System „bei dieser Ordnung der Dinge die Menschen sich des höchsten Grades an Freiheit erfreuen, der mit dem Zustand der Gesellschaft vereinbar ist“.[6]

Ebenso wie den irreversiblen Charakter der Industriegesellschaft betonte er, daß ihr Advent von einer weiteren Elite, den aufgeklärten *savants positifs,* an deren Spitze er sich selbst stellte, eingeleitet werden müsse. Ihre Rolle bestünde in der Vorbereitung der großen Revolution,

---

[5] Ebd., S. 30.
[6] Ebd., S. 41.

die den Schritt von der traditionellen zur industriellen Gesellschaft vollzieht. Saint-Simon sah einen Umschwung voraus, der „aus der Natur der Sache heraus jäh und einschneidend ist, denn sein Anbruch wird den intellektuellen Habitus plötzlich verändern".[7]

Er glaubte, daß dem religiösen Faktor eine Rolle allererster Ordnung in der sozialen Organisation zufalle. „Die Religion", schrieb der Philosoph, „hat immer als Basis der sozialen Organisation gedient, und sie wird dieses immer tun (. . .); die Menschheit hatte immer dann Krisen wissenschaftlicher, moralischer und politischer Art zu bestehen, wenn die religiöse Ideologie eine Veränderung erfuhr."[8] Den letzten Teil seines Lebens widmete er der Suche nach diesem religiösen Fundament für die Industriegesellschaft.

Für die Religion Saint-Simons, die er das „allgemeine und definitive Christentum" nannte, können wir fünf Grundmerkmale aufzeigen:

a) Sie muß für die Menschen eine zusammenhängende und eng verflochtene Weltanschauung sein, „die zugleich den Rahmen des Universums und den Schlüssel für das Leben bietet und den Gläubigen an den Platz stellt, der ihm innerhalb der universalen Ordnung zukommt."[9]

b) Diese Religion hängt unlösbar mit politischen und sozialen Faktoren zusammen, insofern sie deren Fundament bildet. Daher ist kein Platz für irgendeine Art von Trennung zwischen geistlicher und temporaler Macht, zwischen Kirche und Staat vorhanden.

c) Die religiöse Lebensweise verhindert die egoistische Beherrschung der einen durch die anderen.

d) Diese vitale Religion wird das wiederbelebte Christentum sein; mit der Einverleibung aller wissenschaftlichen Errungenschaften und der totalen Identifikation mit dem konstruktiven Aufbruch der die Produktion antreibenden Klasse werden die metaphysischen Ideen und transzendentalen Hoffnungen durch soziale, volksnahe Ideen ersetzt.

e) Der Lebensraum des neuen Christentums ist eine neue Kirche, welche die Initiative ergreifen muß, damit das industrielle System seine Früchte bringt durch die Mobilisierung von Wissenschaft, Kunst und

---

[7] Ebd., S. 43.
[8] Ebd., S. 50.
[9] Ebd.

Industrie, und Pläne für eine maximale Entwicklung von Intelligenz und Produktivität erarbeitet werden. Der Kirche fällt daher die Aufgabe zu, auf friedlichem Wege den Übergang ins industrielle Zeitalter zu bewirken.

Saint-Simon prophezeite im Blick auf den Anbruch des „allgemeinen und definitiven Christentums“: „Das Volk Gottes, welches bereits vor der Ankunft Christi die Offenbarung empfing, das am weitesten über die Erde zerstreute Volk hat immer gewußt, daß die von den Kirchenvätern begründete christliche Lehre unvollkommen ist. Immer schon hat es den Advent einer großen Zeit vorausgesehen, der es den Namen des Messiasreiches gegeben hat, einer Zeit, in der die religiöse Doktrin in ihrer ganzen Allgemeinheit des ihr Zugänglichen erscheinen und sowohl das Wirken der weltlichen als auch der geistlichen Macht lenken wird. Die ganze Menschheit wird sodann unter einer einzigen Religion und Organisation geeint sein.“[10]

Nach Saint-Simons Tod arbeiteten seine Schüler an der Entstehung des „nouveau christianisme“ weiter. Sie waren von der messianischen Sendung Saint-Simons vollkommen überzeugt. Sein bedeutendster Schüler, Olinde Rodrigues, bekannte kurz nach dem Begräbnis seines Lehrers: „Die Welt erwartete einen Erlöser . . .: Saint-Simon ist erschienen.“[11]

Der von Saint-Simon gepredigte „nouveau christianisme“ hat seine Wurzel in der „religion civile“, die der Genfer Philosoph Jean-Jacques Rousseau (1712–1778) im letzten Teil seines Werkes „Du Contrat Social“ (1762) entwickelt hat. Ausgehend von der Tatsache der durch die Gesellschaft hervorgebrachten menschlichen Ungleichheit, die Rousseau in seinem Buch „Der Ursprung der Ungleichheit unter den Menschen“ (1753) erklärt, betont der Philosoph, daß allein mit dem Aufkommen einer bürgerlichen Religion, welche Denken und Wollen im staatlichen Bereich vereinigt, die soziale und politische Ordnung aufgebaut werden kann.

Rousseau beschreibt die Natur der von ihm vorgestellten „religion civile“ wie folgt: „Es gibt nämlich ein rein bürgerliches Glaubensbekenntnis, dessen Fixierung in Glaubensartikeln dem Souverän obliegt, jedoch nicht in Form religiöser Dogmen, sondern als gesellschaftliches

---

[10] Ebd., S. 53/54.
[11] Ebd., S. 55.

Bewußtsein, ohne das man kein guter Staatsbürger sein kann . . . Die Dogmen der bürgerlichen Religion müssen einfach sein, klein an Zahl und genau formuliert, ohne Erläuterungen und Kommentare: Die Existenz der mächtigen, weisen, fürsorgenden und voraussehenden Gottheit; das künftige Leben; das Glück der Gerechten; die Bestrafung der Bösen; die Heiligkeit des Gesellschaftsvertrages und der Gesetze. So weit die positiven Dogmen. Was die negativen Dogmen anbelangt, so reduziere ich sie auf eines, die Intoleranz: Diese gehört zu den Erscheinungen, die wir ausgeschaltet haben."[12]

Der Nutzen der so verstandenen „religion civile" ist nach Rousseau sehr groß. Ohne daß der Souverän jemanden zum Glauben an das von der neuen Religion gepredigte gesellschaftliche Bewußtsein zwingen könnte, wäre er doch in der Lage, „. . . den, der nicht an sie glaubt, aus dem Staat zu verbannen; nicht als Ungläubigen, sondern als antisoziales Element, das unfähig ist, Gesetz und Justiz gebührend zu achten und sein Leben pflichtgemäß dem Notwendigen unterzuordnen."[13]

In dem Anspruch Rousseaus und Saint-Simons, die Einheit der Gesellschaft unter der Führung einer totalen geistlichen und weltlichen Macht zu finden, liegt der Ursprung des heutigen Totalitarismus. So paradox es erscheinen mag, entstand der dem politischen Messianismus innewohnende Totalitarismus nicht deshalb, weil die Philosophie der bürgerlichen Religion „. . . die Werte des 18. Jahrhunderts bezüglich des liberalen Individualismus zurückgewiesen hätte, sondern weil er von Anbeginn ihnen gegenüber eine zu perfektionistische Haltung eingenommen hatte. Er macht aus dem Menschen einen absoluten Bezugspunkt. Der Mensch mußte befreit werden, aber nicht nur von seiner historischen Begrenztheit. Alle bestehenden Traditionen, Institutionen und sozialen Ordnungen mußten zertrümmert und neu aufgebaut werden, allein zu dem Zweck, dem Menschen die Totalität seiner Rechte und Freiheiten zu garantieren. Ihn von aller Abhängigkeit zu befreien, war unumgänglich."[14]

Dieser Befreiungskraftakt à la Rousseau beinhaltete, historisch betrachtet, zwei Dinge: an erster Stelle die Erklärung eines provisorischen

---

[12] Rousseau, Du contrat social (Chronologie et introduction par Pierre Burgelin), Paris 1966. Ch. VIII, „De la religion civile", S. 179.

[13] Ebd., S. 179.

[14] Talmon (J. L.), Los orígines de la democracía totalitaria (span. Übers. v. Manuel Cardenal Iracheta). México 1956, S. 272. (Deutsche Ausgabe: Die Ursprünge der totalitären Demokratie, Köln/Opladen 1961, S. 225f.).

Kriegszustandes an alles, was die menschliche Befreiung behindert; an zweiter Stelle „den Versuch der Umerziehung der Massen zu Menschen, die fähig sind, freiwillig ihre wirklichen Wünsche zu wollen".[15] Die Weiterentwicklung dieses Entwurfs globaler Beherrschung ist der heutige Totalitarismus, dessen einziges Ziel in der „totalen Beherrschung des Menschen"[16] besteht und dessen Voraussetzung die Existenz einer einzigen Autorität, einer einzigen Lebensform, einer Ideologie in allen Ländern und Völkern der Welt ist.

Dieser Einfluß der bürgerlichen Religion als Garant der politischen Stabilität setzte sich im Verlauf des vergangenen Jahrhunderts in ganz Lateinamerika durch und schuf die kulturelle Grundlage für die Aufnahme neuer Formen des Messianismus, die mit den totalitären Ideologien oder diesen nahestehenden Formen identisch sind. Nur so können wir die Tatsache erklären, daß ein der Denkweise Rousseaus folgender Liberaler wie der Befreier Simón Bolívar (1748–1830) nicht dem Utilitarismus Benthams (1748–1832), sondern der Unterstützung des Klerus und der religiösen Traditionen als Fundament der politischen Stabilität den Vorzug gab.

Die rapide Verbreitung der Theologie der Befreiung in den letzten Jahrzehnten, einer totalisierenden Ideologie mit Blickrichtung auf die Befreiung des lateinamerikanischen Menschen von den Fesseln der Abhängigkeit durch Implantation der Diktatur des Proletariats, ist ein Beweis für die furchtbare Kraft, die der politische Messianismus bei uns immer noch besitzt.

Die messianische Dimension dieses Hanges zur Befreiung zu verdeutlichen, ist nicht schwer. Er rechnet übrigens auch mit eigenen Aposteln und Heiligen. Der Beitrag des kolumbianischen Autors Plinio Apuleyo Mendoza ist in dieser Hinsicht sehr erhellend: „Vielleicht mehr als in Europa sind in Lateinamerika die Universitäten Traumfabriken und Getti der Inkonformität. Wenn wir von dort herauskommen, erwachen wir in die Wirklichkeit einer Welt hinein, die nur wenige Entscheidungen zuläßt. Einige beharren auf der Intransigenz und vertikalen Naivität der Jugend, auf diesem Rigorismus und Ungestüm: Camilo (Torres) oder Che Guevara beispielsweise. Unfähig zum Ausgleich übertragen

---

[15] Ebd., S. 273 (dt. Ausg. S. 227).
[16] Hannah Arendt, The origins of totalitarianism, New York 1951, S. 429.

sie ihre ethischen Gesichtspunkte auf die Politik, sublimieren sie in eine revolutionäre Berufung und sterben fast immer den Tod einer unheilbaren Vernichtung. Sie sind die neue Version Christi und seiner Apostel."[17]

II. Der messianisch-politische Traditionalismus bei Lamennais

Wie Saint-Simon war auch Hugo Félicité-Robert Lamennais (1782–1854) zutiefst von Rousseau beeinflußt. Durch seinen Bruder, der Priester war, fand Lamennais zum Glauben, den er unter dem Einfluß des Genfer Philosophen verloren hatte. 1811 trat er ins Seminar von Saint-Malo ein und wurde 1816 in Rennes zum Priester geweiht. 1834 brach Lamennais mit der katholischen Kirche und blieb bis zu seinem Tod mit ihr unversöhnt.

Zwei Phasen kennzeichnen sein Werk: die erste, von seinem Eintritt ins Seminar bis zum öffentlichen Bruch mit der katholischen Kirche 1834; die zweite, von 1834 bis zu seinem Tod. In der ersten Phase verteidigte Lamennais die Emanzipation der Kirche vom Staat, damit sie ihre Freiheit zur Einsetzung einer theokratischen Ordnung nutze und unter dem Primat des Papstes eine Herrschaft der Freiheit und Gerechtigkeit in einer universalen Republik aufrichte.

T. Urdanoz untersuchte die Ideen Lamennais' im Hinblick auf diesen heilspolitischen Entwurf: „Die Menschheit ist in eine neue geschichtliche Epoche eingetreten. Der Weg in die Freiheit ist unzerstörbar in dem fundamentalen Gesetz des Fortschritts der Völker vorgegeben, die sich von den Fesseln der Kindheit befreien und zur Reife gelangen durch ein fortentwickeltes Christentum. Die Zeit dafür ist für die christlichen Völker angebrochen, denn die Sendung Christi ist die der Befreiung. Die Allianz zwischen Katholizismus und Freiheit drängt sich auf, denn der Katholizismus kann nur durch die Freiheit und die Freiheit nur durch den Katholizismus gesichert werden. Im Licht dieser christlichen Botschaft von der (politischen) Befreiung rief Lamennais nach der radikalen Emanzipation der Kirche von der königlichen Paternität und nach voller religiöser Freiheit der Intelligenz und ihrer Ausdrucksformen. Gleichzeitig jedoch forderte er nicht nur Presse-, Versammlungs- und Wahlfreiheit von seiten der königlichen Gewalt, sondern

---

[17] Apuleyo Mendoza (Plinio), „Entretien", Caravelle, Cahiers du Monde Hispanique et Luso-Brésilien, Université de Toulouse 1976, S. 227.

dasselbe auch im Innern der Kirche von seiten ihrer geistlichen Führung, denn der Christ soll nur in Freiheit gehorchen, und die Freiheit des Denkens und des Gewissens wird in der Wahrheit ihren Platz finden."[18]

Der Einfluß Rousseaus im Denken Lamennais' ist ebenso offenkundig wie die Parallele zum Denken Saint-Simons. Angesichts der durch die Französische Revolution entstandenen Krise bedarf es eines Prozesses der heilenden Erneuerung des Individuums unter dem Schutz einer mit der Kirche identischen Elite. Das umwandelnde Element wäre wie bei Saint-Simon ein „nouveau christianisme", der dem menschlichen Fortschritt gegenüber offen und mit der politischen Wirklichkeit untrennbar verbunden ist. Sehen wir nun, wie Lamennais in der zweiten Phase seines Werkes den politischen Messianismus in den Traditionalismus einfügte.

Obgleich Lamennais in der ersten Phase auf der politischen Dimension des Christentums bestand, blieb er in einigen Punkten auf der Linie des katholischen Dogmas: Er bejahte die übernatürliche Dimension des Glaubens und stand zur päpstlichen Autorität. Die Konfrontation mit der katholischen Hierarchie indessen, welche sich durch seine liberalen Ideen über die Freiheit des Denkens innerhalb der Kirche angegriffen sah, entfremdete ihn ihr schließlich, nicht ohne der Radikalisierung seines Denkens Auftrieb zu geben.

In der zweiten Phase seines Werkes erkennt Lamennais dem Christentum jede übernatürliche Dimension ab und sieht es nur noch als Erbe der dem Menschengeschlecht innewohnenden Tradition, die die fundamentalen, für sein Überleben wesentlichen Wahrheiten bewahrt. Christus wäre demnach eine Art Katalysator dieser Tradition, der Ausdruck des Gemeinsinns der Menschheit. Der Kirche obläge es, das Menschengeschlecht bei der Bewahrung und Entwicklung dieser Tradition zu führen, der einzigen, die die Vervollkommnung und Befreiung des Menschen gestattet. Am Ende dieser letzten Phase verkündet Lamennais, man müsse sogar dem Papst widerstehen und auf der Basis der Formeln von der Erneuerung des Christentums die Freiheit von der Hierarchie erwirken. Er bleibt aber bei der Idee einer universalen Kirche und Religion, ähnlich der bei Saint-Simon, jedoch bar jeglicher übernatürlichen Ausrichtung unter alleiniger Hinwendung auf die politische Befreiung.

---

[18] São Paulo, Editora Convívio, 1979, S. 175.

„Nach dem Aufschwung der Wissenschaft (und Technik)", sagt Rafael Gambra, „nähert sich der Mensch seiner ganzen Fülle und zugleich der künftigen universalen bzw. planetarischen Religion, in die (vermutlich) alle Religionen der Welt einmünden. Die Religion des Menschen, der Gott wird, wird so identifiziert mit der Religion des Gottes, der Mensch wird."[19]

Im Anschluß werden wir die wichtigste zeitgenössische Manifestation und säkularisierende Tendenz des Lamennaisschen Traditionalismus und des von Saint-Simon inspirierten Messianismus analysieren: die Theologie der Befreiung.

III. Die Theologie der Befreiung – Erbe Saint-Simons und Lamennais'

Hubert Lepargneur charakterisierte in seinem Buch „Theologie der Befreiung" dieses Phänomen, das in den letzten Jahrzehnten einen Großteil des Klerus und der Laien in Lateinamerika in seinen Bann gezogen hat. Dem Autor zufolge ist diese Theologie „eine Bewegung, die die Einheit christlich-humanen Handelns angesichts der Abhängigkeit und Unterentwicklung in Lateinamerika im Auge hat. Sie ist daher die Interpretation der Zeichen der Zeit, . . . die eine tiefgreifende Veränderung der ökonomischen und sozialpolitischen Strukturen fordert, damit der niedergetretene und ausgebeutete Mensch dieses Kontinents zum freien Menschen werde."[20]

1. Das politische Engagement der Theologie der Befreiung ist ein eindeutiger Aspekt aller Befreiungstheologen. Die Theologie als rationaler Diskurs über das Religiöse kann im politischen Blickfeld nicht neutral sein. Dazu der französische Theologe Claude Geffré: „Die lateinamerikanische Theologie ist mit Absicht parteilich und militant: Vor rechten oder linken Positionen kann sie nicht neutral bleiben. Für die lateinamerikanischen Theologen soll Theologie immer von der politischen Praxis ausgehen, z. B. von der Befreiungsbewegung auf dem südamerikanischen Kontinent. Für sie ist daher eine ganz allgemein betrachtete Befreiungstheologie sinnlos."[21]

---

[19] Rafael Gambra, Tradición o mimetismo, la encrucijada política del presente. Madrid 1976, S. 34/35.

[20] São Paulo, Editora Convíro, 1979, S. 9/10.

[21] Claude Geffré, „Le choc d'une théologie prophétique". in: „Concilium", Juni 1974. (Deutsche Ausgabe S. 381ff.).

Schon für Enrique Dussel, bolivianischer Theologe und Professor für Moral an der Universidad Nacional de Cuyo (Argentinien), ist die Kirche „eine befreiende Gemeinschaft und Institution", was ihre Identität „mit den Unterdrückten zum Einreißen der von der Sünde und Ungerechtigkeit beherrschten Systeme (im nationalen und internationalen, wirtschaftlichen und sozialen, kulturellen und sexuellen Bereich) erforderlich macht".[22]

Wir erinnern hier an die Voraussagen Saint-Simons bezüglich der Ankunft des messianischen Reiches, eines rein weltlichen Gebildes, und der wesentlichen Rolle seines „nouveau christianisme" als dynamisierendem Element des revolutionären Prozesses. Desgleichen erinnern wir an die von Rousseau der „religion civile" zugedachte Rolle, die den Grundstein für die rechte politische Organisation legen soll.

2. Die wissenschaftliche Grundlage der Theologie der Befreiung. Daß der Marxismus die wissenschaftliche Basis ist, auf der ihre Analysen der lateinamerikanischen Wirklichkeit beruhen, ist unbestrittenes Prinzip unter den Befreiungstheologen. Claude Geffré sagt dazu: „Die kritische Entdeckung der Welt der Unterdrückten dank einer neuen wissenschaftlichen Rationalität hat in Kürze zu einer radikalen Infragestellung der Lebensweise, des Verständnisses und der Verkündigung des Glaubens geführt. Wie kann man gläubig sein in einem Kontinent, der von Ausbeutung und Abhängigkeit gekennzeichnet, der Gewalt der herrschenden Ordnung unter dem Vorzeichen der kapitalistischen Herrschaft unterworfen ist? Und wie kann man den Glauben leben und denken innerhalb des bewegenden und aufbauenden Dynamismus einer gerechten und brüderlichen Gesellschaft? Die Antworten einiger christlicher Gemeinschaften Lateinamerikas gehen von der Einlassung mit der historischen Praxis der Befreiung aus, der konkreten Version der befreienden Liebe Christi."[23]

Diese marxistische Analyse der lateinamerikanischen Abhängigkeit ging nach den Befreiungstheologen eine geglückte Synthese mit der sog. „Dependenztheorie" ein, die als unmittelbare Quelle der Inspiration gesehen wird.[24]

---

[22] Enrique Dussel, „Domination-Libération: pour un discours théologique original". In: „Concilium", Juni 1974 (dt. Ausg.: S. 396ff.).

[23] Claude Geffré, „Le choc d'une théologie prophétique", a.a.O., S. 8/9 (dt. Ausg.: S. 382).

[24] Enrique Dussel, „Domination-Libération", a.a.O., S. 36 (dt. Ausg.: S. 404).

Im Hinblick auf die Wissenschaftlichkeit Saint-Simons scheinen die Befreiungstheologen die beiden Etappen, in denen sich das Denken des französischen Philosophen entwickelte, auf eine Linie zu bringen. So begegnen wir ihrer Wissenschaftsgläubigkeit in den Marxismus ebenso wie ihrem Anspruch auf eine neue christliche Tradition, deren Träger sie selbst sind.

3. Die Negation der Offenbarung als Quelle der Legitimation christlichen Lebens. In der traditionellen Theologie erhält das christliche Leben seine Legitimierung aus der Offenbarung und muß sich nach der geoffenbarten Lehre und dem Lehramt der Kirche ausrichten. Wie Lamennais sehen die Befreiungstheologen die Lage anders: Der orientierende und legitimierende Faktor ist die historische Praxis, im konkreten Fall die Praxis der Befreiung.

Geffré schreibt dazu: „Während die traditionelle Theologie sich auf die Offenbarung zur Wertbestimmung der christlichen Praxis stützte, hat hier die Übernahme der historischen Praxis der Befreiung ihre Legitimierung in dieser selbst und wird zu einem theologischen Ort. Das geschieht vor dem Hintergrund einer Reinterpretation des Evangeliums und eines zunehmend radikalen Engagements der Christen an revolutionären Aktionen."[25]

Schon für den peruanischen Theologen Gustavo Gutiérrez, den Autor des Werkes „Theologie der Befreiung"[26], ist der einzige Gesichtspunkt, unter dem das Evangelium richtig zu bewerten ist, der der gesellschaftlichen Randgruppen. So entsteht für ihn ein einziger theologischer Bereich, in dem sich die einzige kirchliche Tradition formiert. Aus der Mitte der Unterdrückten strahlt das Licht auf, das zur Auslegung der Schrift befähigt.

Galilea betont, daß nach Überzeugung der Befreiungstheologen zwei Weisen der Christusbegegnung existieren: Eine, kontemplativ und durch Gebet; die andere, aktiv und durch Solidarität mit den Unterdrückten. Er sagt nun, daß die zweite Weise der Begegnung die erste legitimiert: „Die erste Begegnung geschieht beim kontemplativen Gebet und bei den verschiedenen Formen der Gottesbeziehung; die zweite kommt durch den Kontakt mit der Welt als christliche Erfahrung

---

[25] Geffré, a.a.O., S. 10 (dt. Ausg.: S. 383).

[26] Gustavo Gutiérrez, Teologia da Libertação (übers. v. Jorge Soares). Petrópolis [2]1976, S. 276 (vgl. die deutsche Ausgabe: Theologie der Befreiung, München/Mainz 1973 [1986[9]], S. 255).

zustande. Die zweite Begegnung ‚inkarniert' die erste und verleiht der Begegnung mit Gott und unserem Gebetsleben eine historische Dimension."[27]

Wie Lamennais, so verkünden auch die Befreiungstheologen, daß die Spiritualität bei dem das christliche Leben legitimierenden Befreiungsprozeß in den Dienst des menschlichen Fortschritts gestellt werden muß. Joseph Comblin, belgischer Theologe an der Universität Löwen, sagt dazu: „. . . Im Christentum kann der Mensch nur Kind Gottes werden, wenn er als echter Mensch handelt: aus einer einzigen Bewegung heraus findet der Mensch zu seinem menschlichen Wesen und göttlichen Sein. Noch niemand bejahte diesen Zusammenhang mit dieser christlichen Radikalität."[28]

Im Zusammenhang mit dem praktischen Realismus verkünden die Theologen der Befreiung einen neuen Agnostizismus bezüglich all dessen, was nicht unmittelbar als mit der befreienden Praxis übereinstimmend erachtet wird. So werden rein theologische Begriffe der christlichen Tradition wie etwa die Gnade zu in sich inkognitiven Elementen, während die konkrete (politische) Befreiung des Menschen allein Gegenstand der theologischen Reflexion ist.

„Für den Christen", fährt Comblin fort, „lautet die Frage: Auf welche Weise befreit die Gnade, wie stellt sie die Freiheit wieder her? Der Raum menschlicher Freiheit ist das Leben in der Gesellschaft. Der Mensch ist frei mit den anderen und in seiner Beziehung zu ihnen. Er ist frei im gemeinsam herrschenden Handeln über die Natur. Darum muß die Bindung zwischen dem Geist und diesem Bereich der Freiheit deutlich werden: Das ist der Gegenstand der christlichen Botschaft. Der Rest ist relativ billige philosophische Spekulation."[29]

Die Vision der Befreiungstheologen vom wahrhaft freien Menschen nähert sich der philanthropischen und universalistischen Konzeption Saint-Simons und Auguste Comtes. Joseph Comblin drückt das so aus: „Frei ist der Mensch, der unter dem Einfluß des Geistes steht und Früchte des Geistes bringt. Freisein heißt mit-anderen-sein, eintreten in eine neue, aus der Liebe hervorgehende menschliche Beziehung. Der

---

[27] Segundo Galilea, „La libération – Rencontre de la politique et de la contemplation". In: „Concilium", Juni 1974 (dt. Ausg.: S. 388ff.).

[28] Joseph Comblin, „Liberté et libération, concepts théologiques". In: „Concilium", Juni 1974 (dt. Ausg.: S. 426ff.).

[29] Ebd., S. 87 (dt. Ausg.: S. 428).

konkrete Inhalt der Freiheit ist das gegenseitige Sich-Öffnen und der Dienst der Menschen aneinander. Die Befreiung geht aus dem über alle Menschen ausgegossenen Geist hervor, damit ein neuer Mensch entsteht. Der Geist bringt einen sozialen Menschen hervor, der, auf gegenseitiges Dienen ausgerichtet, öffentlichkeitsbewußt und politisch ist und in vollkommener Gegenseitigkeit lebt."[30]

Diese determinierende und totalisierende Sicht des Menschen geht mit einem neuen Christusverständnis einher, das nach dem Bild und Gleichnis des Menschen gemacht ist. Der brasilianische Theologe Leonardo Boff zieht die Leitlinien dieser neuen Theologie, wenn er sagt: „Christus erlebt in jeder Generation eine neue Parusie, denn jede Epoche zeichnet ein neues Bild von ihm als Ergebnis der schwierig zu bewirkenden Synthese zwischen Leben und Glauben . . . Der Rahmen seines Lebens und Mysteriums ist noch nicht bestimmt; erst am Ende der Zeiten wird man wissen können, wer Christus ist und war. Heute wird er in der Glaubenserfahrung vieler Christen in Lateinamerika gesehen und geliebt als der Befreier."[31]

Die Leugnung des Übernatürlichen wie auch die Identifikation Christi und der Gnade mit dem zeitlichen Ablauf der politischen Befreiung der Unterdrückten fällt im Grunde mit der Aussage Lamennais' zusammen, wonach Kirche und Religion eine Realität *in fieri* und mit dem menschlichen Bemühen um Entwicklung und Fortschritt des sozialen Lebens deckungsgleich sind. Außerdem deckt sich der von der Befreiungstheologie angekündigte Prozeß auch mit der Idee von Lamennais und Saint-Simon, diese innerweltlichen Anliegen in eine universale Religion umzuformen. Auch findet innerhalb der Theologie der Befreiung der Saint-Simonsche Entwurf der Reduktion des Individuums auf eine Zelle des großen organischen Körpers, welcher die Gesellschaft ist, seine Fortführung, indem die Freiheit des einzelnen mit der absoluten Unterwerfung unter das soziale Ganze identifiziert wird.

Im Gefolge der Lehre von Lamennais entsteht mit der Befreiungstheologie eine neue Tradition, die die von Gott kommende Offenbarung durch eine von Menschen in ihrem Befreiungskampf gegebene Offenbarung zu ersetzen sucht. Ironischerweise erhält diese Umkehrung der Begriffe von den Theologen der Befreiung den Namen „Kampf gegen

---

[30] Ebd., S. 91 (dt. Ausg.: S. 430f.).

[31] Leonardo Boff, „Salut en Jésus Christ et processus de libération". In: „Concilium", Juni 1974 (dt. Ausg.: S. 419ff.).

die Säkularisierung der Theologie". Über die Entstehung einer neuen theologischen Tradition schreibt Comblin: „Die Entfremdung der Theologie enthüllt sich in der Tatsache, daß das Christentum sein Ziel in den zeitgenössischen Befreiungsbewegungen nicht gefunden hat."[32]

Der dogmatische Totalitarismus der neuen befreiungstheologischen Tradition wird deutlich, wenn seine Vertreter ganz selbstbewußt behaupten, daß die Theologie der Befreiung die einzig gültige christliche Tradition darstellt.

In acht Punkten können wir die charakteristischen Merkmale dieses Traditionalismus à la Lamennais darstellen. Sie kennzeichnen die Theologie der Befreiung:

a) Entstehung einer neuen christlichen Tradition, deren Quelle nicht eine dem Menschen von außen zukommende und von Gott herkommende Offenbarung durch die Schrift ist, sondern aus der eigenen, befreienden Tat der Unterdrückten hervorgeht, deren Kampf zum theologischen Ort wird, der die Charakteristika der religiösen Offenbarung annimmt.

b) Beurteilung der Gültigkeit religiöser Wahrheiten nach ihrer praktischen Effizienz im Befreiungskampf der Unterdrückten.

c) Reinterpretation der Bibel unter Berücksichtigung des mit dem Befreiungskampf der Unterdrückten identifizierten „theologischen Orts". Agnostizismus gegenüber Themen, die sich nicht auf praktische Termini dieses Kampfes reduzieren lassen (z. B. Gnade).

d) Behauptung, daß der befreiende Aspekt der für das Leben des Christen einzig gültige ist. Die Theologie der Befreiung ist die einzig mögliche Theologie.

e) Aufkommen einer revolutionären Mystik, die dem Befreiungskampf der Unterdrückten angepaßt ist und die herkömmliche christliche Spiritualität ersetzt.

f) Universaler Charakter der neuen befreienden Tradition, die von den Missionaren der Befreiung den mit den Armen der Dritten Welt identischen Unterdrückten verkündet werden soll.

g) Entstehung einer neuen (klerikalen) Elite, die die neuen „Zeichen der Zeit" im Licht der Befreiungstheologie deutet und dem Despotismus der Technokraten Widerstand leistet.

[32] Comblin, a.a.O., S. 86/87 (dt. Ausg.: S. 427).

h) Deterministische und totalisierende Sicht des Menschen: Dem Individuum an sich kommt kein Sinn zu. Diesen hat es nur, insofern es sich in die Gesellschaft einfügt und am Befreiungskampf beteiligt ist. Die Freiheit besteht in der persönlichen und bedingungslosen Hingabe an das befreiende Ziel.

Parallel zur Theologie der Befreiung entstand in Lateinamerika eine Strömung, die den Begriff der sog. „Philosophie der Befreiung" in die Debatte werfen möchte. Es handelt sich hierbei um einen ebenso engagierten wie militanten Anspruch, den der Argentinier Carlos Cullen so charakterisiert: „Stellen wir uns vor, wir befänden uns im Krieg; nicht als Märtyrer, noch weniger als Helden. Der neue Ausgangspunkt könnte beschrieben werden als kämpferisches Bewußtsein im Heerbann der Befreiung. Die philosophische Front ist ein Moment des allumfassenden Krieges. Vielleicht wird die letzte philosophische Gebärde der Weltgeschichte darin bestehen, das kämpferische Bewußtsein in seinem Kampf zu radikalisieren. Wenn die Völker triumphieren, und das werden sie, dann wird die Menschheit weise sein. Wenn aber das Imperium gewinnt, wird die Philosophie lediglich an Alter und Heuchelei zunehmen."[33]

So entsteht eine neue philosophische Tradition, die den Anspruch erhebt, den Bruch mit der europäischen philosophischen Tradition herbeizuführen (auch wenn ihre Vertreter an europäischen Universitäten studiert haben, in europäischen Kategorien denken, sich in europäischen Sprachen ausdrücken und von europäischen Philosophen inspirierte totalitäre Modelle anzuwenden versuchen), und die, indem sie sich in einen Befreiungsvorgang von eminent politischem Charakter projiziert, die Umsetzung der Theorie in revolutionäre Praxis anstrebt.

*

Die Herausforderung der Kirche in Lateinamerika durch die Theologie der Befreiung ist groß. Die Radikalität, mit der ihre Herolde die soziale Realität analysieren, sowie der Anspruch auf Exklusivität ihres theologischen Wissens versetzt uns, die wir den neuen politischen Messianismus zu kritisieren wagen, in eine Position der Unterlegenheit. Bei Diskussionen, in Hörsälen, ja selbst bei liturgischen Feiern besteht die Tendenz, jene als reaktionäre Elemente zu marginalisieren, die, der

[33] Carlos Cullen, „El descubrimiento de la nación y la liberación de la filosofía". In: Oswaldo Ardiles et alii, Hacia una filosofía de la liberación latinoamericana. Buenos Aires 1973, S. 93.

Alfonso López Trujillo

Die Kirche und das Problem der Ideologien

Eines der drückendsten Probleme heute und ganz besonders in Lateinamerika ist die Herausforderung, die die Ideologien für die Völker und für die Kirche bedeuten[1].

Es ist ein charakteristisches Merkmal der Ideologien, so wie die Lateinamerikanische Bischofskonferenz von Puebla es gesehen hat, daß sie die Wirklichkeit in ihren verschiedenen Dimensionen vollständig und umfassend aus einem Ansatz heraus erklären wollen, der im Grunde nur ein Faktor, eine der Ursachen der Wirklichkeit ist. Ein Teilaspekt gewinnt die Ausmaße des Ganzen. Dazu kommt noch die Führerrolle, die sich eine Gruppe anmaßt, auf der dann die historische Hoffnung ruhen würde. Dies ist ein weiterer Aspekt der Einseitigkeit. Der Rest der Gesellschaft bleibt verwiesen auf sekundäre Rollen und Funktionen.

Diese Form der Annäherung an den Begriff der Ideologie wurde von der Konferenz von Puebla aufgegriffen: In diesem Zusammenhang „nennen wir Ideologie . . . jede Auffassung, die eine Sicht der verschiedenen Aspekte des Lebens von einer bestimmten Gesellschaftsgruppe aus bietet. Die Ideologie bringt die Bestrebungen dieser Gruppe zum Ausdruck, ruft zu einer gewissen Solidarität und zum Kampfgeist auf und bezieht ihre Legitimation aus spezifischen Werten. Jede Ideologie ist partiell; denn keine Sondergruppe kann den Anspruch erheben, daß ihre Bestrebungen mit denen der Gesamtgesellschaft identisch seien" (Nr. 535)[2].

Puebla verweist auch, weniger in theoretischer Sicht denn als durch die Erfahrung erwiesenes Faktum, auf die Neigung zum Totalitarismus, die der Ideologie innewohnt. Die Ideologien wollen Weltkonzept, Weltanschauung, „Religion" sein. Und dies ist die Aussage der Bischöfe in

---

[1] Beim vorliegenden Text handelt es sich um eine gekürzte Fassung des Vortrags auf der von der Katholischen Sozialwissenschaftlichen Zentralstelle veranstalteten Sozialethiker-Tagung vom 5. bis 7. Mai 1983 in Mönchengladbach.

[2] Die Evangelisierung Lateinamerikas in Gegenwart und Zukunft. Arbeitsdokument der III. Vollversammlung des lateinamerikanischen Episkopats in Puebla (Stimmen der Weltkirche, Nr. 8), hrsg. v. Sekretariat der Deutschen Bischofskonferenz, Bonn o. J. Nach dieser Ausgabe auch die folgenden Zitate und Hinweise.

Puebla: „Die Ideologien tragen in sich die Tendenz, die Interessen, die sie schützen, die Sicht, die sie vertreten, und die Strategie, die sie fördern, für absolute Werte zu halten. In einem solchen Fall werden sie zu wirklichen ‚Laienreligionen'" (Nr. 536).

Dieser Analyse fügt die III. Generalversammlung der Bischöfe zwei Beobachtungen hinzu. Die erste ist, daß den Ideologien die Versuchung innewohnt, „Personen und Institutionen zu instrumentalisieren, um in effizienter Weise ihre Ziele zu erreichen". Die zweite bezieht sich auf den Geist, die Gedankenwelt und die erobernde, alles niederwalzende Gewalt, die die Ideologien entfalten. In der Tat besitzen die Ideologen so etwas wie einen erlöserischen Schwung, einen messianischen, auch subtilen, ansteckenden, alles einbeziehenden Impetus.

Die Bischöfe in Puebla beziehen sich auf einige Ideologien, die weltweit in Mode sind, und auf andere, die insbesondere in Lateinamerika auftreten. Wir müssen hier nicht alles wiederholen, was über den liberalen Kapitalismus gesagt wird (Nr. 542) oder über den marxistischen Kollektivismus (Nr. 543). Die Bischöfe gehen auf eine neue Ideologie ein, nämlich die der nationalen Sicherheit, und sie befassen sich auch mit einem Phänomen, das wirklich neu und besorgniserregend ist, daß nämlich die Ideologien bis ins Innere unserer Kirche eindringen konnten.

1. Die Ideologie der nationalen Sicherheit

In Puebla wurden keine Bedenken erhoben gegen ein „. . . Sicherheitssystem, um einer gerechten Gesellschaftsordnung Achtung zu verschaffen, in der alle ihre Aufgabe am Gemeinwohl erfüllen können" (Nr. 548). Die Problematik beginnt dort, wo die Doktrin von der nationalen Sicherheit als absolute Ideologie verstanden wird, die sich nicht in Einklang bringen läßt mit der christlichen Sicht des Menschen (Nr. 314).

Einige Elemente dieser Ideologie sind folgende:

- Diese Ideologie behauptet, daß es einen totalen Krieg gibt, in dem die Sicherheit des Staates und sogar die abendländische Zivilisation durch den Marxismus bedroht sind.
- Angesichts dieses totalen Krieges ist es notwendig, den Sieg durch Einigkeit zu erringen, die sich im Willen des Staates niederschlägt, der

den Willen der Nation zum Ausdruck bringt. In diesem Zusammenhang zeigt Puebla, daß hier der Wille des Staates und jener der Nation vermischt werden (Nr. 314).

- Die Anforderungen, die aus diesem Konflikt entstehen, bestimmen und vereinnahmen den einzelnen und die gesellschaftlichen Gruppen.
- Die Führerrolle fällt einer Gruppe zu, der militärischen Elite, die die Macht innehaben muß (Nr. 549). Man könnte ruhig sagen, daß es sich hier um einen Militarismus handelt, der zur permanenten politischen Notwendigkeit erhoben wird und nicht nur als eine zeitlich beschränkte Antwort auf Situationen eines Machtvakuums gesehen wird.
- In den Händen der Militärs wird wiederum die politische Macht zusammengeführt und ausgebaut. Die klassische Gewaltenteilung in Exekutive, Legislative und Justiz verschwindet mehr und mehr; das heißt, die Exekutive maßt sich in zunehmendem Maße die Macht der anderen Gewalten an. Diese Machtaufhäufung bei gesellschaftlichen Eliten und innerhalb des Staates wird von Puebla als Verabsolutierung der Macht bezeichnet. Diese „führt zu verschärfter Ungleichheit bei der Beteiligung an den Ergebnissen der Entwicklung" (Nr. 549). Natürlich werden im Rahmen der Notlage, die der totale Krieg bedeutet, auch die individuellen Freiheiten der Bürger eingeschränkt.

Im zeitlichen Abstand zu Puebla kann man folgendes sagen:

- Nicht jede Art von Militarismus ist oder führt zur Ideologie der nationalen Sicherheit. Es gibt Militärregime, die in der Tat autoritäre und sogar diktatorische Ausprägungen annehmen können. Trotzdem führen sie nicht zu einer eigentlichen „Doktrin" oder „Ideologie".
- Im Dokument von Puebla wird die Ideologie der nationalen Sicherheit in Verbindung gebracht mit dem kapitalistischen Modell. Das meint der Text: „Sie ist mit einem bestimmten wirtschaftlich-politischen Modell verbunden" (Nr. 547), das nach dem Muster einer aggressiven Entwicklungsdeutung und nach den Vorgaben eines „geopolitischen Handlungsmodells" funktioniert. Man dachte dabei wohl hauptsächlich an Vorstellungen, die in Brasilien von einigen Generälen ins Spiel gebracht wurden und die im Ziel einer „Supermacht Brasilien" gipfelten.

Heute muß man die Frage stellen, ob sich nicht auch in lateinamerikanischen Ländern, die vom marxistischen Sozialismus inspiriert sind, die Merkmale der Ideologie der nationalen Sicherheit finden.

Im Bezug zur Kirche zeigt diese Ideologie ihren besonders schwierigen Charakter, wenn sie sich, wie Puebla das ausdrücklich sagt, als „Verteidigung der westlich-christlichen Zivilisation" (Nr. 547) aufspielt und trotzdem ihre Positionen gegenüber der Kirche verhärtet.

Es ist klar, daß die Kirche im Namen der Wahrheit über den Menschen und als Garantin der menschlichen Würde diese Ideologie zurückweist in dem Maße, in dem diese sich absolut setzt. Schon in der Apokalypse kann man sehen, wie die Kirche sich erhebt gegen jede Verabsolutierung der Macht, eine Vergötterung, die sich gegen den Menschen wendet. Mit der christlichen Schau des Menschen kann dies nicht in Übereinstimmung gebracht werden (Nr. 549).

Die Ideologie der nationalen Sicherheit findet allerdings kaum Eingang in die Kirche selbst, weil sie das militaristische Elitekonzept überbetont und einen ausgesprochen politischen Zuschnitt hat. Im allgemeinen gelangen die integralistischen Ansätze der „Rechten", wie man sie nennt, nicht zu einer theologischen Ausformulierung. Zumindest nicht in Lateinamerika. Wenn wir diese Ideologie, die These vom „totalen Krieg", besonders das dialektische Freund-Feind-Schema und die daraus folgende Kriegsstrategie ablehnen, wenn auch ein naiver „Antikommunismus" nicht gebilligt werden kann, so dürfen wir uns doch nicht den Blick verstellen lassen für das Vordringen des Marxismus und Kommunismus und unsere Augen vor der geschichtlichen Entwicklung verschließen.

Während die Ideologie der nationalen Sicherheit mehr dem liberalen Kapitalismus zuzuordnen ist, gehört die allmählich wachsende Ideologie der „Volkskirche" dem Einflußbereich des Marxismus an. Und wenn die Ideologie der nationalen Sicherheit eine Ausprägung des Etatismus darstellt, der außerhalb der Kirche angesiedelt ist, so handelt es sich bei der Ideologie der „Volkskirche" um eine Erscheinung, die in der Kirche entstand und die eine besonders schwere Gefahr mit sich bringt.

2. Die Ideologie der Volkskirche

Vielleicht ist der Ausdruck „Volkskirche" erst kürzlich in Europa bekannt geworden[3], vor allem im Zusammenhang mit dem Besuch des Hl. Vaters in Nicaragua und den ihn begleitenden Vorkommnissen.

[3] Vgl. B. Kloppenburg, Die neue Volkskirche (Veröffentlichungen des Studienkreises Kirche und Befreiung, hrsg. v. F. Hengsbach u. López Trujillo), Aschaffenburg 1981.

Man könnte annehmen, daß es sich hier um etwas handelt, das auf kleine Gruppen beschränkt bleibt in dem Land, das die Diktatur Somozas abgeschüttelt hat und das heute auf den Wegen einer sandinistischen Revolution voranschreitet, die eine immer deutlichere marxistische Ausprägung zeigt. Es gibt Leute, die die profanierenden Kundgebungen während der Eucharistiefeier als zufällig und einmalig darstellen möchten ohne irgendwelche größeren, dahinterstehenden Absichten. Wir Bischöfe Lateinamerikas sind aber in unserer großen Mehrzahl der Ansicht, daß die Vorkommnisse in Nicaragua nur die Spitze eines Eisbergs darstellen, dessen größter Teil noch nicht sichtbar ist.

Im August vergangenen Jahres hatte der Hl. Vater den Bischöfen in Nicaragua einen Brief zum Thema der sogenannten Volkskirche gesandt. Anfänglich durfte dieser Brief nicht veröffentlicht werden. Später aber hat man ihn neu ausgelegt, um so seiner Stoßrichtung auszuweichen und seine Aussage in das glatte Gegenteil dessen zu verkehren, was der Brief mit großer Klarheit feststellt.

Papst Johannes Paul II. bezog sich auf diese „Theologie" (der „Volkskirche") in seiner Eröffnungsrede in Puebla, als er sagte[4], daß „in einigen Fällen Mißtrauen gegenüber der sogenannten ‚institutionellen' oder Amtskirche hervorgerufen" werde, der man nachsage, daß sie „Entfremdung" hervorbringe. „Dieser stehe eine andere Kirche gegenüber, die *Volkskirche,* deren Eigenschaft es sei, ‚aus dem Volke geboren zu werden' und sich in den Armen zu konkretisieren." Diese Strömungen könnten in einem Ausmaß, das nicht immer genau zu präzisieren ist, *ideologisch bedingt* sein.

Die Bischöfe haben in Puebla diese Sorge aus der Sicht des Hl. Vaters aufgenommen und dabei auf ihre eigene pastorale Erfahrung zurückgreifen können. In dem Kapitel über die „Kirche, das Volk Gottes", wo von der „Wahrheit über die Kirche" die Rede ist, heißt es: „Das Problem der ‚Volkskirche', die aus dem Volk hervorgeht, weist verschiedene Aspekte auf. Wenn sie sich als eine Kirche versteht, die in den breiten Volksschichten des Kontinents Gestalt annehmen will und die daher aus der Antwort des Glaubens dieser Schichten an den Herrn entsteht, so wird das erste Hindernis vermieden: die offensichtliche

---

[4] Ansprache auf der 3. Generalversammung der lateinamerikanischen Bischöfe in Puebla am 28. 1. 1979, in: Predigten und Ansprachen von Papst Johannes Paul II. bei seiner Reise in die Dominikanische Republik und nach Mexiko (Verlautbarungen des Apostolischen Stuhls, Nr. 5), hrsg. v. Sekretariat der Deutschen Bischofskonferenz, Bonn o. J., S. 56 (I.8).

Verneinung der Grundwahrheit, die uns lehrt, daß die Kirche stets aus einer ersten Initiative ‚von oben her' geboren wird. Aber der Name scheint wenig glücklich gewählt zu sein. ‚Die Volkskirche' scheint anders zu sein als jene ‚andere', die sich mit der ‚offiziellen' oder ‚institutionellen' Kirche identifiziert und die man beschuldigt, ‚entfremdend' zu sein. Dies würde eine Spaltung innerhalb der Kirche und eine unannehmbare Negierung der Aufgabe der Hierarchie bedeuten. Derartige Standpunkte könnten nach Johannes Paul II. von ‚bekannten ideologischen Positionen' inspiriert sein" (Nr. 263).

Sowohl der Papst wie auch die Bischöfe in Lateinamerika haben die Sorgen der Kirchenbasis aufgenommen, die durch die breiteste Befragung, die in unserem Kontinent zur Vorbereitung von Puebla durchgeführt wurde, zutage traten. Und so fand dieses Phänomen Eingang in das Vorbereitungsdokument: „Die Positionen, die sich außerhalb des organischen Körpers der Institution Kirche stellen oder sich ihm systematisch widersetzen, müssen beurteilt werden. Das gilt auch für die theoretischen Absicherungen theologischer Art, die diesen Positionen zugrunde liegen. Der Inhalt dieser theologischen Rechtfertigung nimmt manchmal die Gestalt antithetischer Formen an, die zu Stereotypen werden und die einen Gegensatz zum Ausdruck bringen wollen zwischen zwei Kirchen oder Kirchenmodellen, von denen das eine den Charakter der Volkskirche hat, die das Bild einer Kirche der Armen zeigt, und das andere, das mehr den Charakter der Institution trägt" (Vorbereitungsdokument für Puebla, Nr. 578).

Nach der Antwort der Episkopate auf das Vorbereitungsdokument wird im Arbeitsdokument für Puebla das Thema neu angegangen: „Andere sehen die Gesellschaft in einem Konflikt zwischen Unterdrückern und Unterdrückten, ein Konflikt, der durch die existierenden Strukturen des Kapitalismus verursacht wird. . . . Sie glauben, daß die ‚offizielle' Kirche korrumpiert ist durch ihre Komplizenschaft mit den herrschenden Klassen, und sie machen sich an die Aufgabe, eine ‚neue' Volkskirche aufzubauen. Sie entscheiden sich für den Sozialismus marxistischer Prägung und schlagen eine spezielle Theologie zur Befreiung vor, die Verbindungen hat zur marxistischen Analyse der Wirklichkeit und Auswirkungen hat auf die Christologie, die Ekklesiologie und die pastoralen Aktivitäten. Zwischen diesen beiden Extremen gibt es weniger ausgeprägte Abstufungen und Schattierungen" (Arbeitsdokument, Nr. 181).

Das Arbeitsdokument widmet dieser Frage mehrere Nummern in Folge (Nr. 290–299). Es kommt zu dem Schluß: „Zu behaupten, daß die Kirche aus dem Volk hervorgehe, wäre nicht korrekt, wenn damit gesagt würde, daß die Kirche nur aus historisch-gesellschaftlichen Wurzeln entspringe und daß sie sich ausschließlich aus bestimmten Sektoren, Klassen oder Gruppen zusammensetze . . ." (Nr. 297). Diese Texte zeigen klar die Tendenz, die bereits vor Puebla wahrgenommen werden konnte, und sie zeigen auch die ideologischen Positionen an, auf die sich Johannes Paul II. und Puebla bezogen. Es gibt einen ausdrücklichen Zusammenhang mit der marxistischen Analyse und mit einer spezifischen Strömung der Befreiungstheologie.

Theorie und Praxis der „Volkskirche"

Meine These lautet: Die „Volkskirche" ist das Ergebnis einer der Befreiungstheologien (in ihrem theoretischen Aspekt), der „Christen für den Sozialismus" (auf dem Niveau der Praxis und in einer ersten Annäherung) und einer Entscheidung für den marxistischen Sozialismus (in einer zweiten Form der Praxis), die sich auf unserem Kontinent z. B. in der „sandinistischen" Revolution in Nicaragua ausprägt. Um noch besser erfassen zu können, wie objektiv diese Feststellung ist, genügt der Hinweis, daß die wichtigsten Vertreter meist gemeinsam in Publikationen, bei Kongressen, Aktionen etc. auftreten, und daß es im Grund sich immer um die gleichen Personen handelt. Offensichtlich gibt es eine vollkommene Übereinstimmung der Positionen.

Was sind nun die zentralen Punkte, die eine der Strömungen der Befreiungstheologie vertritt? Insbesondere für jene in Europa, die sich um diese Fragen bemühen, ist es ganz gut, sich in Erinnerung zu rufen, was der Kern der Auseinandersetzung über die Befreiungstheologien war. In einigen Kreisen hat es Verwirrung gestiftet, wenn man sagte, daß es sich hier um eine „konkrete Theologie" handelt, die die Armen liebe und sich wirksam für sie entscheide, die die sozialen Ungerechtigkeiten anklagt und sich für die Achtung der Menschenrechte einsetzt, die gegen die Ideologie der nationalen Sicherheit kämpft, die die Erfahrung der kirchlichen Basisgemeinschaften, die sich in der Randzone klerikaler Strukturen befinden, annimmt, die den Wandel will und den Kapitalismus zurückweist usw., und daß es andere konservativ ausgerichtete Theologien gebe – eine Position, von der aus die Befreiungstheologie bekämpft wird –, die seit Jahrhunderten mit den Mächtigen verbündet sind und den Armen den Rücken kehren, die den sozialen Fortschritt zurückweisen und bei der Verletzung der Menschenrechte mitspielen, die mit dem Militarismus und mit der Ideologie der nationalen Sicherheit sympathisieren und die, weil sie klerikal sind, die kirchlichen Basisgemeinschaften ablehnen, die sich mit dem Kapitalismus verbündet haben und am Status quo festhalten. Eine gewaltige Literatur verbreitet diese strategisch angelegte Karikierung, verwirrt Institutionen und Einzelpersonen und lenkt so die Aufmerksamkeit von den Kernpunkten der Probleme ab.

Lassen Sie mich klarstellen, daß es in der Tat eine Reihe von Sorgen und von Bestandteilen dieser Diagnose gibt, die die Bischöfe durchaus teilen. In der gebotenen Kürze: Im politischen Bereich kann man beobachten, daß es nur wenige Länder gibt, in denen ein demokratisches System besteht, und wo dies so ist, handelt es sich immer um Demokratien voller Schwächen. Die Gewaltregime vermehren sich, und sehr häufig werden die Menschenrechte verletzt. Gewalt wird in den verschiedensten Formen angewandt. Es gibt Kleinkriege, Terrorismus und harte Unterdrückung. Im wirtschaftlichen Bereich schmerzt besonders stark die äußerst schlechte Verteilung des Reichtums, und die Kluft zwischen Reichen und Armen ist riesengroß. Die Unterentwicklung hält an und macht die Lage äußerst schwierig. Die lateinamerikanische Wirtschaft, die vor einigen Jahren noch etwas gesünder war, hat in einigen Ländern schwere Rückschläge erlitten, die durch eine fühlbare Depression verursacht wurden. Enorme Abwertungen, wachsende Arbeitslosigkeit, Rückschläge im internationalen Handel, eine relative Verminderung des Mittelstandes, das sind einige Mißstände, auf die auch wir hinweisen und die Puebla angeprangert hat. Wir können erkennen, daß dies alles seine besonderen Folgen im sozialen Bereich hat, der geprägt ist von der Ungleichheit, von der Tatsache, daß viele keine Lebenschance haben, von tiefgehenden Strukturproblemen, aufgrund derer unsere soziale Pyramide auf lange Zeit hinaus in weit voneinander getrennten sozialen „Klassen" besteht. Auch mit diesem Bild stimmen wir überein. Dies ist nicht einfach nur etwas Zufälliges, sondern die Folge von Strukturproblemen, denen man mit mutigen und tiefgehenden Reformen zu Leibe rücken muß.

Wo liegt dann aber der Unterschied in der Diagnose und im Handlungsvorschlag? Er liegt dort, wo es um die Anwendung oder Nicht-Anwendung der marxistischen Analyse geht. Dies ist der alles bestimmende Kernpunkt des Problems. Bei der Diagnose bedient sich eine dem Marxismus verpflichtete Befreiungstheologie (deren Autoren und

Werke am besten in Europa bekannt sind) einer Interpretationsweise, die genau dem Konfliktschema des Klassenkampfes folgt. Nach dieser Lehrmeinung würde der Kampf sich zwischen zwei Klassen abspielen: zwischen Ausbeutern und Ausgebeuteten, Unterdrückern und und Unterdrückten, zwischen der „Bourgeoisie" und dem „Proletariat". Wenn wir diese „Tatsache" annehmen, in der im wesentlichen die marxistische Analyse zum Vorschein kommt, hätte dies notwendigerweise die Abschaffung des Privateigentums an den Produktionsmitteln und die Suche nach einem kollektivistischen Sozialismus als dem einzigen Heilmittel zur Folge. Die sozialistische Revolution ist dann die logische Überwindung des kapitalistischen Systems und der damit verbundenen ungerechten Strukturen, die das „Establishment" in unerträglicher Weise bewahren und den „Status quo" sichern möchte. Diese zur Genüge bekannte Interpretation, die ganz wesentlich der „Dependenztheorie" verbunden ist, fordert eine vorrangige Entscheidung zugunsten des „Proletariats" (die hier verwechselt wird mit der vorrangigen Entscheidung für die Armen – als ob dies das gleiche wäre!) und ein entsprechendes *politisches* Engagement.

Ablehnung der Soziallehre der Kirche

Bei all diesen nicht gerade geringen Problemen, die eine derartige Position aufwirft und die noch vergrößert werden durch unbewiesene Aussagen, die in den Rang eines Axioms erhoben werden, wird eine mißtrauische und feindselige Einstellung zur Soziallehre der Kirche offenkundig. In diesem Zusammenhang wird die Befreiungstheologie zum *Ersatz* für die Soziallehre der Kirche, der man vorwirft, sie sei eine Stütze des Kapitalismus und spiele mit ihm zusammen, und die man damit erledigen möchte.

Ganz wichtig ist nun folgende Unterscheidung: Man möchte die marxistische Analyse auf „wissenschaftlicher" Ebene akzeptieren, aber nicht die ihr zugrunde liegende Philosophie, nicht ihre marxistische „Metaphysik" übernehmen, die dem christlichen Verständnis radikal entgegengesetzt ist. Man will also den Eindruck erwecken, als ob beide Ebenen voneinander getrennt seien, um auf diese Weise es möglich zu machen, daß man als Christ zugleich Marxist sein könne.

Um diese Position zu erläutern, wird nicht untersucht, wie es sich mit der „Wissenschaftlichkeit" der marxistischen Analyse verhält, die heute bestritten wird. Man weicht systematisch der Diskussion über diese

Frage aus. Man akzeptiert die Analyse als solche und ihre Anwendung, die auf der Dialektik des Klassenkampfes aufbaut. Wenn man darauf hinweist, daß die Soziallehre der Kirche eine solche Dialektik ablehnt, gilt man als etwas naiv und wird belehrt, daß es Gläubige gebe, die sich für den Marxismus entschieden haben – dies sei eine Tatsache, und das genüge. Niemand, der sich die Mühe gemacht hat, die einschlägige Literatur zu lesen und darüber nachzudenken, kann hier von Übertreibung sprechen. Vor der Entscheidung für das „Proletariat“ steht eine Entscheidung, die sich den Mantel der Wissenschaftlichkeit umhängt, die aber in Wirklichkeit einen „erkenntnistheoretischen Bruch“ darstellt und emotionaler Herkunft ist. Man behauptet, es gäbe nur zwei Instrumente für eine wissenschaftlich gesicherte Analyse der Wirklichkeit: das Instrument, dessen sich die strukturell-funktionalistische Soziologie bedient, und das den sozialen Konflikt nicht als Klassenkampf erkenne, und das Instrument der marxistischen Analyse, das für die Befreiung der Armen und Unterdrückten tauge. Deshalb müsse, wer für die Befreiung der Armen und Unterdrückten eintrete, dieses Instrument der marxistischen Analyse benutzen.

Konsequenzen für die Christologie und Ekklesiologie

Am schwerwiegendsten ist die Auswirkung dieser Variante der Theologie der Befreiung (die mehr eine, dazu noch fragwürdige, Soziologie ist, auch wenn sie sich als Reflexion der Wirklichkeit aus dem Glauben heraus definiert) auf der Ebene der Theologie. Die Befreiungstheologie will auf eine neue Art Theologie betreiben. Am stärksten prägt sich dies in ihrer Christologie und in ihrer Ekklesiologie aus. Hierzu meldet Puebla ernste Vorbehalte an. Die für diese Art von Befreiungstheologie typischen Themen der Christologie sind:

- Christus, „der Aufrührer von Nazareth“, hatte eine politische Verpflichtung und starb, indem er den politischen Konflikt annahm.
- Der „historische Jesus“, dem mehr Bedeutung zukommt als dem Christus des Glaubens, entscheidet sich für die Armen und gegen die Reichen.

In der Ekklesiologie kommen folgende Themen immer wieder vor:

- Die Kirche selbst leidet in ihrem Inneren unter den Auswirkungen des Klassenkampfes, sie selbst ist geteilt in Bourgeoisie und Proletariat und in jene, die sich für eine dieser beiden widerstreitenden Parteien entschließen.

- Die Kirche muß sich politisch entscheiden (jede Form der Neutralität oder der politischen Abstinenz wäre eine Illusion und eine Lüge), indem sie sich „parteilich" für die Armen, für das Proletariat entscheidet und den revolutionären Prozeß des Sozialismus annimmt.
- Die Pastoral, die in den kirchlichen Basisgemeinschaften praktiziert wird, muß politisch und gegen das „System" gerichtet sein.

Von diesem Ansatz her, wie er für diese Richtung unter den Befreiungstheologien typisch ist, wird dann praktisch die gesamte Theologie durchdrungen. Man strebt eine wesentlich neue Formulierung der theologischen Traktate an. Klar und entschieden nimmt Puebla gegen diese Position Stellung, die auch zu einer anderen seelsorglichen Praxis führen würde.

Die „kirchliche Praxis" wird nämlich zu einer revolutionären Praxis. Und die Reflexion über die kirchliche Praxis in der Situation des versklavten Armen wird zur Reflexion über den Stil politischer Praxis, bei dem der Befreiungskampf verherrlicht wird und wo zumindest in zweideutiger Form die „Kämpfe" zur Befreiung als gut beurteilt und die Gewaltanwendung in gewisser Weise verteidigt werden. Diese Fragestellungen finden wir auch bei der „Theologie der Revolution", obwohl man anfangs bestimmte Unterschiede zu ihr herausgestellt hat.

In dem gesamten Material, das über die verschiedenen Internationalen Treffen der „Christen für den Sozialismus" seit dem ersten Treffen im April 1972 in Santiago de Chile vorliegt, gibt es nichts, was den genannten Thesen zu widersprechen scheint. Wiederholen wir: es erscheinen immer die gleichen Führerfiguren, die gleichen Thesen. Die Bewegung der „Christen für den Sozialismus" ist die politische Ausprägung dieser Art von Befreiungstheologie. Die Bewegung ist nicht mehr nur lateinamerikanisch, sondern weltweit. Von Anfang an versuchten die „Christen für den Sozialismus" den katholischen Rahmen zu sprengen. Durch die Verbindung mit Anhängern der „Theologie der Revolution", die einige protestantische Theologen entwickelt haben, entstand ein „ökumenisches" Geflecht von Verbindungen, das für die großen Welttreffen, für das starke Publikationspotential und für die Koordinierungsarbeit durch die Schaffung von Zentren für ökumenische Information in vielen Ländern die erforderlichen wirtschaftlichen Mittel bereitstellte. Heutzutage zeigen die Kongresse der Anhänger der Befreiungstheologie und der Christen für den Sozialismus immer ein „ökumenisches" Gesicht. Dagegen hat der CELAM öffentlich und wiederholt beim Weltrat der Kirchen in Genf protestiert, jedoch bisher ohne Erfolg.

Es war das Werk einiger Anhänger der Befreiungstheologie, die gleichzeitig Christen für den Sozialismus waren, daß das Konzept einer „neuen Kirche", der „Volkskirche", als einer „Kirche, die aus dem Volk entsteht", geschaffen wurde. Wir haben schon darauf aufmerksam gemacht, daß es für die Befreiungstheologie unerläßlich war, auch eine „Befreiung" der Theologie vorzunehmen, was wiederum die Forderung nach einer „Befreiung" der Kirche unabdingbar machte. Das ist die „neue Kirche", die „Kirche des Volkes" oder die sogenannte „Volkskirche". Die hierbei verwandte Ekklesiologie unterscheidet sich in nichts von jener der Befreiungstheologen, auch wenn vielleicht zwischen dem einen oder dem anderen Autor gewisse Abstufungen bestehen mögen.

Es wäre sicher nützlich, den Einfluß auf andere kirchliche Disziplinen mit in Betracht zu ziehen, z. B. auf die Moral, auf die Liturgie usw., die in gleicher Weise die Wirkung des neuen Ansatzes verspüren. Andere Wissenschaften und Disziplinen werden ebenfalls der marxistischen Analyse unterworfen, so z. B. die Geschichtswissenschaften, die Anthropologie, die Wirtschaftswissenschaften, die Soziologie und die Politologie. Es zeigt sich hier die Auswirkung einer Gesamtsicht vom Wissen und Tun des Menschen.

In der Geschichtsphilosophie, bei der die typischen Züge des befreiungstheologischen Einflusses sichtbar werden, wird alles aus dem Blickwinkel des Klassenkampfes gesehen. Die geschichtlichen Epochen werden nach den Produktionsweisen eingeteilt, und man will eine Geschichtsschreibung nicht durch die „weiße" Hand der Ausbeuter, sondern durch die Hand der Ausgebeuteten. Die Geschichte der Kirche wird unter dem Gesichtspunkt studiert, daß sie eine Institution sei, die „entfremdet". Man huldigt den gegenwärtigen „Horten der Freiheit", Kuba und Nicaragua. Wirtschaftswissenschaften und Soziologie werden zu einem guten Teil auf Versionen der „Dependenztheorie" reduziert in völliger Anlehnung an marxistische Autoren.

Es ist notwendig, daß man immer diesen globalen Ansatz vor Augen hat, der in hohem Maß mit ideologischem Gedankengut befrachtet ist, wie er auch selbst teilhat an der marxistischen Analyse.

Die „Volkskirche" des Sandinismus in Nicaragua

Was kann man heute an neuer Entwicklung sehen, die aus der völlig klaren Konvergenz von „Befreiungstheologie", „Christen für den Sozialismus“ und der „Volkskirche“ unter der Schirmherrschaft des marxistischen Sandinismus entsteht? Wir wollen zuerst auf die Unterscheidung zwischen dem Sandinismus und der „Volkskirche“, wie sie sich heute in Nicaragua ausgeprägt hat, eingehen. Der Sandinismus ist eine politische Bewegung, die marxistisch ausgerichtet ist, wie man den Erklärungen seiner Vorkämpfer entnehmen kann. Er hat sich die leninistischen Lehren über die Religion zu eigen gemacht und verfolgt auch im wesentlichen Lenins Strategien. Man müßte hierzu die Antwort des Episkopats von Nicaragua auf das Dokument lesen, das der Sandinismus dieser Frage widmete.

Mit dem sandinistischen Regime arbeiten einige katholische Priester in verschiedenen Stellungen zusammen, auch Ordensmänner und Ordensfrauen, und es gibt eine größere Gruppe von Sympathisanten und aktiv Engagierten. Es gibt auch Gruppen von Katholiken, die sich der „Volkskirche“ zuordnen, worüber das Buch „Nicaraguanische Theologie“ und eine Reihe von Veröffentlichungen, die weit verbreitet sind, Aufschluß geben. Das Neue besteht darin, daß nach dem Sturz der Diktatur von Somoza die Anhänger der Befreiungstheologie und die „Christen für den Sozialismus“ in Nicaragua ihr Zentrum politischer Macht gefunden haben und auch glauben, daß dies von Dauer sein wird. Von dieser Basis aus sind sie aktiv, verbreiten ihre Erfahrungen und starten ihre Kampagnen im übrigen Kontinent.

In Nicaragua drängen sich einige der aktiven Anhänger der Befreiungstheologie und der „Christen für den Sozialismus“, die aus den verschiedenen Ländern Lateinamerikas zusammengekommen sind, und für andere, die dort nicht bleiben können, wird Nicaragua zum Mekka für ihre häufigen Wallfahrten. Der politische Weg Nicaraguas, dessen gute Seiten sie mit Zähnen und Klauen verteidigen und dessen Irrtümer sie leugnen, wird von ihnen als Modell auch für andere Länder betrachtet. Das erklärt auch, warum man die Propaganda hochputscht und das Informationswesen ausbaut, während der Kirche die Medien der Massenkommunikation weggenommen werden und ihr jeder Zugang zu ihnen verwehrt wird. Die Lage in Nicaragua läßt uns gut beobachten, was „Volkskirche“ ist und wie sie funktioniert. Früher bestand das Ganze in etwas Schrifttum und in einigen sporadischen Versuchen. Heute gibt es eine systematische Anstrengung, die offen durch eine politische Macht unterstützt wird. Wir müssen es dem Lauf der Geschichte überlassen, ob die Befürchtung wahr wird, daß die Führer der „Volkskirche“ das Gerüst abgeben, das im Prozeß des Aufbaues benützt wird (in diesem Fall der Konsolidierung des politischen Systems), das dann aber später als etwas Unnützes abgeschüttelt wird.

Folgende Positionen lassen sich feststellen:

- Die Volkskirche hält an der Vereinigung von Christentum und Marxismus fest. Ihre Anhänger verstehen sich immer als marxistische Christen.
- Ihre Entscheidung lautet für eine „neue Kirche", gegen die „Institution Kirche". Den Bischöfen geben sie zu verstehen, daß sie ihren Ansichten und ihrem Vorgehen nicht beipflichten, da diese „kontrarevolutionär" und sogar „reaktionär" seien, obwohl die klare Haltung der Bischöfe unter der Somoza-Diktatur wohl bekannt ist.
- Sie spalten die Kirche nicht nur in ihrem theologischen Fundament, sondern auch in der Pastoral.
- Sie benützen die kirchlichen Basisgemeinschaften als politisches Instrument zur Bildung ihres revolutionären Bewußtseins und, obwohl es sich nur um wenige Gemeinschaften handelt, zensieren sie ihre Seelsorger von ihrer ideologischen Warte aus.
- Sie verhalten sich aggressiv gegenüber den Bischöfen und den Priestern und Ordensangehörigen, die ihnen treu ergeben sind, gegen den CELAM und gegen den Papst, der das sichtbare Zeichen der Einheit der Kirche ist.
- Sie schaffen eine revolutionäre Liturgie, deren Gesänge vom Klassenkampf inspiriert sind, mit den Parolen, die ein solcher revolutionärer Stil beinhaltet.
- Sie wollen die Ausbildung der Seminaristen und der Ordensleute an der „Theologie der Befreiung" ausrichten. Sie sind deshalb dabei, neue Traktate zu diesem Zweck zu erarbeiten.

Treue zum Evangelium

Wenn diese Positionen weiter bestehen bleiben, befinden wir uns in einer neuen Gnosis, die sich auf eine schmerzliche Spaltung der Kirche hinbewegt. Darauf spielte der Papst in seiner Botschaft an die Bischöfe in Nicaragua vom August 1982 an. Er wies darauf hin, daß die Angriffe, die von außen gegen die Kirche erfolgen, diese nur stärken können, daß aber die Angriffe, die von innen kommen, sie spalten und schwächen. Die „Volkskirche" ist diese Spaltung.

Die Geschichte lehrt, daß gewisse Positionen und Lehrmeinungen erst dann in beunruhigender Weise militant werden, wenn sie das Interesse und Engagement der politischen Kräfte finden, die ihrerseits diese Positionen stützen und garantieren.

Die kirchlichen Basisgemeinschaften können, wenn man sie begreift, wie Puebla das verlangt, eine wertvolle pastorale Hilfe sein, die einer gesunden Ekklesiologie entsprechen; aber sie können auch politisiert werden, ihren Sinn verlieren und bei Verlust ihrer Identität völlig degenerieren. In Puebla wird die Arbeit der kirchlichen Basisgemeinschaften, die beginnen, „Früchte zu tragen" (Nr. 97), mit ruhigem Optimismus begrüßt, und man betrachtet sie als eine positive Erfahrung (Nr. 156). Es wird versprochen, sie zu fördern, sie zu leiten und zu begleiten (Nr. 648). Aber es wird auch mit „Evangelii nuntiandi" darauf hingewiesen, daß sie „. . . nicht einer politischen Polarisierung oder modischen Ideologien" erliegen dürfen, „wobei ihr großes menschliches Potential mißbraucht würde . . ." Es wird beklagt, „daß man an manchen Stellen aus eindeutig politischem Interesse versuchte, diese Gemeinschaften zu manipulieren und sie aus der echten Gemeinschaft mit ihren Bischöfen herauszulösen" (Nr. 98). In einigen Fällen beklagt Puebla das Fehlen des „sentire cum Ecclesia", des rechten Sinnes für die Kirche: „Vielleicht hat es aus diesem Grunde zuweilen Mitglieder von Gemeinschaften oder ganze Gemeinschaften gegeben, die, von rein weltlichen Institutionen angezogen oder von Ideologien radikalisiert, zunehmend den echten Sinn für die Kirche verloren haben" (Nr. 630).

Diese Aussagen beziehen sich auf bestimmte kirchliche Basisgemeinschaften, die sich zu Keimzellen der „Volkskirche" entwickelt haben, die ihre eigene Liturgie schaffen, ihre eigene Vorstellung des sakramentalen Lebens vertreten (es gibt keinen Unterschied mehr zwischen Priestern und Laien; denn auch den Laien wird die Möglichkeit zugestanden, ohne Priesterweihe die Feier der Eucharistie zu leiten) und die den Glauben politisieren unter christlich-marxistischem Vorzeichen. Auf diesem Wege jedoch wird der Glaube zerstört; denn der Mensch kann nur einem treu sein: Gott oder der Ideologie, die wegen ihres Anspruchs auf Absolutheit viele Züge eines Götzendienstes trägt.

Die Christologie und Ekklesiologie von Puebla sind eine direkte Antwort auf die bekannten Mißbräuche und Zweideutigkeiten. So wird z. B. im ersten Kapitel die Form zurückgewiesen, in der die Verfechter der „Volkskirche" Geschichtsschreibung betreiben. Es wird gezeigt, wie die

Kirche in unseren Völkern in Lateinamerika Gestalt angenommen hat und wie viele Christen sich für die Gerechtigkeit eingesetzt haben (Nr. 4 u. 8). Die Kirche ist keine Institution, die „entfremdet".

Das Kapitel über die „Evangelisierung, Befreiung und Förderung des Menschen" ist ein glänzendes Lehrstück mit ganz bestimmter Absicht. Dort wird die Soziallehre der Kirche empfohlen zur Überwindung der Probleme und um die Macht der Ideologien zu brechen. Ganz im Gegensatz zu der Meinung, daß ihre Soziallehre Ausdruck eines Bündnisses mit den Mächtigen sei, sagt die Kirche, oberstes Ziel dieser Soziallehre ist der Schutz der Würde des Menschen als Ebenbild Gottes und seiner unveräußerlichen Rechte; ihre Aufgabe sei die Förderung der umfassenden Befreiung des Menschen (Nr. 475).

In bezug auf die „Beurteilung der Befreiung in Christus" wird auf verschiedene Auffassungen und Anwendungsformen von „Befreiung" hingewiesen. Einige von ihnen werden zurückgewiesen (vgl. Nr. 481). Es wird festgehalten, was der eigene und eigentliche Beitrag christlicher Befreiung ist (Nr. 481), nämlich zu vermeiden, daß dieser Auftrag von ideologischen Systemen oder politischen Parteien vereinnahmt oder manipuliert wird (ebda). Insbesondere wird über die christliche Befreiung gesagt, sie bediene sich „der Mittel des Evangeliums mit ihrer besonderen Wirkkraft und greift zu keiner Art von Gewaltanwendung noch zur Dialektik des Klassenkampfes" (Nr. 486). Es wird klar unterschieden zwischen einer Befreiung auf der Grundlage einer Ideologie und jener auf der Grundlage des Evangeliums, und es wird auch gesagt, an welchen Merkmalen man sie erkennt (Nr. 489).

Auch das dornige Problem der politischen Betätigung und Führerrolle des Priesters wird behandelt: Die Hirten enthalten sich „jeglicher parteipolitischer Ideologie . . ." (Nr. 526). „Wenn sie in der Parteipolitik kämpfen würden, liefen sie Gefahr, diese absolut zu setzen und sie zu radikalisieren . . ." (Nr. 527). Von den Ordensleuten wird ein ähnliches Verhalten verlangt (Nr. 528). Mit dem Papst setzt sich Puebla für eine vorrangige Entscheidung für die Ärmsten ein, ohne dabei gesellschaftspolitischen Radikalismen nachzugeben . . . (Nr. 529). Darüber hinaus weist Puebla auf die Gefahr der Ideologisierung hin, „der die theologische Reflexion ausgesetzt ist, wenn sie auf der Grundlage einer Praxis angestellt wird, die sich der marxistischen Analyse bedient. Ihre Folgen sind die völlige Politisierung der christlichen Existenz, die Auflösung der Sprache des Glaubens in der Sprache der Sozialwissenschaften und die Aushöhlung der transzendentalen Dimension der christlichen Erlösung" (Nr. 545).

Die in Puebla versammelten Hirten haben die schmerzliche Erscheinung der „Volkskirche" als eine Prüfung Gottes für die Kirche erkannt, damit sie daraus gestärkt in der Einheit hervorgehe und den Armen und den Völkern diene: Daher „fordern wir, ohne irgendwelche Klassenunterschiede zu machen, alle auf, sich hinter die Sache der Armen zu stellen, als ob es sich um ihre eigene Sache, nämlich die Sache Christi selbst, handelte" (Puebla, Botschaft an die Völker Lateinamerikas, Nr. 3).

Manfred Spieker

Politik und Ökonomie in der Theologie der Befreiung

Die Theologie der Befreiung begann Ende der sechziger Jahre von sich reden zu machen. Die Aufforderung des II. Vatikanischen Konzils an die Christen und an die Theologie, die Zeichen der Zeit zu analysieren und den Dialog mit der Welt zu intensivieren, die Entwicklung theologischer Schulen wie der Theologie der Hoffnung, der Politischen Theologie und der Theologie der Revolution, die das Verhältnis von christlichem Heil und politischer Geschichte neu zu definieren versuchten, und die lateinamerikanische Bischofskonferenz von Medellín 1968, die die sozialen und politischen Verhältnisse in Lateinamerika sehr kritisch beschrieb und die umfassende Befreiung der Menschen von Sünde und ungerechten Strukturen als Auftrag des Christen bezeichnete – all dies regte verschiedene Theologen in Lateinamerika an, ihre Aufgabe angesichts der spezifischen gesellschaftlichen und politischen Bedingungen Lateinamerikas neu zu bedenken.

Die Theologie der Befreiung interpretiert das Evangelium als Auftrag zur umfassenden Befreiung des Menschen aus sozialer Not und politischer Unterdrückung, die Heilsgeschichte als Befreiungskampf, den Befreiungskampf als Ort der Offenbarung Gottes und die Teilnahme an diesem Kampf als Gnade. Der Begriff der Befreiung ist also der Schlüsselbegriff dieser Theologie. Er gibt ihr den Namen. Er soll wie ein Brennglas alle Bereiche der Theologie vereinen und mit dem praktischen Leben verbinden.

Befreiung aber heißt für Gustavo Gutiérrez, einen der Klassiker der Befreiungstheologie, nicht nur vage und visionär Schaffung eines neuen Menschen und einer neuen Gesellschaft, sondern sehr konkret Aneignung der Produktionsmittel und der politischen Führung durch die Unterdrückten.[1] Befreiung heißt für Leonardo Boff und alle anderen Vertreter dieser Theologie Distanzierung vom herrschenden ökonomischen und politischen System, Teilnahme an der nur als Klassenkampf denkbaren ökonomischen, sozialen und politischen Umwälzung und Errichtung einer einhellig als sozialistisch charakterisierten Alternativ-

[1] Gustavo Gutiérrez, Theologie der Befreiung, München 1973, Seite 232.

gesellschaft.[2] Die Ausgebeuteten, so Clodovis Boff, müssen sich als Klasse verstehen. Nur durch eine Revolution könne Ausbeutung und Unterdrückung überwunden werden. Am Horizont der Revolution stehe der Sozialismus.[3]

Die Frage nach dem Verständnis von Politik und Ökonomie drängt sich also auf. Wer Befreiung primär als sozialen und politischen Prozeß versteht, wer eine „politische Hermeneutik" des Evangeliums propagiert, also davon ausgeht, daß nicht mehr, wie in der traditionellen Theologie, die soziale und politische Wirklichkeit vom Evangelium her, sondern das Evangelium vom sozialen und politischen Kampf her betrachtet werden müsse, wer Theologie als „acto segundo" und das revolutionäre Engagement als „acto primero" einstuft, der wird sich, so darf man annehmen, systematisch Rechenschaft über sein Verständnis von Politik und Ökonomie abgelegt haben. Doch diese Annahme erweist sich als falsch. Was seit Platon und Aristoteles über Politik und Ökonomie gedacht, seit Rousseau und den Autoren der „Federalist Papers" an demokratischen Verfassungen entworfen und erprobt, seit Adam Smith an ökonomischen Theorien entwickelt und seit Lenin an sozialistischen Diktaturen realisiert wurde, das bleibt für die Theologie der Befreiung ohne Relevanz, ja es wird zum größten Teil völlig ignoriert. Die Ausnahme heißt Karl Marx, aber auch er wird meist nur aus zweiter Hand rezipiert. Dieses Defizit bedeutet aber nicht, daß die Vertreter der Theologie der Befreiung aus ihren Vorstellungen von Politik und Ökonomie ein Geheimnis machen. Eine ganze Reihe von Äußerungen zur herrschenden Gesellschaftsordnung, zur Entstehung von Armut und Unterdrückung und zur neuen, befreiten Gesellschaft erlauben den Schluß, daß sie eine sehr entschiedene und folgenreiche Vorstellung von Politik und Ökonomie haben. Im folgenden sind in einem ersten Schritt die Aussagen zur Politik und in einem zweiten die zur Ökonomie zu untersuchen und auf ihre Konsequenzen hin zu befragen.

---

[2] Leonardo Boff, Zärtlichkeit und Kraft, Franz von Assisi mit den Augen der Armen gesehen, Düsseldorf 1983, Seite 119f.; ders., Aus dem Tal der Tränen ins Gelobte Land, Der Weg der Kirche mit den Unterdrückten, Düsseldorf 1982, Seite 85.

[3] Clodovis Boff, Die kirchliche Soziallehre und die Theologie der Befreiung: Zwei entgegengesetzte Formen sozialer Praxis?, in: Concilium 17. Jg. (1981), Seite 777; Leonardo Boff, Aus dem Tal der Tränen (siehe Anm. 2), Seite 63.

Politik wird in der Befreiungstheologie als Kampf um Befreiung umschrieben. Ziel, Subjekt und Gegner des Befreiungskampfes sind in dieser Perspektive eindeutig definiert: Ziel ist die Eroberung der politischen Macht und die Aneignung der Produktionsmittel. Subjekt ist das Volk, das mit der unterdrückten Klasse identifiziert wird. Gegner ist die sogenannte herrschende Klasse, die über die politische und ökonomische, aber auch über die militärische Macht verfügt. Die Rezeption marxistischer Ideen mischt sich hier mit dem in Lateinamerika weitverbreiteten Populismus, der von dem von Marx begründeten und von Lenin perfektionierten Konzept einer Avantgarde nichts wissen will. Lediglich in der radikalsten Strömung der Theologie der Befreiung, bei den sich 1972 konstituierenden „Christen für den Sozialismus", wird am Proletariat als der Avantgarde des Befreiungsprozesses festgehalten.[4] Der Befreiungskampf und seine Unterdrückung gelten als die alles bestimmende Wirklichkeit Lateinamerikas. Sie stellen den Christen unablässig vor die Entscheidung, sich für oder gegen das Volk, für oder gegen seine Befreiung auszusprechen. Politik wird für die Befreiungstheologie also durch folgende Merkmale charakterisiert: sie ist zunächst einmal Klassenkampf, sie ist zweitens konstitutive Grundlage aller Bereiche des menschlichen Lebens, mithin ubiquitär, und sie stellt den Menschen drittens immer in den status confessionis, vor die Entscheidung also zwischen Gut und Böse, zwischen Gnade und Sünde.

1. Politik als Klassenkampf

Wenn Politik Befreiungskampf und dieser gleichsam naturgesetzlich Klassenkampf ist, dann ist Politik in ihrem Kern Freund-Feind-Bestimmung, Konflikt und Gewalt. Der Christ hat in dieser Perspektive gar keine andere Wahl, als sich an diesem Konflikt zu beteiligen. „Wer das Faktum des Klassenkampfes leugnet", meint Gutiérrez, „schlägt sich in Wirklichkeit auf die Seite der herrschenden Kreise." Er gesteht zwar zu,

---

[4] Erster Lateinamerikanischer Kongreß „Christen für Sozialismus", 23.–30. April 1972 in Santiago/Chile, Schlußdokument, in: Dorothee Sölle/Klaus Schmidt (Hrsg.), Christentum und Sozialismus, Vom Dialog zum Bündnis, Stuttgart, 2. Aufl. 1977, Seite 30. Eine fundierte Kritik dieser Strömung findet sich bei Angelika Senge, Marxismus als atheistische Weltanschauung, Zum Stellenwert des Atheismus im Gefüge marxistischen Denkens, Paderborn 1983, Seit 267ff.

daß der Klassenkampf Probleme für die Universalität der christlichen Liebe und die Einheit der Kirche aufwirft, aber da er als „Produkt des Systems" eine Tatsache sei, sei Neutralität in diesem Punkt „schlicht unmöglich".[5] Gutiérrez folgt ausdrücklich Giulio Girardi, der den Klassenkampf zu einem Gebot der Feindesliebe deklarierte: man liebe den Unterdrücker, „indem man ihn anklagt und bekämpft", weshalb Liebe ohne Klassenkampf „illusorisch und ein Alibi für Egoismus und Trägheit" sei.[6]

Die Frage nach der Gewalt scheint für die Theologie der Befreiung damit entschieden. Man habe, so Girardi, „nur die Wahl zwischen der Gewalt der einen und der Gewalt der anderen Seite, zwischen der Gewalttätigkeit der Unterdrücker und der Gewalttätigkeit der Unterdrückten".[7] Die Kategorie der Gewalt wird wie die des Widerspruchs bei Marx geradezu eine ontologische Kategorie, wenn er behauptet, sie sei „ja schon in den Dingen und Verhältnissen mittendrin"[8] oder wenn Hugo Assmann meint, es gebe „keine Wahl zwischen Gewalt und Gewaltlosigkeit", sondern „immer nur die alles . . . zuinnerst bestimmende Gewaltsituation".[9]

2. Politik als Sinngebung

Das zweite Merkmal des Politikverständnisses der Befreiungstheologie ist die Allgegenwart, die sinngebende Bedeutung der Politik für alle Bereiche des menschlichen Lebens, auch für die kirchliche Verkündigung und die Theologie. Politisches Engagement, so Gutiérrez, sei nicht nur ein Ausschnitt aus dem menschlichen Leben, sondern „Totalität, Radikalität und Konfliktgeladenheit".[10] Damit wird nicht nur gesagt, daß Politik fähig ist, alle Dimensionen des menschlichen Lebens zu beeinflussen, sondern daß alle diese Dimensionen politisch sind. Politik umgreift und überragt durch ihre Radikalität alle anderen menschlichen

---

[5] Gustavo Gutiérrez, Theologie (siehe Anm. 1), Seite 260ff.; Leonardo Boff, Zärtlichkeit (siehe Anm. 1), Seite 128.

[6] Gustavo Gutiérrez, Theologie (siehe Anm. 2), Seite 263; Giulio Girardi, Revolutionäre Gewalt aus christlicher Verantwortung, Mainz 1971, Seite 48 bis 51.

[7] Giulio Girardi, ebenda, Seite 63.

[8] Ebenda, Seite 63.

[9] Hugo Assmann, Politisches Engagement aus der Sicht des Klassenkampfes, in: Concilium, 9. Jg. (1973), Seite 244.

[10] Gustavo Gutiérrez, Theologie (siehe Anm. 1), Seite 49.

Tätigkeiten. Sie wird, wie Kardinal Alfonso López Trujillo ihr vorgehalten hat, zum „Invasor des Glaubens“[11], zum Wahrheitskriterium der Theologie und letztlich zur sinngebenden Instanz des Lebens.[12]

Die Konsequenz dieser Entgrenzung und Allgegenwart der Politik ist die Aufhebung der Unterscheidung von Spiritualia und Temporalia, von Heilsgeschichte und Profangeschichte, aber auch von kirchlichem und politischem Leben. „Das Schema von der Unterscheidung der Ebenen ist erschöpft und bietet keine Antwort mehr für die Fragen einer fortgeschrittenen Theologie“, behauptet Gutiérrez.[13] Eine solche Unterscheidung gilt als scholastisch, als Abkehr von der prophetischen Befreiungsfunktion der Kirche. Es sei ein Merkmal der Befreiungstheologie, so Hugo Assmann, gegen jeden Versuch Widerstand zu leisten, „in Kirche und Gesellschaft . . . Räume zu schaffen, in denen Politik vermeintlich nichts zu suchen hat“.[14]

3. Politik als Bekenntnisfrage

Das dritte, von der politischen Ethik der katholischen Soziallehre wohl am radikalsten abweichende und für die politische Auseinandersetzung folgenreichste Merkmal des Politikbegriffs der Befreiungstheologie ist die Sakralisierung oder die Dämonisierung der Politik. Wer politisch handelt – und auf Grund der Ubiquität der Politik handeln alle allezeit politisch –, hat sich zwischen Licht und Finsternis, zwischen Gnade und Sünde zu entscheiden. Der Befreiungskampf hat in dieser Perspektive die Bedeutung des Kairos, der von Gott verfügten Zeit des Heils, die

---

[11] *Alfonso López Trujillo, Die ideologischen Voraussetzungen und Implikationen der Befreiungstheologie, in: Christlicher Glaube und gesellschaftliche Praxis, mit Beiträgen von Franz Hengsbach u. a., Aschaffenburg 1978, Seite 188. Vgl. auch Joseph Kardinal Höffner, Soziallehre der Kirche oder Theologie der Befreiung?, in: Der Vorsitzende der Deutschen Bischofskonferenz, Bonn 1984, Seite 28f.*

[12] Dieser von Hans Maier, Kritik der politischen Theologie, Einsiedeln 1970, Seite 19, gegen die politische Theologie von J.B. Metz erhobene Vorwurf trifft ebenso die Theologie der Befreiung. Vgl. auch das Dokument der Internationalen Theologenkommission zur Theologie der Befreiung, Menschliches Wohl und christliches Heil, in: Herder-Korrespondenz, 32. Jg. (1978), Seite 26, auch in: Karl Lehmann u.a., Theologie der Befreiung, Einsiedeln 1977, Seite 179.

[13] Gustavo Gutiérrez, Theologie der Befreiung (siehe Anm. 1), Seite 72; ders., Die historische Macht der Armen, München/Mainz 1984, Seite 37f.

[14] Hugo Assmann, Das Evangelium des Technologismus, Technologie und Macht aus der Sicht der Theologie der Befreiung, in: Horst Goldstein (Hrsg.), Befreiungstheologie als Herausforderung, Düsseldorf 1981, Seite 58.

zugleich eine Zeit der persönlichen Entscheidung ist. In ihm, so Leonardo Boff, „geschieht . . . objektiv Gnade oder Sünde".[15] Deshalb seien Wirtschaft, Politik und Gesellschaft „mehr als nur Wirtschaft, Politik und Gesellschaft, nämlich Orte der Vergeschichtlichung von Gnade und Sünde, von Unterdrückung und Befreiung".[16] Im Befreiungskampf geht es deshalb, so Juan Luis Segundo, nicht bloß um irgendeine Analogie des Reiches Gottes, sondern – wenn auch vielleicht nur fragmentarisch – um das eschatologische Reich selbst.[17]

Der Theologie fällt in dieser Perspektive die Aufgabe zu, den heilsgeschichtlichen Wert der konkreten gesellschaftlichen Situation zu benennen. Für Leonardo Boff hat sie „nach den Kategorien des Glaubens – wie Reich Gottes, Erlösung, Vergebung, Gnade, Sünde, Gerechtigkeit, Ungerechtigkeit, Liebe und Glauben, der sich in der Praxis bewahrheitet, und so fort – zu beurteilen, ob die bestehende Gesellschaftsform dem Plan Gottes entspricht oder nicht".[18] Der Christ hat dann zu entscheiden, „ob die Klassengesellschaft den Charakter der Sünde oder der Gnade trägt und ob sie das göttliche Geschichtsprojekt einer gerechten und brüderlichen Gesellschaft bejaht oder verneint".[19]

Die Identifizierung der Politik mit dem Kampf um eine totale Befreiung, ja um die Verwirklichung des Reiches Gottes impliziert, daß jede politische Option zu einer Frage des persönlichen Heils, mithin zu einer Wahl zwischen Gut und Böse wird. Politik wird zur Bekenntnisfrage.

4. Die Konsequenzen

Welche Konsequenzen hat dieser Politikbegriff? Auf fünf Konsequenzen ist hinzuweisen.

Erstens entzieht die Erhebung der Politik zur Bekenntnisfrage dem legitimen Pluralismus politischer Ziele und politischer Strategien den Boden. Die legitime Verschiedenheit möglicher Entscheidungsziele, die der politisch handelnde Christ zu respektieren hat und an die die katholische Soziallehre immer wieder erinnert – das II. Vatikanum in Gaudium et Spes, Paul VI. in Octogesima Adveniens und die Bischöfe

---

[15] Leonardo Boff, Zärtlichkeit (siehe Anm. 2), Seite 125.

[16] Ders., Aus dem Tal der Tränen (siehe Anm. 2), Seite 18.

[17] Juan Luis Segundo, Die Option zwischen Kapitalismus und Sozialismus als theologische Crux, in: Concilium, 10. Jg. (1974), Seite 443.

[18] Leonardo Boff, Aus dem Tal der Tränen (siehe Anm. 2), Seite 190.

[19] Ebenda, Seite 129.

Lateinamerikas in Puebla –, setzt ja voraus, daß diese Ziele nicht nur aus Grundwerten, sondern auch aus vernünftiger Analyse konkreter politischer, sozialer oder ökonomischer Sachverhalte abgeleitet werden. Bei diesen Analysen aber können Christen bei gleicher Gewissenhaftigkeit ihres Glaubens zu durchaus verschiedenen Ergebnissen kommen. Ob beispielsweise der Friede in Europa mit Pershing-II-Raketen besser gesichert werden kann als ohne sie, das ergibt sich für den Christen nicht aus der Bergpredigt. Ob mit einem Land Lateinamerikas ein neues Kreditabkommen abgeschlossen werden soll oder nicht, das ergibt sich noch nicht aus seiner Option für die Armen, und ob eine Regierung mit begrenzten finanziellen Mitteln ihre Unterstützung auf die Landwirtschaft oder auf die Industrie konzentriert, das ergibt sich noch nicht aus ihrer Verpflichtung auf das Gemeinwohl.

Die Erhebung der Politik zur Bekenntnisfrage führt zweitens dazu, daß jede Suche nach dem geringeren Übel, die für den politisch Handelnden in einer schwierigen Situation oft die einzige Möglichkeit ist, das allgemeine Wohl in einem Staat oder zwischen Staaten zu realisieren, verworfen wird. Zwischen Befreiung und Ausbeutung, zwischen Gut und Böse, zwischen Gnade und Sünde gibt es kein Drittes. Es gibt nur die Entscheidung für oder gegen die totale Befreiung, für oder gegen den neuen Menschen und die neue Gesellschaft. Einhellig verwerfen die Befreiungstheologen denn auch politische Reformen, die partielle Verbesserungen, aber keine totale Befreiung ins Auge fassen. Sie würden, meint Gutiérrez, nur das bestehende System verewigen und die Mobilisierung der unterdrückten Klassen verhindern.[20] Zu ihnen könne man durch historische Umstände zwar gezwungen sein; aber, so Leonardo Boff, „dies sind dann eben nur taktische Schritte und keine strategischen Ziele".[21] Die Begriffe und Konzepte der „Entwicklung" und der „Integration" – von den Bischöfen Lateinamerikas in Puebla zustimmend erwähnt[22] – werden ausdrücklich verworfen.[23] Sie gelten als Versuche der herrschenden Klasse zur Stabilisierung ihrer Macht.

[20] Gustavo Gutiérrez, Theologie der Befreiung (siehe Anm. 1), Seite 47f.; Hugo Assmann (siehe Anm. 9), Seite 52 und 62f.; Schlußdokument des Kongresses „Christen für Sozialismus" (siehe Anm. 4), Seite 28; Leonardo Boff (siehe Anm. 2), Seite 777.

[21] Leonardo Boff, Aus dem Tal der Tränen (siehe Anm. 2), Seite 192.

[22] Die Evangelisierung in der Gegenwart und in der Zukunft Lateinamerikas, Dokument der III. Generalkonferenz des lateinamerikanischen Episkopats in Puebla, in: Stimmen der Weltkirche, hrsg. vom Sekretariat der Deutschen Bischofskonferenz, Nr. 8, Bonn 1979, Ziffer 8, 65, 428 und 541 (im folgenden Puebla).

[23] Gustavo Gutiérrez, Die historische Macht der Armen (siehe Anm. 13), Seite 34 und 103f.; Leonardo Boff, Aus dem Tal der Tränen (siehe Anm. 2), Seite 47f.

Drittens hat die Erhebung der Politik zur Bekenntnisfrage zusammen mit ihrer Entgrenzung und der Aufhebung der Unterscheidung von Spiritualia und Temporalia einen neuen und fatalen Klerikalismus zur Folge. Sie entzieht der legitimen Autonomie irdischer Sachbereiche den Boden. Die „Autonomie des Zeitlichen" wird beispielsweise von Hugo Assmann mit dem Pathos der Entlarvung als „Falschspiel gewisser modernisierender Thesen der nordatlantischen Theologie wie auch des II. Vatikanischen Konzils" bezeichnet.[24] Wer beansprucht zu wissen, ob eine konkrete gesellschaftliche oder politische Situation dem göttlichen Geschichtsprojekt entspricht oder nicht, ob der in ihr Handelnde auf dem Weg der Gnade oder der Sünde ist, erhebt sich zum Weltenrichter, zum Propheten, der das herrschende System als kapitalistisch verdammt, die totale Befreiung ansagt und zur Revolution aufruft. Leonardo Boff scheut sich nicht, Ayatollah Chomeini als religiösen Propheten zu preisen, dem es gelungen sei, „aus dem islamischen Glauben heraus ein ganzes Volk zur Erhebung zu bewegen und eine der repressivsten und am besten abgesicherten Tyranneien dieses Jahrhunderts zu Fall zu bringen".[25] Die Fragen nach den innen- und außenpolitischen Kosten der islamischen Revolution im Iran, nach den Folgen der Verquickung von Religion und Politik beispielsweise für Christen, nach der Geltung der Menschenrechte für die Opposition, nach dem größeren und dem kleineren Übel beunruhigen ihn nicht.

Die Entgrenzung der Politik und die Verwerfung der Unterscheidung von Spiritualia und Temporalia hat schließlich auch zur Folge, daß die Theologie ihre Fähigkeit zur kritischen Distanz gegenüber politischen Zielen auch gegenüber Befreiungskonzepten, zum Beispiel jenen der Sandinisten in Nicaragua, verliert und in Politik aufgeht. Wenn die Orthopraxie die Orthodoxie ersetzt, dann ist die Tätigkeit der Priester in der sandinistischen Regierung von Nicaragua nicht nur „Dienst gegenüber den Armen ihres Landes", sondern, wie Leonardo Boff meint, „die wahre Liturgie".[26] Die Befreiungstheologie zerstört auf Grund ihrer Divinisierung der Politik die Basis ihrer eigenen Existenz. Sie wird zur Ideologie. Politik ist nicht mehr Entwicklung, Diskussion und Verwirklichung von Ordnungskonzepten in Staat, Gesellschaft und den interna-

---

[24] Hugo Assmann, Das Evangelium des Technologismus (siehe Anm. 14), Seite 60.

[25] Leonardo Boff, Aus dem Tal der Tränen (siehe Anm. 2), Seite 88.

[26] Ders., Ich habe mich für die Armen entschieden . . ., Interview mit der italienischen Zeitschrift „Europeo" vom 22. 9. 1984, deutsch in: Blätter für deutsche und internationale Politik, 30 Jg. (1985), Seite 200.

tionalen Beziehungen, sondern Errichtung des Gottesreiches auf Erden. Damit wird, wie die Internationale Theologenkommission in ihrem Gutachten zur Theologie der Befreiung schon 1977 feststellte, das Wesen des Politischen zerstört.[27]

Viertens sind die Reduzierung der Politik auf Klassenkampf und seine Sakralisierung vor allem für den Christen eine Herausforderung. Er wird daran festhalten, daß Politik an Versöhnung, Partnerschaft, Recht, Gleichheit und Frieden orientiert bleiben muß, wenn sie menschliches Zusammenleben regeln und das Gemeinwohl als die Gesamtheit der sozialen und politischen Möglichkeitsbedingungen individueller Entfaltung verwirklichen will. Diese Orientierung schließt für ihn den unversöhnlichen Kampf aus.

Die Sakralisierung des Klassenkampfes hat aber die Zerstörung nicht nur der Politik, sondern auch der kirchlichen Gemeinschaft zur Folge. Am radikalsten gilt dies für die „Christen für den Sozialismus", die nur jenen Christen einen lebendigen Glauben zugestehen, die am revolutionären Kampf der Arbeiterklasse teilnehmen, die „falsche Einheit der Kirche von heute" entlarven und über die Revolution die „Einheit der Menschheit" als Voraussetzung der „wahren Einheit der Kirche von morgen" schaffen.[28] Ihren Spuren folgt Gutiérrez, wenn er feststellt, der Klassenkampf sei mitten in der Kirche selbst anzutreffen und mache „eine Neudefinierung dessen notwendig, was unter besagter Einheit zu verstehen ist". Auch für ihn ist die Einheit der Kirche nur über die „Einheit der Welt", also durch die Revolution erreichbar.[29] Etwas zurückhaltender bleibt Leonardo Boff, der zunächst sogar die Universalität der christlichen Botschaft unterstreicht und daran festhält, daß die Kirche „sich deshalb nicht auf eine gesellschaftliche Klasse eingrenzen" lasse.[30] Aber auch er stellt das Wirken der Kirche in Geschichte und Gegenwart ganz unter die Existenz gesellschaftlicher Klassen, die um die „Verteilung sakraler Macht" ringen. Er will die „Kompetenz zur Produktion und Reproduktion des Symbolkapitals" den Händen des Klerus entwinden.[31]

---

[27] Menschliches Wohl und christliches Heil (siehe Anm. 12), Seite 30.

[28] Schlußdokument des Kongresses „Christen für Sozialismus" (siehe Anm. 4), Seit 34.

[29] Gustavo Gutiérrez, Theologie der Befreiung (siehe Anm. 1), Seite 264ff.

[30] Leonardo Boff, Aus dem Tal der Tränen (siehe Anm. 2), Seite 117.

[31] Ders., Zärtlichkeit und Kraft (siehe Anm. 2), Seite 154. Vgl. auch ders., Theologie hört aufs Volk, Ein Reisetagebuch, Düsseldorf 1982, Seite 70 und ders., Kirche: Charisma und Macht, Düsseldorf 1985, Seite 211f.

Daß das Klassenkampfkonzept und die Sakralisierung des Befreiungskampfes aber nicht nur Ekklesiologie, sondern auch die Dogmatik und damit die gesamte Theologie aushöhlen, zeigt die Frage eines protestantischen Vertreters der Befreiungstheologie, José Miguez Bonino, ob es denn so abwegig sei, „heute die Auferstehung als den Tod der Monopole, die Befreiung von Hunger oder als Einführung von Gemeineigentum neu auszulegen."[32]

Wenn die Bischöfe Lateinamerikas in Puebla vor einer Ideologisierung der Theologie durch den Marxismus warnen, weil sie „die völlige Politisierung der christlichen Existenz, die Auflösung der Sprache des Glaubens in der Sprache der Sozialwissenschaften und die Aushöhlung der transzendentalen Dimension der christlichen Erlösung" zur Folge habe[33], dann ist dies angesichts der zitierten Äußerungen nicht nur verständlich, sondern notwendig. Das gleiche gilt für die Feststellung der Glaubenskongregation, das Klassenkampfkonzept, die Identifizierung von Heils- und Profangeschichte und die Vorstellung von der Selbsterlösung des Menschen seien mit der Lehre der Kirche unvereinbar.[34]

Die Reduzierung der Politik auf Klassenkampf hat fünftens noch eine andere, die Fähigkeit zur Beurteilung historischer Ereignisse betreffende Folge. Wenn alles politische Handeln Klassenhandeln ist und sich nur zwei Klassen gegenüberstehen – die Minderheit der Unterdrücker und das unterdrückte Volk –, dann wird jeder Machtverlust des Unterdrückers automatisch als Machtgewinn, als Sieg des unterdrückten Volkes interpretiert. So scheut sich Gutiérrez nicht, die russische

[32] José Miguez Bonino, Theologie im Kontext der Befreiung, Göttingen 1977, Seite 92. Zur Auferstehung hat sich aus einer ähnlich radikalen Position wie Miguez Bonino auch Ernesto Cardenal während seines Besuches in der DDR 1982 geäußert: „Wir sehen in der Auferstehung keinen individuellen, sondern einen kollektiven Akt, der mit der Befreiung aller Menschen identisch ist. Das Reich Gottes, das Reich des Himmels, verstehe ich als die vollendete humanistische Gesellschaft. Weiterleben nach dem Tod bedeutet, sich heute für andere Menschen zu engagieren, denn in ihnen vermag ich fortzubestehen." Zitiert in: Frankfurter Allgemeine Zeitung vom 5. 5. 1982, Seite 7.

[33] Die Evangelisierung in der Gegenwart und in der Zukunft Lateinamerikas (siehe Anm. 22), Ziffer 545.

[34] Instruktion der Kongregation für die Glaubenslehre über einige Aspekte der „Theologie der Befreiung", vom 6. 8. 1984, in: Verlautbarungen des Apostolischen Stuhls, hrsg. vom Sekretariat der Deutschen Bischofskonferenz (im folgenden VAS), Heft 57, Bonn 1984, Seite 19.

Oktoberrevolution als Sieg der Demokratie darzustellen. Sie habe die politischen Entscheidungen den Händen der Elite entrissen und der Regierungsgewalt des Volkes überantwortet.[35] Nicht einmal in der marxistischen Geschichtsschreibung finden solche Interpretationen seit Stalins Tod ungeteilten Beifall. Lenins Intentionen und Schriften, die eine Demokratisierung der politischen Macht immer wieder ablehnen, werden ignoriert.

Das Ökonomieverständnis der Befreiungstheologie

Die Reflexion ökonomischer Sachverhalte, wirtschaftspolitischer Ziele und wirtschaftswissenschaftlicher Theorien ist in der Theologie der Befreiung noch dürftiger als die des Politikbegriffes. Dennoch gibt es auch hier eine Fülle von Äußerungen, die deutlich machen, daß mit einem sehr klar konturierten Bild von der Wirtschaft gearbeitet wird, einem Bild, das einerseits auf marxistische Theorien und andererseits auf die in Lateinamerika weitverbreitete Dependenztheorie zurückzuführen ist.

Ursache der ökonomischen und sozialen Not und der politischen Probleme ist für die Befreiungstheologie in allen Varianten das kapitalistische System und die Abhängigkeit von den nördlichen Industrieländern. Der schlichten Diagnose entspricht die Therapie: durch die Beseitigung des Kapitalismus und der Abhängigkeit, positiv: durch die Einführung des Gemeineigentums an Produktionsmitteln soll die Armut beseitigt und die Befreiung verwirklicht werden. Bevor die Meinungen der Vertreter der Theologie der Befreiung zum Elend der kapitalistischen Gegenwart, zum Heil der sozialistischen Zukunft und zu den Wegen dorthin näher geprüft werden, ist aber festzuhalten, daß ihr Ökonomieverständnis durch eine ganze Reihe von Aussagen zur Politik bereits determiniert wird. Nicht nur die Politik, sondern auch die Ökonomie, so ließ Leonardo Boff vernehmen, ist Ort der Vergeschichtlichung von Gnade und Sünde, von Unterdrückung und Befreiung. Nicht nur die Politik, sondern auch die Ökonomie als ihre Basis ist das Feld des Klassenkampfes.

---

[35] Gustavo Gutiérrez, Theologie der Befreiung (siehe Anm. 1), Seite 46.

1. Der Kapitalismus als Ort der Sünde

Die ökonomische und soziale Not Lateinamerikas ist für alle Vertreter der Befreiungstheologie ein strukturelles Problem, dessen Wurzeln im kapitalistischen System verortet werden.[38] Dieses habe sich aus dem Feudalsystem entwickelt, indem die Bourgeoisie, die ihren Lebenssinn in Profit, Kapitalakkumulation und Machtsteigerung gesehen habe, alles der Produktion unterordnete und eine Überflußgesellschaft errichtete. Diese Entwicklung habe, so Leonardo Boff, aber „einen schwindelerregenden sozialen Preis" gekostet, der in „unerträglicher Ungleichheit, Ausbeutung und Armut" bestehe.[37] In dem Maße, in dem sich der Produktionsprozeß der Industrieländer in kapitalistischen Bahnen beschleunigte, habe sich das Problem der Armut weltweit verschärft. Um den Wahrheitsgehalt dieser Hypothese zu belegen, verweist Leonardo Boff auf Marx. „Man braucht nur im Kapital von Karl Marx die Ausführungen über das historische Entstehen des Kapitals und über den sozialen Preis zu lesen, der den Armen abverlangt wird."[38] Lateinamerika gilt in dieser Perspektive als Kontinent, der von den kapitalistischen Industrieländern unterdrückt und beraubt wurde. Seine Unterentwicklung sei eine Folge der Abhängigkeit von den Industrieländern, eine Folge der Ausbeutung, nach Gutiérrez ein „Subprodukt der kapitalistischen Entwicklung der westlichen Welt".[39]

Wer jenseits dieser vielfach variierten und im Kern Karl Marx folgenden Globaldiagnose nach Einzelaussagen zu ökonomisch relevanten Sachverhalten sucht, die das Ökonomieverständnis der Theologie der Befreiung etwas plastischer werden lassen, stößt bei Leonardo Boff auf eine radikale Eigentumskritik, in der sich marxistische und franziskanische Ansätze mischen. Das Streben nach Besitz gilt als menschenfeindlich. „Der Besitz behindert nämlich die Kommunikation der Menschen untereinander und der Menschen mit der Natur. Interessen, Egoismen und exklusive Besitzansprüche legen sich zwischen den Menschen und seine Welt. Der Besitz bringt sie beide auseinander und wirft einen Graben entfremdender Verdinglichung zwischen ihnen auf."[40] Dem Besitzstreben, der „Appropriatio" als der „Seele des Systems des

---

[36] Ebenda, Seite 106f.; Leonardo Boff, Aus dem Tal der Tränen (siehe Anm. 2), Seite 62 und 111 und passim.

[37] Leonardo Boff, Zärtlichkeit und Kraft (siehe Anm. 2), Seite 20f.

[38] Ebenda, Seite 89.

[39] Gustavo Gutiérrez, Theologie der Befreiung (siehe Anm. 1), Seite 104.

[40] Leonardo Boff, Zärtlichkeit und Kraft (siehe Anm. 2), Seite 65.

Kapitals", hält Boff einen langen Sündenkatalog vor: es „strebt nach Sicherheit, schadet der Gemeinschaft und dem Mitmenschen, orientiert sich an Leidenschaft und Lust, verletzt die Seele, ist auf den eigenen Vorteil bedacht, überbewertet den Körper, sieht in Verstand und Wille Privatbesitz, führt zur Sünde und zum Satan, ist Gegner aller Güter, stellt sich gegen Gott und läßt sich mit dem Reich Gottes nicht vereinbaren".[41] Daß diese manichäische Sicht ihn dazu verführt, dem kapitalistischen System einen „in sich verderblichen Charakter" zuzuschreiben, erscheint konsequent.[42]

Mindestens fünf kritische Anmerkungen sind angesichts dieser Verurteilung des Kapitalismus als Ort der Sünde notwendig:

Erstens führt das Privateigentum nicht „zur Sünde und zum Satan". Es ermöglicht vielmehr als „eine Art Verlängerung der menschlichen Freiheit", wie das II. Vatikanische Konzil erklärte, die Entfaltung der Person.[43] Die katholische Soziallehre hat in einer langen Tradition zahlreiche Gründe für das Privateigentum genannt, die von der Theologie der Befreiung allesamt ignoriert werden. Das Privateigentum ist in dieser Perspektive kein absolutes Gebot, sondern das effizienteste Mittel zur Verwirklichung des Grundsatzes, daß die Güter dieser Erde allen Menschen zur Verfügung stehen. Es vermittelt den notwendigen Raum für die eigenverantwortliche Gestaltung des Lebens und dient dem Sicherheits- und Versorgungsbedürfnis der Menschen. Es erleichtert die Abgrenzung der Verantwortungsbereiche in der Wirtschaft und hat eine soziale Funktion. Für das Privateigentum an Produktionsmitteln sprechen aber auch eine Reihe von Gründen e contrario. Sie werden deutlich, wenn die Folgen seiner Abschaffung geprüft werden. Eine Minderung der Motivation und der Verantwortung der Arbeitenden, eine Bedrohung der Freiheit und Würde der Person und ein Zurückbleiben des Versorgungsniveaus der Gesellschaft gegenüber Gesellschaften mit einer auf dem Privateigentum beruhenden Wirtschaftsordnung sind die regelmäßige Folge.

Zweitens ist die kapitalistische Wirtschaftsweise, wie schon Pius XI. in Quadragesimo Anno feststellte, „als solche nicht zu verdammen". Sie ist als eine Wirtschaftsweise, deren Grundlage Privateigentum und Lohnarbeit sind, „nicht in sich schlecht. Die Verkehrtheit beginnt vielmehr

---

[41] Ebenda, Seite 109.

[42] Leonardo Boff, Aus dem Tal der Tränen (siehe Anm. 2), Seite 55.

[43] Pastoralkonstitution „Gaudium et spes", Ziffer 71. Vgl. auch Joseph Kardinal Höffner, Christliche Gesellschaftslehre, Studienausgabe, Kevelaer 1975, Seite 173ff.

erst dann, wenn das Kapital sich Lohnarbeiterschaft in seinen Dienst nimmt, um die Unternehmungen und die Wirtschaft insgesamt einseitig nach seinem Gesetz und zu seinem Vorteil ablaufen zu lassen, ohne Rücksicht auf die Menschenwürde des Arbeiters, ohne Rücksicht auf den gesellschaftlichen Charakter der Wirtschaft, ohne Rücksicht auf Gemeinwohl und Gemeinwohlgerechtigkeit."[44] Deshalb werden nur der „ungehemmte", der „primitive" oder „strenge" Kapitalismus verurteilt.[45] Diese in der katholischen Soziallehre seit Rerum Novarum festzustellende Differenzierung wird in der Befreiungstheologie ebenfalls ignoriert.

Drittens ist die Behauptung falsch, die Armut in der Welt sei um so größer geworden, je weiter sich die kapitalistische Produktionsweise entwickelt habe. Armut, auch Massenarmut gab es schon vor der Industrialisierung, und sie ist heute im weltweiten Vergleich in jenen Ländern am geringsten, die am weitesten industrialisiert sind, und in Industrieländern ist auch, allen Marxschen Prognosen zum Trotz, weder die absolute noch die relative Verelendung gestiegen. Armut hat vielfältige Ursachen. Die Industrialisierung ist eine der zentralen Voraussetzungen ihrer Milderung. Im übrigen ist Armut nicht nur ein materielles Phänomen. Die Befreiungstheologie sieht nur die aus ökonomischer Ausbeutung und sozialem Elend resultierende Armut. Es gibt aber, erklärte Johannes Paul II. in seiner Weihnachtsansprache an die Kardinäle 1984[46], „nicht nur die Armut, die den Leib trifft, sondern auch eine andere gefährlichere, die das Gewissen trifft und das innerste Heiligtum der Würde der Person verletzt".

Viertens ist die Dependenztheorie zu jenen klaren, aber falschen Ideen zu zählen, von denen schon Tocqueville gesagt hat, daß sie immer mehr faszinieren als die wahren, aber komplexen Ideen. Die Unterentwicklung Lateinamerikas ist nicht nur eine Folge, sondern auch eine Ursache ihrer Abhängigkeit. Die von der marxistischen Imperialismustheorie abgeleitete Dependenztheorie übersieht auch die erheblichen Unterschiede zwischen den einzelnen Staaten Lateinamerikas.[47]

---

[44] Pius XI., Quadragesimo anno, Ziffer 101.

[45] Vgl. Paul VI., Populorum progressio, Ziffer 26; Johannes Paul II., Laborem Exercens, Ziffer 7 und 14.

[46] Johannes Paul II., Vorrangige Option für die Armen, Weihnachtsansprache an die Kardinäle und die Römische Kurie am 21. 12. 1984, in: Osservatore Romano (deutsche Wochenausgabe) vom 4. 1. 1985, Seite 5.

[47] Vgl. Renato Poblete, Theologie der Befreiung und Politik, in: Franz Hengsbach/ Alfonso Lopez Trujillo (Hrsg.), Utopie der Befreiung, Aschaffenburg 1976, Seite 25f.

Fünftens schließlich widerspricht es menschlicher Erfahrung und auch der katholischen Soziallehre wie dem Neuen Testament überhaupt, Armut sowie soziale und politische Probleme allein auf strukturelle Ursachen zurückzuführen. Systembedingungen sind für die Diagnose und die Therapie sozialer und politischer Probleme zwar von großer Bedeutung, aber von ebenso großer, ja eher noch größerer Bedeutung sind die anthropologischen Wurzeln solcher Probleme. Die Befreiungstheologie ignoriert die Gebrochenheit und die Ambivalenz der menschlichen Natur, ihre Fähigkeit zu konstruktivem und zu destruktivem Handeln, ihre Angewiesenheit auf Erbarmen und Erlösung.

2. Der Sozialismus als Ort der Gnade

Das Wirtschaftssystem, das alle Not beseitigen soll und deshalb Ziel des Befreiungskampfes ist, wird nur mit sehr groben Strichen skizziert. Es wird gelegentlich explizit als sozialistisch gekennzeichnet[48], häufiger jedoch als System beschrieben, das auf der Aneignung der Produktionsmittel und der politischen Führung durch das Volk beruhe. Wird es als sozialistisch charakterisiert, folgt meist der Hinweis, daß es natürlich ein anderer Sozialismus sein solle als der des Ostblocks, der von Boff wegen seiner „bürokratischen Tyrannei und der Verletzungen der individuellen Freiheiten" kritisiert wird, ohne daß er näher darlegt, wie er sich von diesem unterscheiden soll.[49]

Die Sozialisierung ökonomischer und politischer Macht gilt nicht nur als Garantie der angestrebten Befreiung und der Beseitigung der Armut, sondern als religiöse Pflicht. Sie ist für Gutiérrez eine Konsequenz der Nächstenliebe. Zu essen oder zu trinken geben nehme „heute die Gestalt einer politischen Initiative an und bedeutet Veränderung einer Gesellschaft, deren Struktur grundsätzlich einige wenige bevorzugt, die sich den Mehrwert aus der Arbeit der anderen aneignen. Dabei muß diese Umstrukturierung an den Wurzeln des Mißstandes ansetzen und die Gesellschaft radikal von ihrem Fundament her umgestalten, das heißt vom Privateigentum an Produktionsmitteln her."[50] Einführung

[48] Gustavo Gutiérrez, Theologie der Befreiung (siehe Anm. 1), Seite 262; Clodovis Boff (siehe Anm. 3), Seite 777; Hugo Assmann, Das Evangelium des Technologismus (siehe Anm. 14), Seite 55.

[49] Leonardo Boff, Aus dem Tal der Tränen (siehe Anm. 2), Seite 206; ders., Zärtlichkeit und Kraft (siehe Anm. 2), Seite 119f.

[50] Gustavo Gutiérrez, Theologie der Befreiung (siehe Anm. 2), Seite 189.

von Gemeineigentum gilt als Ort der „Epiphanie" des neuen Menschen, als Anfang des Gottesreiches, ja – bei José Miguez Bonino – als Erfüllung aller christlichen Hoffnung, wenn sie zusammen mit dem Tod der Monopole zum Synonym der Auferstehung wird. Die Aushöhlung der transzendentalen Dimension der christlichen Erlösung, vor der die Bischöfe in Puebla warnten, ist hier manifest. So weit wie Miguez Bonino gehen Leonardo Boff und Gutiérrez zwar nicht, ja Gutiérrez stellt einmal sogar fest, die christliche Hoffnung bewahre „uns vor jeder Verwechslung der Herrschaft Gottes mit einer bestimmten geschichtlichen Etappe".[51] Aber diese Feststellung scheint an vielen anderen Stellen seines Werkes wieder vergessen zu werden. Für beide gilt, daß sie die Sozialisierung der Produktionsmittel nicht nur als Weg zur Lösung aller ökonomischen und sozialen Probleme, sondern als Ort der Gnade betrachten.

Leonardo Boff preist Kubas Sozialismus, weil er die Favelas und den Analphabetismus beseitigt habe. Die Beseitigung von Massenarmut und Analphabetismus ist gewiß eine Leistung, allerdings keine rühmenswerte, wenn Freiheit und Menschenwürde ihr Preis sind. Die Verletzung der Menschenrechte in Kuba wird von Boff nicht erwähnt, und die Verfolgung der Kirche in den ersten Jahren nach der Revolution ist für ihn offenkundig auf einen Episkopat zurückzuführen, der in diesem Befreiungsprozeß halsstarrig seine Kooperation mit dem Regime Castros verweigerte.[52]

Die kritischen Anmerkungen zu dieser Sakralisierung des Sozialismus lassen sich auf zwei beschränken: Erstens widerspricht eine solche Sakralisierung der grundlegenden und unaufhebbaren Differenz zwischen christlichem Heil und menschlichem Wohl, zwischen Heilsgeschichte und Profangeschichte. Zwar entscheidet die Tätigkeit des Christen in der Welt und damit auch sein politisches Handeln, sein Einsatz für Frieden, Freiheit und Gerechtigkeit in der Geschichte über sein transzendentes Heil. Aber eine Wirtschaftsverfassung kann sowenig wie eine politische Ordnung für sich in Anspruch nehmen, Verwirklichung des Gottesreiches zu sein. Sie kann nur auf ihre Effizienz bei der Bereitstellung von Gütern und Dienstleistungen und auf ihre Gemeinwohltauglichkeit hin geprüft werden.

---

[51] Ebenda, Seite 232f..

[52] Leonardo Boff, Interview mit Europeo (siehe Anm. 26), Seite 199. Vgl. auch Hugo Assmann, Das Evangelium des Technologismus (siehe Anm. 14), Seite 55f.

Zweitens scheinen die Vertreter der Befreiungstheologie jeder Auseinandersetzung mit dem realen Sozialismus im Ostblock oder in der Dritten Welt aus dem Weg zu gehen. Die in vielen Bereichen sehr schwierige Versorgungslage der Bevölkerung, die immer wieder auch innerhalb der kommunistischen Parteien kritisierte Korruption in allen Bereichen der Wirtschaft, die Mißachtung der Menschenrechte und des Selbstbestimmungsrechts der Völker und die enge Abhängigkeit der sozialistischen Staaten von der Sowjetunion, die eine „Dependenztheorie" rechtfertigen würde, scheinen für sie keine systembedingten Probleme zu sein. Das problemreiche Verhältnis von katholischer Gesellschaft und sozialistischem Staat in Polen findet keine Aufmerksamkeit, und auch im Loblied auf Kuba scheint die Frage, ob es denn das Volk selbst sei, das sich die ökonomische und die politische Macht angeeignet hat, plötzlich nicht mehr relevant zu sein.

3. Die Revolution als Sakrament

Die Revolution ist für die Theologie der Befreiung in allen ihren Varianten der einzige Weg zur umfassenden Befreiung. Dies gilt für die Wirtschaft wie für die Politik. Die Revolution bedeutet einen totalen Bruch mit dem herrschenden ökonomischen und politischen System. „Befreiung . . . ist eine Absage an vermittelnde und reformistische Vorstellungen auf dem Gebiet von Wirtschaft und Politik."[53] Die bereits erwähnte Verurteilung aller Entwicklungs- und Integrationskonzepte der Entwicklungspolitik schließt alle ökonomischen Reformvorstellungen, alle Theorien und Institutionen und selbst Gesprächskreise wie die Trilaterale Kommission[54] ein, die keinen radikalen Bruch mit den Eigentums- und Produktionsverhältnissen anstreben. Die katholische Soziallehre wird von Clodovis Boff wegen fehlender „mystischer Anziehungskraft" abgelehnt.[55] Eine „Mystik der Veränderung der Gesellschaft" zu entwerfen, „um dadurch schon hier auf der Erde das Reich Gottes zu antizipieren und zu konkretisieren", ist für Leonardo Boff die Aufgabe der Kirche.[56] Die Sozialenzykliken seien zwar „Denkmäler des ethischen Einfühlungsvermögens", kämen aber „über

---

[53] Gustavo Gutiérrez, Die historische Macht der Armen (siehe Anm. 13), Seite 103f.

[54] Hugo Assmann, Das Evangelium des Technologismus (siehe Anm. 14), Seite 64f.; Leonardo Boff, Aus dem Tal der Tränen (siehe Anm. 2), Seite 93ff.

[55] Clodovis Boff (siehe Anm. 3), Seite 776.

[56] Leonardo Boff, Zärtlichkeit und Kraft (siehe Anm. 2), Seite 129.

Appelle zur Veränderung nicht hinaus und bleiben beträchtlich hinter dem marxistischen Beitrag zur Ausarbeitung und Organisation des Befreiungskampfes des Proletariats zurück."[57] Es gibt in dieser Perspektive keinen dritten Weg zwischen Sozialismus und Kapitalismus, zwischen Befreiung und Unterdrückung, zwischen Revolution und Ausbeutung. Die Revolution gilt als das Sakrament der Befreiung nicht nur für die Armen, sondern auch für die Reichen und Mächtigen.

Die Sakralisierung der Revolution entspricht der Sakralisierung des Sozialismus. Die Theologie der Befreiung ist weit davon entfernt, die ökonomischen und politischen Probleme revolutionärer Brüche zu sehen, geschweige denn zu reflektieren. Daß sie sich bei dieser Rezeption nicht auf die katholische Soziallehre berufen kann, weiß sie. Es mag für sie und für den kirchlichen Beobachter unerheblich sein.

Die Theologie der Befreiung unterläuft mit dieser Sakralisierung von Sozialismus und Revolution nicht nur den christlichen Glauben, sondern auch ihre Option für die Armen. Sie wird zum Opium eines Volkes, dessen ökonomische, soziale und politische Probleme, dessen Not und Unterdrückung in vielen Staaten Lateinamerikas nicht zu übersehen sind. Weniger um der Orthodoxie als um der Freiheit und der Gerechtigkeit in diesen Staaten willen bedarf die Theologie der Befreiung der Kritik.

Diese Kritik kann sich nicht nur auf das Politik- und Ökonomieverständnis erstrecken. Sie muß auch auf ihr Geschichtsverständnis, auf ihre Hermeneutik, auf ihre Marxismusrezeption, auf ihre Exegese des Alten und Neuen Testaments und auf ihre Ekklesiologie ausgeweitet werden.[58] Vor allem in der Marxismusrezeption, die fälschlicherweise immer wieder als unerheblich charakterisiert wird[59], werden die Weichen für das Politik- und Ökonomieverständnis gestellt. Auch die der

---

[57] Ebenda, Seite 89.

[58] Zur Kritik an der Geschichtsphilosophie, an der Hermeneutik und an der Marxismusrezeption der Befreiungstheologie vgl. Manfred Spieker, Karl Marx – ein Kirchenlehrer? Katholische Soziallehre und Theologie der Befreiung, in: Die politische Meinung Nr. 218 (Januar/Februar 1985), Seite 38ff. Spanisch: La defensa de la Iglesia ante la teologica de la liberacion, in: Tierra Nueva Nr. 54 (Juli 1985), Seite 38ff.

[59] Bedrohung der neuen Wege in der Kirche, Erklärung der in Nijmegen versammelten Theologen von Concilium zu den neuen Angriffen gegen die Theologie der Befreiung, in: Concilium, 20. Jg. (1984), Seite 359; Rául Fornet-Betancourt, Der Marxismusvorwurf gegen die lateinamerikanische Theologie der Befreiung, in: Stimmen der Zeit, 203. Bd. (1985), Seite 235.

Befreiungstheologie mit Recht immer wieder vorgehaltene Vermischung von Heilsgeschichte und Profangeschichte, die den gelegentlich geäußerten eschatologischen Vorbehalt, den der Christ jeder innerweltlichen Zielsetzung entgegenhält, wieder verdeckt, hat hier ihre Wurzeln. Die politische Lektüre der Bibel und das um die Begriffe Befreiung und Konflikt kreisende Kirchenverständnis werden von dorther präjudiziert. Auch die Revolution der Hermeneutik hat hier ihre Quelle, die Revolution, die darin besteht, jede Erkenntnis, jede Theorie und jede Zielsetzung vom Engagement im Befreiungskampf abhängig zu machen.

Mit der Marxismusrezeption hängt schließlich ein Charakteristikum der Befreiungstheologie zusammen, das auch von ihren Kritikern übernommen werden kann: die Betonung der Praxis. Erst durch sie, noch nicht durch Theorien, werden die Probleme Lateinamerikas gelöst werden können. Wer an der sozialen Gerechtigkeit, an wirtschaftlichem Wachstum und an der politischen Stabilität, an Entwicklung, Frieden und Demokratie in Lateinamerika interessiert ist, kann die von der Befreiungstheologie so sehr unterstrichene Bedeutung der Praxis nicht zurückweisen. Aber diese Praxis wird ihr Ziel, Überwindung sozialer Not und politischer Unterdrückung oder auch Befreiung nur erreichen, wenn sie sich an den Ordnungsprinzipien der katholischen Soziallehre, der rechts- und sozialstaatlichen Demokratie sowie der Sozialen Marktwirtschaft und nicht an der Dämonisierung des Kapitalismus und der Sakralisierung des Sozialismus orientiert.

Angelika Senge

„Christen für den Sozialismus“ – Marxismus in der Befreiungstheologie

Die römische Instruktion „über einige Aspekte der ‚Theologie der Befreiung‘“ hat heftige Kontroversen ausgelöst, fand sowohl in Lateinamerika wie in Europa ein recht unterschiedliches Echo. Einer der Hauptvorwürfe gegen dieses Dokument lautet, es baue einen Popanz auf, male ein Zerrbild der Befreiungstheologie, in dem sich die Befreiungstheologen nicht wiedererkennen könnten.

Die Instruktion setzt sich im Vorwort „ein sehr präzises und begrenztes Ziel: Sie will die Aufmerksamkeit der Hirten, Theologen und aller Gläubigen auf die Abweichungen und die Gefahren der Abweichung lenken, die den Glauben und das christliche Leben zerstören, wie sie gewisse Formen der Theologie der Befreiung enthalten, die in ungenügend kritischer Weise ihre Zuflucht zu Konzepten nehmen, die von verschiedenen Strömungen des marxistischen Denkens gespeist sind.“[1] Zugleich verwahrt sie sich dagegen, „als eine Verurteilung all derer ausgelegt [zu] werden, die hochherzig und im authentischen Geist des Evangeliums auf die ‚vorrangige Option für die Armen‘ antworten wollen“[2]. Es gebe „eine authentische ‚Theologie der Befreiung‘ . . ., die im recht verstandenen Wort Gottes verwurzelt ist“[3].

Die folgenden Ausführungen beziehen sich ausschließlich auf die marxistische Richtung innerhalb der Befreiungstheologie, insbesondere auf die „Christen für den Sozialismus“ (CfS), die wohl zutreffender als „Christen für den *Marxismus*“ bezeichnet würden.

Die CfS sind im April 1971 aus einer Priester-„Gruppe der 80“ in Chile entstanden zur Stützung der Volksfrontregierung unter Präsident Allende. Einen ersten Höhepunkt in der Geschichte dieser Bewegung bildete der lateinamerikanische Kongreß im April 1972 in Santiago de Chile, an dem Vertreter aus 28 Ländern teilnahmen. Neben den

---

[1] Instruktion der Kongregation für die Glaubenslehre über einige Aspekte der „Theologie der Befreiung“, 6. August 1984, in: Verlautbarungen des Apostolischen Stuhls Nr. 57, hg. vom Sekretariat der Deutschen Bischofskonferenz, S. 3.

[2] Ebd. S. 3f.

[3] Ebd. S. 13.

Teilnehmern aus Ländern Lateinamerikas waren auch solche aus den USA, aus Kanada und Europa anwesend. Seit 1973 konstituierte sich die Bewegung in Italien, Spanien, Portugal, Frankreich, Belgien und den Niederlanden. Im September 1973 schlossen sich auf die Initiative des ökumenischen Arbeitskreises „Politisches Nachtgebet" in Köln (Dorothee Sölle) in Arnhem/Niederlande evangelische und katholische Christen zu einer CfS-Gruppe für die Bundesrepublik Deutschland zusammen, aus der sich in der Folgezeit in einer Reihe von Städten CfS-Gruppen entwickelten, in der Hauptsache getragen von katholischen und evangelischen Theologen und Theologiestudierenden. April 1975 fand das erste Welt-Treffen der CfS in Quebec statt. Die CfS bevorzugen „eine interkonfessionelle christliche Basis der Aktion mit besonderer Ausrichtung auf konfessionsfreie Tätigkeitsfelder"[4] und treffen drei fundamentale Optionen: 1. die „Option für die Teilnahme am Befreiungskampf"; 2. die „Option für den Sozialismus als einzige theoretisch-praktische Alternative zum System des Spätkapitalismus"; 3. die „Option für ein militantes Christentum".[5]

Die Option für den Sozialismus konkretisierte sich auf dem Kongreß in Santiago de Chile als Forderung nach einer „Analyse, die vor allem durch den Marxismus angeleitet ist"[6]. Der „Aufbau eines authentischen Sozialismus" wird im Abschlußdokument als „das einzige bis jetzt bekannte Mittel zur totalen Befreiung" deklariert[7]. Dabei distanziert man sich von einem „schematischen Dogmatismus": „Der Sozialismus ist keine Ansammlung ungeschichtlicher Dogmen; er ist vielmehr die ständig fortzuentwickelnde Theorie der Bedingungen von Ausbeutung wie die revolutionäre Praxis selbst, die durch die Übernahme der politischen Macht durch die ausgebeuteten Massen zum gesellschaftlichen Besitz der Produktionsmittel und zu einer globalen und rationalen Planwirtschaft führt."[8] Nach Dorothee Sölle, einer der maßgeblichen Initiatoren und „Ideologen" der deutschen CfS, verstehen die CfS den Marxismus „nicht als eine Weltanschauung", sondern als „wissen-

[4] Castillo, Fernando/Füssel, Kuno/Vorgrimler, Herbert, Christen für den Sozialismus: Geschichte, Motive, Merkmale, in: Internationale Dialog Zeitschrift 7 (1974), S. 193–198, S. 197.

[5] Ebd. S. 196.

[6] Schlußdokument des ersten lateinamerikanischen Kongresses der „Christen für den Sozialismus" in Santiago/Chile (23.–30. 4. 1972), in: Sölle, Dorothee/Schmidt, Klaus, Christentum und Sozialismus. Vom Dialog zum Bündnis. Stuttgart ²1977, S. 27–35, S. 29.

[7] Ebd.

[8] Ebd. S. 31.

schaftlichen Marxismus“: Wir instrumentalisieren den Marxismus im Sinne eines wissenschaftlichen, zur Analyse geeigneten, aber durch neue Erfahrungen korrigierbaren Instruments“[9].

Diese eher abstrakt-programmatischen Äußerungen der CfS bedürfen der Ergänzung durch ihre Stellungnahmen zu sozialistischen Staaten und sogenannten Befreiungsbewegungen, die das Sozialismus-Verständnis in ein klares Licht rücken. Sozialistische Staaten auf der ganzen Welt erfahren als „Ergebnis der durch die Arbeiterklasse und das Volk errungenen Siege“ eine ausschließlich positive Würdigung[10]. Dabei enthält man sich jeglicher Kritik – etwa an Menschenrechtsverletzungen in totalitären kommunistischen Einparteiensystemen – und macht ausschließlich den Kapitalismus für „totalitäre Regime“ verantwortlich[11]. Die Tatsache, daß der Aufbau sozialistischer Gesellschaften sich „nicht ohne Leiden oder partielle Mißerfolge“ vollzieht, wird ebenfalls vor allem mit dem „Widerstand der kapitalistischen Welt“ erklärt[12]. Nicht die leiseste Kritik erfährt das Vorgehen von „Befreiungsbewegungen“ in Vietnam, Kambodscha, Guinea-Bissau, Angola, Mozambique und Palästina, deren „eindrucksvolle Erfolge“ vielmehr ausschließlich zustimmend erwähnt werden[13]. Vorbehalte, die innerhalb der CfS „gegen ‚offizielle marxistische Parteien‘“ geltend gemacht werden, erfahren schroffe Zurückweisung: „Solche Leute“ müßten sich „die Frage gefallen lassen, wieweit es ihnen mit ihren Zielen ernst“ sei[14]. Der politisch-ideologische Standort der CfS erhält auf dem Hintergrund solcher Stellungnahmen deutlichere Konturen.

Ein Verständnis des Marxismus als Wissenschaft, als Instrument zur Analyse oder – wie es auch heißt – als Methode setzt sich vor allem ab von einem dogmatischen, erstarrten Marxismusverständnis und von einem Marxismus, der „eine materialistische und atheistische Theorie ist“[15]. Abgesehen davon, daß sie diese Abgrenzung leisten sollen,

---

[9] Sölle, Dorothee, Christen für den Sozialismus. Einleitung. In: Sölle, Dorothee/ Schmidt, Klaus (Hg.), Christen für den Sozialismus I, Analysen, Stuttgart 1975, S. 7–21, S. 21.

[10] Schlußdokument des ersten Weltkongresses der „Christen für den Sozialismus“ in Quebec (7.–13. 4. 1975), in: Girardi, Giulio, Christen für den Sozialismus – warum? Stuttgart 1979, S. 141–148, S. 143f.

[11] Ebd. 142.

[12] Ebd. 144.

[13] Ebd. 143.

[14] Castillo/Füssel/Vorgrimler (s. Anm. 4), S. 197.

[15] Girardi, Giulio, Zur gegenwärtigen Konfrontation der Christen mit dem Marxismus, in: Internationale Dialog Zeitschrift 7 (1974), S. 255–276, S. 256.

bleiben die genannten Begriffe jedoch ziemlich unscharf. Man kann sogar mit einigem Recht behaupten, daß sie schon zu dieser Abgrenzung nicht besonders geeignet erscheinen. Betrachtet man etwa den Begriff des „wissenschaftlichen" Marxismus oder Sozialismus, so kommt man nicht umhin festzustellen, daß gerade dieser Begriff am Beginn der Entfaltung des Marxismus zur Weltanschauung seine besondere Bedeutung erlangte. Dem entspricht umgekehrt, daß der „orthodoxe" Marxismus bis heute auf seinem Charakter als Wissenschaft insistiert. Unvermeidlich setzt sich also jeder, der seine nicht-dogmatische Standortbestimmung innerhalb des Marxismus mit dem Begriff „Wissenschaft" zu umschreiben versucht, Zweideutigkeiten aus. Ähnliches ist zu den Begriffen „Methode" und „Methodologie" anzumerken. Marx selber spricht von „Methode" vor allem im Zusammenhang seiner Auseinandersetzung mit und Anknüpfung an Hegel und dessen Dialektik. Wie bei Hegel so ist auch bei Marx die Dialektik oder dialektische Methode keineswegs ein bloß formales Instrument zur Erforschung bestimmter Sachverhalte, sondern eminent philosophisch bestimmt. Die Begriffe Methode und Methodologie erscheinen deshalb zur Kennzeichnung der marxistischen Option als nicht-weltanschaulich,nur wenig geeignet.

Auf der Suche nach dem genauen Sinn der Bestimmung des Marxismus als Methode und Analyseinstrument begegnet man im Schlußdokument des ersten Weltkongresses der CfS in Quebec dem Satz, daß dem Marxismus Bedeutung auch „für die Aufgabe einer Neuformulierung des Glaubensverständnisses" zukomme[16]. Die marxistische Methode bleibt demnach in ihrer Anwendung nicht auf die Bereiche von Wirtschaft und Politik beschränkt, sondern betrifft auch jene Dimensionen des Menschlichen, die weltanschaulich geprägt sind. In dieselbe Richtung weisen Äußerungen Giulio Girardis: Nach Auffassung der CfS, wie er sie wiedergibt, muß der historische Materialismus „nicht nur auf die politische und ökonomische Ebene angewendet werden, sondern auch auf die religiöse Ebene"[17]. In diesem Satz wird deutlich, daß zum Marxismus als Analyseinstrument offensichtlich der historische Materialismus (Histomat) gezählt wird. Tatsächlich findet der Begriff des Analyseinstruments verschiedentlich im Zusammenhang mit der Bezugnahme auf den Histomat Anwendung, so z. B. bei Kuno Füssel, der das Postulat formuliert: „Die CfS müssen den wissenschaftlichen Sozialismus von Marx und Engels, insbesondere aber den historischen

[16] Schlußdokument von Quebec (s. Anm. 10), S. 145.
[17] Girardi Giulio, Christen für den Sozialismus – warum? Stuttgart 1979, S. 73.

Materialismus als Instrument zur Analyse von Geschichte und Gesellschaft und zur Konstruktion systemverändernder Strategien übernehmen, um in den Klassenkämpfen sich behaupten zu können."[18] Der Histomat gilt demnach als wesentlicher Bestandteil eines nicht-weltanschaulichen, undogmatischen Marxismus, eines Marxismus, der vornehmlich als Methode und Analyseinstrument in Betracht kommt.

Die Frage nach dem Weltanschauungscharakter des Histomat ist in der Marx- und Marxismusforschung strittig. Neben der Auffassung, der – primär von Marx ausgearbeitete – historische Materialismus sei wesentlich zu unterscheiden vom weltanschaulichen, dialektischen Materialismus, der erst Engels' Werk sei und eigentlich eine Verfälschung Marxscher Ansätze und Anliegen darstelle, steht die andere Position, nach welcher historischer und dialektischer Materialismus ineinander übergehen. Für diese Auffassung läßt sich vielerlei ins Feld führen, wovon jedoch nur einiges angesprochen werden soll.

Als erstes ist von der engen Freundschaft und Zusammenarbeit zwischen Marx und Engels zu sprechen, die sich z. B. darin konkretisierte, daß sie einige Schriften gemeinsam verfaßt haben. Engels' „Anti-Dühring", ein „populäres Kompendium einer Natur wie Gesellschaft und Geschichte umfassenden materialistischen Weltanschauung"[19], wurde von Marx nicht nur – nachdem er selber das 10. Kapitel dazu verfaßt hatte – vor dem Druck gelesen, sondern schließlich sogar ausdrücklich gutgeheißen als „für eine richtige Einschätzung des deutschen Sozialismus sehr wichtig"[20]. Gegen ein Desinteresse Marx' an weltanschaulichen Fragen spricht des weiteren, daß er sich 1844 – zur Zeit des Ausbaus des Histomat – z. B. mit dem Problem der Schöpfung auseinandersetzt und im Verlauf seiner Ausführungen dem Schöpfungsglauben die Überzeugung vom „Durchsichselbstsein der Natur und des Menschen", von der Geburt des Menschen „durch sich selbst" entgegenstellt[21]. Auch aus späteren Jahren gibt es eine Reihe von Marxschen

---

[18] Füssel, Kuno, Die „Christen für den Sozialismus" in der Bundesrepublik Deutschland und Westberlin, in: Girardi (s. Anm. 17), S. 9–13, S. 11.

[19] Fetscher, Iring, Von Marx zur Sowjetideologie. Darstellung, Kritik und Dokumentation des sowjetischen, jugoslawischen und chinesischen Marxismus. Frankfurt [19]1975, S. 78.

[20] Brief von Karl Marx an Moritz Kaufmann, 3. Oktober 1878, in: Marx, Karl/Engels, Friedrich, Werke Bd. 34, hg. vom Institut für Marxismus-Leninismus beim ZK der SED, Ostberlin, S. 346.

[21] Marx, Karl, Ökonomisch-philosophische Manuskripte („Pariser Manuskripte"), 1844, in: Marx/Engels, Werke (s. Anm. 20), Ergänzungsband 1, S. 465–588, S. 545f.

Äußerungen, die sein Interesse über den historischen Materialismus hinaus in Richtung auf den ontologischen, dialektischen Materialismus dokumentieren, weshalb es nicht berechtigt erscheint, zwischen Marx und Engels eine scharfe Trennungslinie zu ziehen.

Es kann jedoch noch weitergegangen werden: Nicht nur richtet sich Marx' Interesse *neben* dem Histomat auch auf weltanschaulich-ontologische Fragen, sondern der Histomat selber weist weltanschauliche Implikationen auf. Zwar geht es Marx zunächst – in Frontstellung zum Idealismus des 18. und 19. Jahrhunderts mit seiner einseitigen Betonung von Geist und Bewußtsein – darum, den konkreten, leibhaftigen, „materiell" tätigen Menschen stärker in den Mittelpunkt der Betrachtung zu rücken. Wenn es z. B. in der „Deutschen Ideologie" heißt: „Die Produktion der Ideen, Vorstellungen, des Bewußtseins ist zunächst unmittelbar verflochten in die materielle Tätigkeit und den materiellen Verkehr der Menschen, Sprache des wirklichen Lebens"[22], oder: „Die ‚Geschichte der Menschheit' [muß] stets im Zusammenhange mit der Geschichte der Industrie und des Austausches studiert und bearbeitet werden"[23], so wird deutlich, daß es – gegenüber der abgehobenen philosophischen Spekulation – um die Ganzheitlichkeit des Menschen und der Wirklichkeit geht. Doch enthält dieselbe Schrift Sätze, die eine deutliche Akzentverschiebung in Richtung Ontologie signalisieren. So heißt es dort etwa: Was die Menschen sind, „fällt . . . zusammen mit ihrer Produktion"[24]. Aus dem „wirklichen Lebensprozeß" entwickeln sich die „ideologischen Reflexe und Echos", und also behalten „Moral, Religion, Metaphysik und sonstige Ideologie . . . nicht länger den Schein der Selbständigkeit. Sie haben keine Geschichte, sie haben keine Entwicklung, sondern die ihre materielle Produktion und ihren materiellen Verkehr entwickelnden Menschen ändern mit dieser ihrer Wirklichkeit auch ihr Denken und die Produkte ihres Denkens. Nicht das Bewußtsein bestimmt das Leben, sondern das Leben bestimmt das Bewußtsein."[25] Die „verschiedenen theoretischen Erzeugnisse und Formen des Bewußtseins, Religion, Philosophie, Moral etc." sind aus dem „wirklichen Produktionsprozeß, und zwar von der materiellen Produktion des unmittelbaren Lebens ausgehend, zu entwickeln" und

---

[22] Marx/Engels, Die deutsche Ideologie, 1845/46, in: Marx/Engels, Werke, Bd. 3, S. 9–530, S. 26.

[23] Ebd. S. 30.

[24] Ebd. S. 21.

[25] Ebd. S. 26f.

„zu erklären"[26]; geistige Betätigung der Menschen ist „Ausfluß", Gedanken sind „Reflexe und Echos . . . notwendige Sublimate ihres materiellen, empirisch konstatierbaren und an materielle Voraussetzungen geknüpften Lebensprozesses"[27].

In solchen und anderen Formulierungen werden Geist und Bewußtsein – wie den diesen entsprechenden Bereichen der menschlichen Gesellschaft: Religion, Moral etc. – in nur abgeleiteter, sekundärer Weise Realität zugesprochen. Wenn es heißt: „Das Leben *bestimmt* das Bewußtsein"[28], so sind die materiellen Gegebenheiten nicht mehr nur *Bedingung* geistiger Aktivität mit einem gewissen prägenden Einfluß auf diese, sondern Bestimmung in der Weise, daß Geistiges nur aus dem materiellen Lebensprozeß zu „erklären" ist. Ohne Zweifel kommen diese Formulierungen „nahe an einen weltanschaulich-ontologischen Materialismus heran"[29], so daß sich eine Verbindungslinie ziehen läßt zwischen der Behauptung, der „geistige Verkehr der Menschen" sei „Ausfluß ihres materiellen Verhaltens"[30], und der Engelsschen Fassung des Materialismus als Antwort auf die Frage „Was ist das Ursprüngliche, der Geist oder die Natur?"[31]

In diesem Zusammenhang ist auch auf Marx' – von ihm selber immer wieder deutlich herausgestellte – Anknüpfung an die Philosophie Hegels zu verweisen. Im Hinblick auf diese urteilt z. B. Marcel Reding: „Die Materie ist das Absolute Marxens, wie der Mensch das Absolute Feuerbachs, der Geist das Absolute Hegels. Und wie der Geist Hegels alle Seinsstufen in sich aufhebt, so umgreifen die Materie und die Natur bei Marx sowohl das rein Materielle als auch die geistigen Erscheinungen. Man muß Marxens Wort ernst nehmen, daß er Hegel auf die Füße gestellt habe; dann ergibt sich aber, daß, wie der Hegelsche Geist die Materie umschließt, die Marxsche Materie auch den Geist umfaßt. Wie für Feuerbach, so sind auch für Marx Mensch und Natur die absolute Wirklichkeit."[32]

---

26 Ebd. S. 37f.
27 Ebd. S. 26.
28 Ebd. S. 27 – Hervorhebung von mir.
29 Brechtken, Josef, Die praxisdialektische Kritik des Marxschen Atheismus. Studien zum anthropozentrisch-kritischen Wirklichkeitsbegriff vom Standpunkt der geschichtlichen Praxis und zu seinen religionsphilosophischen Konsequenzen. Hegel – Kierkegaard – Marx. Königstein/Ts. 1979. Teil 1: Der Wirklichkeitsbegriff. S. 157.
30 Marx/Engels, Die deutsche Ideologie (s. Anm. 22), S. 26.
31 Engels, Friedrich, Ludwig Feuerbach und der Ausgang der klassischen deutschen Philosophie, 1886, in: Marx/Engels, Werke (s. Anm. 20), Bd. 21, S. 259–307, S. 275.
32 Reding, Marcel, Der politische Atheismus, Graz–Wien–Köln 1957, S. 78.

Marx' Kernanliegen beim Ausbau des historischen Materialismus – nämlich die Opposition zum spekulativen Idealismus mit seiner ausschließlichen Betonung von Geist und Bewußtsein – verhindert nicht, daß in den zu diesem Zweck formulierten Thesen Tendenzen enthalten sind – ob bewußt oder unbewußt, beabsichtigt oder unbeabsichtigt, sei dahingestellt –, die auf einen ontologischen Materialismus im später entfalteten Sinn hindeuten und diesen bereits in nuce enthalten.

Marxistisch optierende Christen – so auch die CfS – leugnen den Weltanschauungscharakter des Histomat. Für sie ist er wissenschaftliches Analyseinstrument, dessen man sich bedienen kann und muß, ohne dabei Gefahr zu laufen, in materialistisch-atheistische Positionen abzugleiten. Erbringen solche Christen *faktisch* den Beweis für die Richtigkeit ihrer These, indem sie am christlichen Glauben festhalten, oder kommt es zu einer „Aushöhlung des Glaubensinhalts", welche z. B. die französischen Bischöfe in Fällen einer Begegnung von Christentum und Marxismus häufig feststellen zu können glaubten[33]?

Die CfS erheben den Anspruch, ihr plötzliches Auftreten sei „nicht nur eine politische, sondern auch eine christliche Notwendigkeit"; es gehe „um eine spontane Maßnahme zur Rettung des Evangeliums"[34]. Allein die vom Marxismus inspirierte befreiende Praxis führe zur „Wiederentdeckung der zentralen Inhalte der evangelischen Botschaft . . . bar ihrer ideologischen Einkleidungen"[35]. Der Glaube dürfe „nicht als etwas der revolutionären Praxis Vorausliegendes gedacht werden", sondern er entwickelte sich erst „im Laufe der revolutionären Erfahrungen"[36], in denen allein er „seine wirkliche Dimension und seine radikal subversive Kraft" bekomme[37]. Kriterium für die Orthodoxie wird somit die – marxistisch orientierte – Orthopraxie; revolutionäre Wahrheit wird zum Kriterium christlicher Wahrheit, wohingegen die umgekehrte Forderung nicht erhoben wird bzw. in keiner Weise konkret Gestalt annimmt.

---

[33] Der Marxismus, der Mensch und der christliche Glaube. Erklärung des Ständigen Rates der französischen Bischofskonferenz, 30. Juni 1977, in: Stimmen der Weltkirche Nr. 2, hg. vom Sekretariat der Deutschen Bischofskonferenz, S. 5.

[34] Arroyo, Gonzalo, Die internationale Lage, die Kirche und die Christen, in: Internationale Dialog Zeitschrift 7 (1974), S. 198–210, S. 208.

[35] Schlußdokument von Santiago (s. Anm. 6), S. 34.

[36] Ebd.

[37] Schlußdokument von Quebec (s. Anm. 10), S. 144.

Diesem Ansatz entsprechend wird bisherige Theologie als „Theologie der herrschenden Kirche“[38] in ihrer „eigentlichen Funktion als Apologie zur Herrschaftsabsicherung“[39] scharf abgelehnt. Bisherige Exegese verfällt als „bürgerliche, idealistische Exegese“[40] dem Verdikt und muß ersetzt werden durch eine Exegese „vom Standpunkt der Armen und der unterdrückten Klassen“ aus[41]. Eine solche Exegese kommt z. B. zu dem Resultat, daß es sich bei dem Gegensatz zwischen Israel und Kanaan grundlegend nicht um einen religiösen, sondern „um einen ökonomischen und eine sozialen Widerspruch“ handelt, nämlich um den „Gegensatz zwischen kleinbäuerlicher Gesellschaftsordnung und städtischer Sklavenhaltergesellschaft“[42]. Entsprechend ist der Jahweglaube „subjektiv die Erfahrung der Selbstbefreiung im Kampf gegen Unterdrücker aller Art“ und „objektiv die Bewährung eines Bündnisses von Kleinbauernverbänden, die ihre gemeinsamen Interessen erkannt haben. . . . Eine Religion Israels im Sinne eines religiösen Propriums dieses ‚Volkes‘ hat es nie gegeben, weil Israel kein Volk, sondern ein sozial-politisches Bündnis war.“[43]

Aus materialistischer Sicht sind die Propheten und Jesus „Extremisten“, die „an einen revolutionären Gott“ glaubten[44]. Allerdings sprachen auch sie „als Menschen ihrer Zeit in entfremdeter Weise von diesem revolutionären Gott und seinem ‚Reich‘ . . . Es wäre aufgrund fehlender wissenschaftlicher Aufklärung zu Zeiten der Bibel verwunderlich, wenn nicht auch diese Menschen von sich selbst und ihren Möglichkeiten entfremdet gewesen wären.“[45]

Als „Umstürzler aus Nazareth“[46] wird Jesus einzig unter dem Aspekt eines revolutionären Vorbilds gesehen und spielt als erhöhter Christus

---

[38] Gollwitzer, Helmut, Kirchliche Verkündigung in den Schranken der Klassengesellschaft, in: Sölle/Schmidt, Christen für den Sozialismus (s. Anm. 9), S. 105–122, S. 106.

[39] Hubert, Heinz-Josef, Emanzipation in der Kirche – von der Kirche. Zum gewaltsamen Ende der KDSE. In: Sölle/Schmidt (s. Anm. 9), S. 31–37, S. 35.

[40] CfS Gruppe Münster, in: CfS-Korrespondenz 17 (Dezember 1978), hg. vom Büro der Christen für den Sozialismus in der BRD und Berlin (West), S. 38.

[41] Schlußdokument vom Quebec (s. Anm. 10), S. 146.

[42] Veerkamp, Ton, Wie sich ein Bündnis bewährte. Historisch-materialistische Auslegung des Debora-Liedes. In: Sölle/Schmidt, Christentum und Sozialismus (s. Anm. 6), S. 62–74, S. 68.

[43] Ebd. S. 71.

[44] Borné, Gerhard, Kirche und politische Verantwortung. Zur Frage der Mitgliedschaft von Pfarrern in der DKP. In: Sölle/Schmidt, Christentum und Sozialismus (s. Anm. 6), S. 94–104, S. 102.

[45] Ebd. S. 104.

[46] Schlußdokument von Quebec (s. Anm. 10), S. 145.

überhaupt keine Rolle. Christologische Aussagen erscheinen vornehmlich als „zu dem Zweck formuliert, . . . aus Jesus eine Instanz im Himmel zu machen, die den irdischen Kyrios garantiert", sind also „Ideologie . . . im Dienste der herrschenden Klassen und Interessen"[47].

Die Eliminierung transzendental-christologischer Bezüge bei allem Interesse am historischen Jesus führt konsequent zu einer veränderten Sicht der zentralen Heilsereignisse. Mit der unüberbietbaren Exklusivität der Person Jesu wird auch die der ihn betreffenden Geschehnisse aufgegeben, z. B. in der Weise, „daß eine Erfahrung, die für den historischen Jesus zentral war, als eine über seinen Tod hinaus gültige und auch im Leben heutiger Menschen, wenn auch unter anderen Bedingungen, wiederholbare und fundamental wichtige ‚erkannt' wird"[48]. Heilsereignisse wie Kreuz und Auferstehung sind keine einmaligen Ereignisse. Als „Wiederholung von Golgotha" wird „‚jede Unterdrückung von Lebensenergie'" angesehen, und Auferstehung wird zur „Auferstehung von ‚Energie und Leben'"[49]. „Aufstand und Auferstehung" gehören zusammen: Christus wird auferstehen, „wo immer Menschen die in ihm begonnene Sache weitertragen" und „weiterkämpfen"[50]. Im Kontext heutiger Befreiungspraxis erscheint es dann nicht als abwegig, *Auferstehung* z. B. als „Tod der Monopole, . . . Befreiung von Hunger oder als Einführung von Gemeineigentum neu auszulegen"[51].

Die Betrachtung Jesu ausschließlich als Mensch wirkt sich auch auf das Verständnis seiner Reich-Gottes-Botschaft aus. Ziel seines Kampfes ist das Reich Gottes als „Überwindung einer klassengeteilten Gesellschaft in eine, in der Brüderlichkeit und Schwesterlichkeit möglich sein wird, und „der Ruf, sein Kreuz auf sich zu nehmen, ist der Ruf, sich dem Kampf anzuschließen"[52]; denn das „Wesen Gottes, die Herausführung seines Reiches der Versöhnung ist in unsere Hände gegeben"[53].

---

[47] Casalis, Georges/Bélo, Fernando, Lecture matérialiste de L'Evangile de Marc, in: Theologia practica 13 (1978), S. 61–70, S. 68.

[48] Borné, Gerhard, Christlicher Atheismus und radikales Christentum. Studien zur Theologie von Thomas Altizer im Zusammenhang mit Ketzereien der Kirchengeschichte, der Dichtung von William Blake und der Philosophie von Georg Friedrich Wilhelm Hegel. München 1979, S 136 f.

[49] Ebd. S. 138.

[50] Sölle, Dorothee, Aufstand und Auferstehung, in: Sölle/Schmidt, Christentum und Sozialismus (s. Anm. 6), S. 49–53, S. 51.

[51] Bonino, José Miguez, Theologie im Kontext der Befreiung, Göttingen 1977, S. 92.

[52] Sölle, Dorothee, Kreuz und Klassenkampf, in: Junge Kirche 39 (1978), S. 38–65, S. 62.

[53] Sölle, Dorothee (s. Anm. 9), S. 14.

Die Kirche wird angeprangert, „mit den Inhabern wirtschaftlicher und politischer Macht Bündnisse und diplomatische Beziehungen" zu unterhalten[54] und so den kapitalistischen Verhältnissen Bürgschaft zu verleihen. Durch ihre „permanente Flucht in die ‚Transzendenz' des Geistigen" – so die Anklage – begünstigt sie objektiv die „Interessen der herrschenden Klassen"[55]. Deshalb ist es nötig, „die Klassenanalyse auf die Kirche selbst an[zu]wenden und den Klassenkampf als solchen in den eigensten Raum der Kirche hinein[zu]tragen"[56]. Nur wenn „das christliche Bewußtsein sich dem Klassenbewußtsein anschließt"[57], ist es möglich, „Gott aus jenem Gefängnis zu befreien, in das die Kirchen ihn einzusperren bemüht sind"[58]; nur „gegen die Kirchen, als deren Aufhebung" kann der Glaube seine ursprüngliche Dynamik wiedergewinnen[59]. Der revolutionäre Kampf bereitet „in dem Maße, wie er die falsche Einheit der Kirche von heute ans Licht bringt, die wahre Einheit der Kirche von morgen" vor[60].

Bei alledem muß sich für die CfS unabweisbar die Frage erheben, was „die Zugehörigkeit zu einer Gemeinschaft, die man als einen politischen oder ideologischen Feind betrachten muß, noch für einen Sinn" hat[61]. Für das Verbleiben in der Kirche werden im wesentlichen zwei Gründe geltend gemacht, von denen der eine eher prinzipieller, der andere eher taktischer Natur ist. Prinzipiell gilt aus marxistischer Sicht, wie für jedes Überbauphänomen so auch für die Kirche, daß sie sich nicht „unabhängig von einer radikalen Änderung der Gesellschaft ändern" kann[62], eine neue Kirche vielmehr nur „in dem Maße entstehen wird, wie die Christen in immer größerer Zahl sich mit den Befreiungsbewegungen identifizieren"[63]. Damit aber die Christen für die revolutionäre Aktion gewonnen werden können, muß man – und hier liegt der zweite, eher taktische Grund für das Verbleiben der CfS in der Kirche – sie dort ansprechen, wo sie am leichtesten erreichbar sind, nämlich in der

---

[54] Schlußdokument von Quebec (s. Anm. 10), S. 146.

[55] Ebd.

[56] Garcia-Gómez, Matias, Katholische Soziallehre und Klassenkampf im Zusammenhang der gegenwärtigen Diskussionen in den romanischsprachigen Ländern, in: Concilium 13 (1977), S. 296–299, S. 296.

[57] Schlußdokument von Quebec (s. Anm. 10), S. 147.

[58] Girardi, Giulio (s. Anm. 17), S. 101.

[59] Veerkamp, Ton (s. Anm. 42), S. 62.

[60] Schlußdokument von Santiago (s. Anm. 6), S. 34.

[61] *Girardi, Giulio (s. Anm. 17), S. 108.*

[62] *Arroyo, Gonzalo (s. Anm. 34), S. 209.*

[63] *Ebd.*

Kirche. Denn hier hat „für die großen Massen die Stimme des Christentums" noch immer ihr Zentrum[64]. Ein Bruch mit dieser Kirche wäre also „vom soziologischen Standpunkt aus gesehen, . . . in politischer Hinsicht wenig erfolgversprechend", weil er den „Aktionsradius auf ganz kleine Gruppen einengen würde"[65]. „Durch bewußtes Bleiben in der Kirche, Benutzung ihres symbolischen Apparates und ihrer institutionellen Möglichkeiten werden kirchen- und gesellschaftsverändernde Rückkopplungseffekte zu erreichen versucht."[66]

Die Kritik marxistisch optierender Christen – insbesondere der CfS – an den bestehenden Kirchen, herkömmlicher Theologie und vor allem an bisheriger Schriftauslegung ergibt sich aus dem Postulat, daß dem Marxismus Bedeutung auch „für die Aufgabe einer Neuformulierung des Glaubensverständnisses" zukomme[67]. Diese Kritik ist bestimmt von der Option für den Marxschen historischen Materialismus, der für eine nicht gänzlich in der Welt aufgehende Wirklichkeit keinen Raum läßt. Hier werden nicht nur in stärkerem Maße als je zuvor wirtschaftliche und politische Faktoren in ihrer Bedeutung auch für den religiösen Bereich berücksichtigt, sondern der Bereich der materiellen Tätigkeit wird verabsolutiert. Nur so erklärt es sich, daß Kirche ausschließlich unter ökonomisch-politischen Aspekten ins Blickfeld rückt, während etwa von übernatürlichem Ursprung und übernatürlicher Sendung der Kirche nirgends die Rede ist. Ebenfalls findet hier eine Erklärung, daß Theologie als bloße Anthropologie in Erscheinung tritt, Offenbarung ausschließlich als menschliche Rede gilt und zentrale Gestalten, Gehalte und Heilsereignisse ihren spezifisch religiösen Charakter verlieren.

Indem die Anwendung des historischen Materialismus als Analyseinstrument auf Christentum und Kirche zu solchen Ergebnissen führt, die in der Tat als „Aushöhlung des Glaubensinhalts"[68] anzusprechen sind, da ihnen die Dimension des Transzendenten gänzlich fehlt, erweist sich die These von der Weltanschaulichkeit nicht erst des dialektischen, sondern bereits des historischen Materialismus als zutreffend. Die kirchlicherseits vielfach – nicht erst in der römischen Instruktion –

---

64 Gonzalo Arroyo, zit. nach Kloppenburg, Bonaventura, „Iglesia Popular": Die Kirche der „Christen für den Sozialismus" in Lateinamerika. In: Theologisches. Beilage der „Offerten-Zeitung für die katholische Geistlichkeit Deutschlands", Abensberg. Hg. von Wilhelm Schamoni. Nr. 100 (August 1978), Sp. 2866–2872; 2887–2895, Sp. 2892.

65 Ebd.

66 Castillo/Füssel/Vorgrimler (s. Anm. 4), S. 197.

67 Schlußdokument von Quebec (s. Anm. 10), S. 145.

68 Rat der französischen Bischofskonferenz (s. Anm. 33), S. 5.

geäußerten Bedenken gegenüber der materialistischen Methode erscheinen somit durchaus gerechtfertigt und in ihrer Richtigkeit durch die CfS selber bestätigt. Halten marxistisch optierende Christen an Gott und Gottesglauben fest, so mittels einer – deren herkömmliche transzendente Bedeutung eliminierenden – rein immanenten Interpretation. Zu Recht moniert die römische Instruktion im Hinblick auf solche Ausprägungen der Befreiungstheologie, daß deren „Deutung des Glaubensinhalts und der christlichen Existenz . . . in Wirklichkeit ganz neu ist und schwerwiegend vom Glauben der Kirche abweicht, mehr noch . . . dessen praktische Leugnung bedeutet“[69].

[69] Instruktion (s. Anm. 1), S. 13.

Wilhelm Hahn

Christliche Weltrevolution

Stehen wir vor einer neuen Spaltung der Christenheit?

Als im Jahre 1983 der 500. Geburtstag Martin Luthers gefeiert wurde, fand auch die katholische Kirche zu einer positiveren Beurteilung des Reformators, und es ist seit dem Zweiten Weltkrieg zu einer engeren Kooperation zwischen den großen Kirchen gekommen als je zuvor. Gleichwohl erhebt sich die Frage, ob es zu einer neuen *Spaltung* der Christenheit kommt. Denn *weltweit entsteht eine neue Bewegung* in der Christenheit, die den Anspruch erhebt, die von Jesus gewollte Botschaft für unsere Zeit zu verkünden und die zugleich die jahrtausendealte Geschichte der Kirche kritisch ablehnt. Sie bricht mit der Theologie und der Ethik der Kirche seit dem Apostel Paulus. Insbesondere mit der Theologie der Reformation hat sie nichts im Sinn, schließt vielmehr an Thomas Münzer und entsprechende Bewegungen an. Sie ist eine „Kirche des Protestes" gegen die bestehenden Kirchen, insbesondere aber gegen die vorfindliche politische Welt im Entstehen. Sie steht in naher Verbindung mit dem Sozialismus, *aber auch mit dem Marxismus.*

Daraus könnte eine *„Kirche der christlichen Weltrevolution"* entstehen, in der sich drei Elemente, nämlich soziales bzw. sozialistischen Engagement, politische Zielsetzung und religiöse Motivation verbinden.

In dieser Verbindung führt das zu einem religiös begründeten politischen *Fanatismus.* Feindbilder entstehen, deren Bekämpfung als moralische und christliche Pflicht erscheint, während weder die differenzierte Wirklichkeit noch wesentlich schlimmere und bedrohlichere Erscheinungen, die nicht in das Bild passen, zur Kenntnis genommen werden.

Synkretistische Bündnisse

Diese Bewegung ist von größter politischer Relevanz, denn sie operiert auf Massenbasis, indem sie im Westen viele Protestkräfte zusammenfaßt und in der Welt der „Armen", mit dem Versprechen, ihr Los zu bessern, zum Aufstand aufruft. Auch findet sie beachtliche Resonanz in der Dritten Welt.

Sie hat die Rückendeckung der Supermacht UdSSR mit ihrer weltweiten Propagandamaschine, aber auch Staaten der Dritten Welt nutzen die Möglichkeit zur Anklage und Erpressung der Industrienationen.

Sie übt einen großen Einfluß auf die großen ökumenischen Kirchen aus: Sowohl der *Weltkirchenrat* wie der *Internationale Missionsrat* haben sich dieser Bewegung weithin geöffnet. 1961 kam es zur Integration von Internationalem Missionsrat und Weltkirchenrat. 1973 erklärte der uruguayische Direktor Dr. Emilio Castro, heute Generalsekretär des Weltkirchenrates, auf der 8. Weltmissionskonferenz programmatisch: „Wir stehen am Ende eines missionarischen Zeitalters und ganz am Beginn der Weltmission." Auf der Tagung des Weltkirchenrates 1980 in Melbourne wurde „die Theologie der Armen" als verbindlich akzeptiert.[1] Es handelt sich im wesentlichen um das gleiche wie die „Theologie der Befreiung".

In der Bundesrepublik Deutschland ist diese Bewegung im Aufwind. Sie verfügt über einen sehr breiten Sympathisantenkreis, insbesondere unter den Jugendlichen und Intellektuellen, und versucht sich mit allen aktuellen Proteströmungen, so der Antikernkraftbewegung, der ökologischen Bewegung, der sogenannten Friedensbewegung, mit dem Antiamerikanismus, und wo immer *Bürgerprotestbewegungen* entstehen, zu verbinden.

Sie ist ausgesprochen synkretistisch, d.h. es fließen viele Gedanken aus verschiedenen Quellen zusammen. Dadurch erhält sie Unterstützung und Breite durch nichtchristliche und nicht religiös motivierte Gruppen. Aber es stellt sich die Frage, inwieweit in den mit christlichem Anspruch auftretenden Gruppen das christliche Motiv maßgeblich ist und nicht vielmehr ein politisches. Dies würden die Vertreter dieser Gruppen nicht einmal leugnen, vielmehr mit Nachdruck erklären: Die christliche Botschaft ist – nach ihrer Überzeugung – „hochpolitisch. Und das war der Fehler der Vergangenheit, Glaube und Politik, Christentum und Staat zu unterscheiden, wenn nicht zu scheiden." Das heißt, wir haben es mit einer bewußt politischen Bewegung mit christlicher Ideologie zu tun, und dieses weltweit. Dabei ist wesentlich, daß sie den Anspruch erhebt, die einzig richtige Antwort der Christen auf unsere Weltsituation zu haben und zu vertreten.

---

[1] Vgl. H.J. Held: „Theologie der Befreiung im Ökumenischen Rat der Kirchen", in: „Theologien der Befreiung", hrsg. von J. Em und M. Spangenberger, Köln 1985, S. 53–70.

Politik als Heilsgeschehen

Während in der bisherigen Geschichte fast alle Bereiche des Lebens von der Natur oder Sitte vorgegeben waren und deshalb als Schicksal vom Menschen hingenommen und so oder so bewältigt werden mußten, während Staat und Politik nur ganz wenige Bereiche ordneten und bestimmten, ist heute so gut wie alles *machbar* geworden. Dabei bedarf es weithin genereller, also vom Staat herbeigeführter Regelungen. So greift der Staat in alles, auch in die früher in der Familie oder durch das Individuum selbst zu regelnden Lebensbereiche, ein. Damit gewinnt die Politik eine Totalität, die sie nie zuvor hatte. Sie gewinnt aber auch eine Aufwertung, die sie zum Wichtigsten überhaupt macht.

Diese Tatsache, die Christian Graf von Krockow beschreibt[2], erhält nun aber noch ein viel größeres Gewicht durch den Umstand, daß er mit einem rapiden *Säkularisierungsprozeß* zeitlich zusammenfällt, der dazu führt, daß die *Transzendenz* verlorengeht und die *Immanenz* zum Ganzen wird. Sie ist es, die allein zählt. In Verbindung mit der beschriebenen fast totalen Machbarkeit bekommt nun erst die Politik einen unvergleichlichen Stellenwert. Die Politik hat es nicht mehr mit dem Vorletzten und Relativen zu tun, sondern sie ist das Letzte und absolut Entscheidende für die Menschheit.

Damit bekommt die große Idee, die nach der Unabhängigkeitserklärung der Vereinigten Staaten in der *Französischen Revolution* ihren machtvollsten ersten Durchbruch hatte, eine ungehemmte Wirkungsmöglichkeit: Der Mensch soll sein Schicksal und das der Menschheit in seine eigenen Hände nehmen und eine menschenwürdige, ideale Welt schaffen! Das Reich der Gerechtigkeit und des Glücks für alle Menschen, die alle gleich sind, läßt sich von Menschen auf dieser Welt erreichen. Und dies soll nun die Aufgabe der Politik sein! So erklärte Robespierre 1794: „Mit einem Wort, wir wollen den Willen der Natur erfüllen, die Bestimmung der Menschheit Wirklichkeit werden lassen, die Versprechungen der Philosophie einlösen, die Vorsehung von der langen Herrschaft des Verbrechens und der Tyrannei freisprechen."

---

[2] Vgl. Christian Graf von Krockow: „Grenzen der Politik", in: „Aus Politik und Zeitgeschichte. Beilage zur Wochenzeitung ‚Das Parlament'", B. 32–33/82, S. 3–14; ders., „Ethik und Demokratie", in: „Ethik und Politik", hrsg. v. Rüdiger von Voss, Köln 1980, S. 9–60; ders., „Politik und menschliche Natur. Dämme gegen die Selbstzerstörung", Stuttgart 1987, S. 34–46.

Diese Aufgabe ist die letzte Pflicht der Politik: „Erbarmen für die Royalisten", sagt Robespierre, „schreien manche Leute, Erbarmen für die Schurken: Nein! Erbarmen für die . . . Schwachen! Nur den friedlichen Bürgern schuldet die Gesellschaft ihren Schutz! Royalisten sind Feinde!" Welchen Fanatismus das Ziel der Menschheitsbeglückung hervorgebracht hat (von Robespierre bis Marx, von Lenin, Stalin bis hin zu Hitler oder Pol Pot und schließlich Ajatollah Khomeini) wird erhellt aus dem folgenden programmatischen Wort Robespierres: „Die Triebkraft der Volksregierung ist in Friedenszeiten die Tugend. Sie ist in Zeiten der Revolution zugleich Terror und Tugend: Die Tugend, ohne die der Terror unheilvoll ist, der Terror, ohne den die Tugend machtlos ist. Der Terror ist nichts anderes als das schlagfertige, unerbittliche, unbeugsame Recht. Er ist somit eine Emanation der Tugend."[3]

Hier wird Politik zur Religion. Wie im Mittelalter die Inquisition Politik und Religion in eins setzte und mit gutem Gewissen mordete, so tut es seitdem die diesseitige Religion der irdischen Menschheitsbeglückung.

Dutschkes Garten Eden

Wie lebendig diese Gedanken auch in unserer Zeit sind, mag ein Zitat von Rudi Dutschke zeigen, in dem kommunistische Zukunftsvisionen mit christlicher säkularisierter Eschatologie ineinanderfließen. Auch wenn die studentische Protestbewegung von 1968 sich verlaufen hat, leben diese Gedanken insbesondere in den Köpfen vieler junger Akademiker und stehen auch hinter den Parolen der sogenannten *Friedensbewegung*. Dutschke sagte: „Ja, die Revolution, die wir wollen, ist die Revolution, die die Selbsttätigkeit der Massen in allen Bereichen des gesellschaftlichen Lebens weckt. Wenn wir sagen außerparlamentarisch, soll das heißen, daß wir ein System von direkter Demokratie anzielen – und zwar von Rätedemokratie, die es den Menschen erlaubt, ihre zeitweiligen Vertreter direkt zu wählen und abzuwählen . . . Dann würde sich die Herrschaft von Menschen über Menschen auf das kleinstmögliche Maß reduzieren. Ich denke, daß diese Gesellschaft im Laufe eines langen Prozesses der Bewußtwerdung von vielen und immer mehr werdenden Menschen tatsächlich das Stadium erreicht, da die Menschen das Schicksal in die Hand nehmen können, nicht mehr bewußtlos als unpolitische Objekte von oben durch die Demokratie,

---

[3] Zitiert nach Christian Graf von Krockow: „Grenzen der Politik", vgl. FN 2, S. 6.

durch das Parlament oder durch was auch immer manipuliert werden . . . *Der biblische Garten Eden* ist die phantastische Erfüllung des uralten Traumes der Menschheit. Aber noch nie in der Geschichte war die Möglichkeit der Realisierung so groß. Rüstung, unnütze Verwaltung und Demokratie, unausgenutzte Industriekapazitäten, Reklame bedeuten eine systematische Kapitalvernichtung. Die wiederum macht es unmöglich, den Garten Eden historisch zu verwirklichen."[4]

Diese Idee erlaubte es schon der studentischen Protestbewegung, Gewalt anzuwenden. Zunächst Gewalt gegen Sachen. Ulrike Meinhof und ihr Kreis in der RAF kamen wie Robespierre zu der Meinung, daß die Idee den Terror erfordere. Sie mordeten angeblich mit gutem Gewissen, weil sie die die Menschheit beglückende Gesellschaft wollten. Merkwürdigerweise fanden sie viele Sympathisanten im Kreis renommierter Intellektueller.

„Ethische Häresie"

Wie sehr der Verlust der *Transzendenz* und die Verlagerung auf die *Immanenz* die Kirche heute getroffen haben, sollen noch zwei Hinweise verdeutlichen.

Seit 1968 setzt sich in der Ökumene der Begriff der „ethischen Häresie" durch.[5] Während in der bisherigen Geschichte der Kirche und Theologie Häresie die Leugnung wesentlicher Glaubensaussagen der Kirche bedeutete, werden heute dogmatische Unterschiede als unerheblich angesehen. Die Einheit der Ökumene besteht in gemeinsamen sozialpolitischen Zielen und Aktionen in dieser Welt. So erklärte die Vollversammlung des Ökumenischen Rates der Kirchen 1975 in Nairobi, Ziel des Ökumenischen Rates sei „ . . . der gemeinsamen Aufgabe der Kirchen im Dienst am Menschen in Not Ausdruck zu verleihen, die die Menschen trennenden Schranken niederzureißen, das Zusammenleben der menschlichen Familie in Gerechtigkeit und Freiheit zu fördern".

---

[4] Zitiert nach Walter Euchner: „Über das Altern revolutionärer Ideen", in: „Aus Politik und Zeitgeschichte", B 32–33/82, S. 34.

[5] Vgl. Reinhard Slenczka: „Die Lehre trennt – aber verbindet das Dienen? Zum Thema: Dogmatische und ethische Häresie. Edmund Schlink zum 70. Geburtstag", in: Kerygma und Dogma", Zeitschr. für theol. Forschung und kirchl. Lehre, hrsg. v. R. Prenter / E. Schlink / R. Slenczka, 1973, S. 125ff.

Dies ist das Programm einer *Sozialutopie.* Es verdichtet sich zu einem Programm *weltweiter Gesellschaftsveränderung*, bei dem das Böse in den Begriffen Rassismus, Kapitalismus, Militarismus und sozialer und ökologischer Ausbeutung erfaßt und bekämpft wird. Wer hier nicht mitmacht, der ist häretisch und trennt sich von Christus, während tiefgreifende Unterschiede in Aussagen über Gott und sein Wort nicht das Gewicht haben, daß die Kirchen trennen können. Die Horizontale der politischen Weltgestaltung als wesentlicher Auftrag der Kirche hat also Priorität, die Vertikale des Verhältnisses zum dreieinigen Gott hat nur untergeordnete Bedeutung. Dieses beweist ein zweiter Hinweis von Frau Professor Dorothee Sölle, einer wichtigen Sprecherin auf Weltkonferenzen des Ökumenischen Rats der Kirchen, wenn sie sagt: „Wenn Christus heute wiederkäme, wäre er Atheist, weil er alles für alle wollte." Mitgliedschaft in der Ökumene ist also auch Atheisten möglich.[6]

Beide großen Kirchen sind von den gleichen Problemen betroffen. Die in der katholischen Kirche umstrittene *„Theologie der Befreiung"* hat ihren Schwerpunkt in Südamerika. *Gustavo Gutiérrez* und *Leonardo Boff* sind die wichtigsten Sprecher. Nach Boff ist der soziale, ja revolutionäre Befreiungsprozeß der hermeneutische Ort, von dem aus das neue Bild Christi erarbeitet werden muß: Erst wer im Befreiungskampf mitmacht, erkennt Christus und seinen Willen heute. Der Befreiungskampf hat damit für die Theologie der Befreiung heilsgeschichtliche Bedeutung. Er ist der Ort der Offenbarung Jesu Christi, an dem das Reich Gottes sich verwirklicht. Deshalb wird die politische Option zu einer Frage des persönlichen Heils. Die Kategorie des Klassenkampfes wird zur Grundlage der gesamten Geschichtsphilosophie der Theologie der Befreiung.[7]

Moralisches Pathos

Wenn es nur noch die Immanenz gibt, die die ganze Wirklichkeit umschließt, diese Wirklichkeit aber in allen Bereichen machbar ist und die Aufgabe des Staates darin besteht, die vollkommene menschenwür-

---

[6] *Dorothee Sölle: „Christen für den Sozialismus", in: D. Sölle / K. Schmidt (Hrsg.) „Christen für den Sozialismus I", Stuttgart 1975, S. 7ff. Vgl. auch: Angelika Senge: „Marxismus als atheistische Weltanschauung", Paderborn 1983, S. 292ff.*

[7] *Vgl. Manfred Spieker: „Politik und Ökonomie in der Theologie der Befreiung", in: a.a.O. FN 1, S. 35–52. (In diesem Band S. 93ff.)*

dige gerechte Gesellschaft herzustellen, die das Ziel der Geschichte ist, so muß auch vom Staat erwartet werden, daß er die Sinnfrage löst und dadurch das Glück jeden Bürgers garantiert.

Krockow stellt fest: „Seither ist der Anspruch, das Glück, den Lebenssinn, ‚das Heil schlechthin politisch herzustellen', unter vielen Vorzeichen proklamiert und praktiziert worden. Genau dies macht den ‚idealistischen' Kern aller totalitären Politik aus – und genau dies ihre Attraktivität."

Von hier aus wird auch verständlich, daß nun Politik plötzlich in höchstem Maße moralisch aufgeladen wird. Wenn es um die Herbeiführung des Reiches der sozialen Gerechtigkeit und des Glückes der Massen geht, dann ist derjenige, der sich dieser Bewegung nicht anschließt, nicht nur ein Feind, sondern ein Teufel und „Antichrist". Jetzt zerfällt die Menschheit in weiße und schwarze Schafe, in Gute und Böse. Nur wer an dem politischen Ziel zur Herstellung der Gesellschaft des Friedens und der Gerechtigkeit mitarbeitet, ist gut. Darin sind Gorbatschow oder Castro dieser Bewegung immer noch sehr viel näher als Reagan und Kohl, denn bei den ersteren gilt die reine Lehre Lenins, auch wenn sie unvollkommen verwirklicht wird. Und schließlich unterstützt die UdSSR alle revolutionären Bewegungen der Welt, die angeblich diesem Ziel dienen. Wir kennen dieses moralische Pathos nur zu gut, in dem die USA als Friedensstörer und Friedensfeind denunziert werden, während über den Völkermord in Kambodscha, in Vietnam, in Afghanistan und Äthiopien geschwiegen wird.

Es wird deshalb darüber geschwiegen, weil nicht wahr sein darf, daß die großen Versprechungen der *kommunistisch-sozialistischen Revolution* sich nirgends erfüllt haben, sondern immer in ein Reich der Sklaverei, der Unterdrückung der Meinungsfreiheit und des Terrors umgeschlagen sind. Eine neue Funktionselite herrscht mit Bespitzelung und in brutaler Gewalt über die Masse. Sie zwingt die angeblich befreiten Menschen durch ein bis ins einzelne organisiertes totalitäres System zu Gehorsam und Opfern und erklärt, dies alles sei um des politisch-sozialen Zieles des Idealreiches willen notwendig. Jeder Zweifel und erst recht jede Kritik werden erbarmungslos unterdrückt, und dieser Terror wird mit Robespierre als Aufgabe der Moral erklärt. Wer Feinde der Idee tötet, mordet nicht, er richtet hin und tut darin ein gutes Werk. Soweit die Beschreibung der Totalisierung des Politischen durch die eingetretene Machbarkeit fast aller Lebensbereiche und durch die Idee der Schaffung des idealen Friedensreiches mit Hilfe der Politik.

Wenig beachtet von den Menschen in unseren Kirchengemeinden hat sich in der Kirche eine *Theologie* durchgesetzt, die völlig auf der Linie der soeben beschriebenen geistigen und politischen Entwicklung liegt. „Durchgesetzt“ bedeutet in diesem Fall, daß diese Theologie weltweit Vertreter hat, die einen wachsenden Einfluß auf die Kirchen besonders in der Dritten Welt und damit auch auf deren Politik ausüben, „durchgesetzt“ bedeutet, daß sie zur *Hoftheologie des internationalen Missionsrates und des Weltkirchenrates* geworden ist und „durchgesetzt“ bedeutet schließlich, daß sie beachtete Vertreter an den renommierten theologischen Fakultäten hat und einen erheblichen Einfluß auf die junge Theologengeneration gewinnt. Es handelt sich dabei um zwei Erscheinungen, erstens die sogenannte „materialistische Bibellektüre“ und zweitens die „Theologie der Befreiung“.

Die „materialistische Bibellektüre“[8] wird durch drei Theologen, nämlich den ehemaligen portugiesischen Priester *Belo* und die französischen Professoren *Clévenot* und *Casalis* vertreten. In der Bundesrepublik Deutschland durch den Neutestamentler Professor *Stegemann* und das Ehepaar *Schottroff,* aber auch durch Dorothee *Sölle.* Nach diesen Theologen gibt es über das Leben Jesu nur eine historische Tatsache, alles andere ist unsicher. Diese ist: Jesus ist als Aufrührer von den Römern hingerichtet worden. Jesus war also etwas wie ein Anführer einer Befreiungsbewegung. Die „Jesusbewegung“ sei aus sozialen Randgruppen gebildet, und Jesus habe diesen Gruppen die Umkehrung aller politischen und sozialen Verhältnisse durch das Reich Gottes versprochen.[9]

So gesehen entdeckt man, daß die Bibel ein sozial-revolutionäres Buch ist. Es geht schon in ihr um Klassenkampf. Natürlich greift diese materialistische Bibellektüre dann die Stellen aus dem Neuen Testament heraus, die ihre vorgegebene Ideologie bzw. politische Zielsetzung bestätigen. Tatsächlich läßt sich ja nicht bestreiten, daß in der gesamten Bibel immer wieder die Sache der Armen und Benachteiligten vertreten wird. Aber Jesus entscheidet sich nicht für die Armen wegen ihrer Armut und gegen die Reichen ihres Reichtums wegen, sondern für den

[8] Vgl. A. Senge: a.a.O. FN 6, S. 287ff. und 304 sowie Kuno Füssel: „Was heißt materialistische Lektüre der Bibel?“, in: „Una Sancta“ 32/1977, S. 46–54.

[9] Vgl. D. Sölle: „Politische Theologie“. Auseinandersetzung mit Rudolf Bultmann, Stuttgart 1971, S. 51.

Zöllner und gegen den Pharisäer, obgleich ersterer als staatlicher Steuerbevollmächtigter sehr viel höhere Einnahmen hatte als der Pharisäer und außerdem mit der herrschenden Staatsmacht und nicht mit den Aufrührern zusammenarbeitete. Es geht Jesus um das rechte Verhältnis zu Gott und damit um Selbstgerechtigkeit oder Bußfertigkeit. Das Grundprinzip, daß jede Stelle der Bibel im Zusammenhang der ganzen Heiligen Schrift verstanden werden muß, ist bei der materialistischen Bibellektüre zugunsten eines Eklektizismus aufgegeben, der jeweils aus der Heiligen Schrift das der vorgegebenen Ideologie Brauchbare auswählt und alles andere ausklammert.

Schwarz-Weiß-Malerei

Die „Theologie der Armut" knüpft insbesondere an die Seligpreisungen der Armen an. Sie macht sich die *Leninsche These* zu eigen, die heute vielfach unreflektiert nachgeredet wird, wonach die Armut in der Welt, besonders in der Dritten Welt, allein durch den Kolonialismus der Industriestaaten entstanden ist. Niemand wird bestreiten, daß eine solche Ausbeutung stattgefunden hat. Daß aber Kolonialmächte diese Länder überhaupt erst erschlossen haben, die Rohstoffe entdeckten, die Infrastruktur der Länder schufen, die Seuchen und die Kindersterblichkeit eindämmten, was in der Tat erst zur Überbevölkerung und damit wiederum zum Hunger geführt hat, so daß die Bevölkerung in Afrika in unserem Jahrhundert von 20 auf 400 Millionen Menschen angewachsen ist – das alles wird ebenso verschwiegen wie die Mißwirtschaft der neuen Staaten, der rücksichtslose Kampf der Stämme untereinander, der teilweise zum Völkermord ausartet, Kriege der Staaten der Dritten Welt gegeneinander und die Verletzung der Menschenrechte. Die Armen werden von der *Theologie der Befreiung* pauschal mit der Dritten Welt gleichgesetzt, und das auch, wenn sie mittlerweile zur Herrschaft gekommen sind und auch andere unterdrücken, wofür sie Waffen aus dem Osten und Entwicklungshilfe aus dem Westen beziehen.

Nord-Süd-Konflikt

Es entspricht der konsequenten Schwarz-Weiß-Malerei in dieser „Theologie der Befreiung", wenn die Gegenüberstellung zwischen einer quietistisch-individualistischen Religiosität der bisherigen Christenheit und einer neuen aktiven politischen Religiosität vorgenommen wird. Ihr entsprechen zwei entgegengesetzte Gottesbilder: Der eine, Gottvater, ist der allmächtige Tyrann der Macht, der die bestehende Ordnung verkörpert; der andere, bisher „unbekannte Gott", trägt die Züge des unterdrückten Arbeiters und steht immer auf der Seite der Schwachen. Er offenbart sich im organisierten Aufstand der Massen, die den Marsch in das *„Reich des Lebens"* antreten. Die Armen erscheinen hier als das Opfer der politischen und gesellschaftlichen Unterdrückung und Ausbeutung, während das sie wie alle Menschen betreffende persönliche Verhältnis zu Gott und die Verstrickung in Sünde und Schuld nicht reflektiert werden. Eine ideologisch begründete Geschichtsklitterung unterstützt diese Sicht, nach der jene Völker erst durch die christliche Mission und den Kolonialismus aus einem angeblichen Idealurzustand des Glückes herausgerissen worden seien. Die „Armen" sind dann diejenigen, die durch ihren Kampf ihre eigene Erlösung erringen. Das Reich Gottes wird zu einem rein irdischen. Es ist dann das Reich, das sich die „Armen" in der Kraft ihrer geschichtlichen Auferstehung selber schaffen. Die Frage muß erlaubt sein: Worin unterscheidet sich diese Sicht noch von der heilsgeschichtlichen Rolle, die Karl Marx dem Proletariat zuerkannte?

Um Mißverständnisse zu vermeiden: Der Nord-Süd-Konflikt gehört zu den Problemen, die an erster Stelle von unserer Generation gelöst werden müssen. Selbst wenn man die Schuld des Kolonialismus ausklammert, bleibt die humanitäre, christliche, aber vor allem politische Verpflichtung der Industrienationen, den Völkern der Dritten und Vierten Welt bei der Bewältigung ihrer fast unlösbaren Schwierigkeiten zu helfen, wobei das Prinzip Hilfe zur Selbsthilfe den Vorrang haben muß. Hierbei ist größte Nüchternheit geboten, die die angewandten Methoden der Entwicklungshilfe je neu überprüft. Der unscharfe und ideologische Begriff „die Armen" ist geeignet, eine wirksame und den Menschen dienende Politik nicht nur zu verhindern, sondern sogar zu diskriminieren.

Politik statt Gewissen

Fließen heute zwei große Bewegungen nebeneinander her, oder müssen wir sagen, daß diese Ströme im Begriff sind, sich zu vereinigen? Die große revolutionäre Bewegung seit *Robespierre*, erst recht seit *Karl Marx*, die das Reich der Gerechtigkeit und des Friedens für die unterdrückten Massen auf Erden durch den Kommunismus verspricht und heute in der Dritten Welt, wenn auch in Verbindung mit Nationalismus und Tribalismus, eine große Resonanz hat, ist auch in den Protestbewegungen der westlichen Welt virulent, die die parlamentarische Demokratie als ein System anprangern und bekämpfen, das unfähig ist, die absoluten moralischen Forderungen zu erfüllen, die nach ihrer Meinung heute an die Politik gestellt werden müssen.

Der Hinweis darauf, daß erstmalig durch die atomare Bewaffnung die Menschheit in der Lage und sogar in der Gefahr ist, sich selbst und die Welt zu zerstören, verleiht der Behauptung Nachdruck: „Jetzt kann man nicht mehr in herkömmlichem Sinne Politik machen, jetzt dürfen keine Kompromisse und keine Mehrheitsentscheidungen mehr bindend sein. Jetzt muß nach absoluten moralischen Gesichtspunkten Politik gemacht werden." Diese Parolen finden in der Christenheit einen großen Widerhall, und zwar auch bei solchen Christen, die die „Theologie der Armut" nicht vertreten.[10] So wird plötzlich in Widerspruch zu der seit Jahrtausenden gültigen Auslegung die *Bergpredigt als politische Charta schlechthin* verstanden. Sie soll das für die Politik gültige Gesetz sein. Dabei werden nur ganz wenige Verse herausgegriffen und zur Norm erhoben. Dies gilt vor allem für das Wort: „Widersteht nicht dem Übel, sondern so dir jemand einen Streich gibt auf den rechten Backen, dem biete den anderen dar." Die im gleichen Kapitel enthaltenen Forderungen, wie die Verbote der Ehescheidung, der Heirat eines Geschiedenen, des Eides und des Nichtvorsorgens, werden nicht zum politischen Gesetz erhoben. Ja, alle diese Forderungen, einschließlich der Forderung der Wehrlosigkeit, werden nicht mehr auf das individuelle persönliche Verhalten und Leben der Christen angewandt. Niemand denkt daran, die Ehescheidung zu verbieten oder dem Staat die Vorsorge zu untersagen oder auch auf Selbstverteidigung zu verzichten, wenn er persönlich angegriffen wird. Die personale Verantwortung der Christen vor Gott, die vertikale Dimension, in der jeder durch sein Gewissen gebunden ist, spielt keine Rolle mehr. Es kommt angeblich nur auf die politische Dimension an. Die Bergpredigt ist Anweisung für die Politik, allerdings auch hier nur in den Versen, die in das politische Konzept jener Bewegung hineinpassen.

---

[10] Vgl. Helmut Gollwitzer: „Frieden 2000. Fragen nach Sicherheit und Glauben". München 1982.

Bunte Bewegung

Die politische und die christliche Bewegung zur Herstellung des *irdischen Idealreiches,* in dem Frieden und Gerechtigkeit für alle gewährt werden und jede Herrschaft von Menschen über Menschen aufgehoben ist, in dem niemand mehr hungert, gleichen sich wie ein Ei dem anderen. Nur ist die Motivation bei den Christen *zusätzlich christlich-religiös.* Sie glauben, damit Jesu Willen und die gottgegebene Bestimmung dieser Welt zu verwirklichen. Niemand kann ihnen abstreiten, daß sie von den Schrecken und Ungerechtigkeiten der bestehenden Welt erschüttert sind und deshalb wirksame Maßnahmen zu ihrer Veränderung fordern. Und gewiß stellen sie sich das irdische Gottesreich mehr in christlichen als in kommunistischen Farben vor. Faktisch dürften aber beide Ströme sich zu einem Strom vereinigen, und es bedarf keiner großen Phantasie, um zu prophezeien, daß dabei die kommunistischen und sozialistischen Kräfte stärker sein werden. Nicht ein christliches Reich der Gerechtigkeit und Nächstenliebe voller Meinungsfreiheit für alle steht am Ende, falls diese Bewegung sich durchsetzt, sondern die graue Zwangsherrschaft des realen Kommunismus mit den Lagern des Archipel GuLAG und psychiatrischen Anstalten für Systemkritiker, in der die Gewalt nicht vom wählenden Volk ausgeht, sondern von der herrschenden Führungsclique der Einheitspartei.

In der sogenannten *Friedensbewegung* sind beide Ströme bereits so vereint, daß sie nicht mehr auseinanderdividiert werden können. Allerdings enthält die Friedensbewegung auch noch andere Elemente, wie die ökologische Bewegung. Zu ihr stoßen Jugendliche, die ihre natürlichen Aggressionen gegen das Bestehende abreagieren oder ein Happening bei Massendemos mit Krawall erleben wollen. Dazu kommen Hausfrauen und andere, die von den furchtbaren Szenarien verängstigt sind, die phantasiebegabte Kernkraftgegner an die Wand malen. Als Ganzes gehören zu dieser Bewegung Christen und Kommunisten, Linksliberale und Linkssozialisten, Intellektuelle, die die Bundesrepublik Deutschland zynisch kritisieren, ohne ein besseres Konzept vorlegen zu können, das ihr Ideal nur annähernd erfüllt. Es ist klar, daß eine so komplexe Bewegung große Unterschiede aufweist. Viele, die sie unterstützen und nur aus Unbehagen mitlaufen, sind sich der letzten Konsequenzen in keiner Weise bewußt, aber sie tragen mit an der Verantwortung. *Soll die Kirche zu einer Hilfsorganisation der kommunistisch-sozialistischen Bewegung werden?* Oder besser aus christlicher Sicht gefragt: Erfüllen die Christen wirklich Christi Willen, wenn sie meinen, mit politischen Mitteln das Reich Gottes auf Erden herbeiführen zu können? Bedeutet, um es noch härter zu formulieren, die Umwandlung des Evangeliums in eine politische Ideologie und der *Kirche in eine internationale politische Partei* wirklich die Realisierung des Willens Christi oder vielmehr den Tod des Evangeliums und das Ende der Kirche? Der fatale Eindruck, daß sich die Kirche in eine politische Partei linker Observanz umwandelt, muß aufgrund der Erklärung der *Weltkonferenz des Ökumenischen Rates 1983 in Vancouver* zu politischen Fragen entstehen. Diese Erklärungen sind Weisungen an die Politiker für fast alle Krisengebiete der Welt. So wird empfohlen, den Widerstandskämpfern in Afghanistan keine Waffen mehr zu geben, während eine Verurteilung der Sowjetunion wegen ihrer Aggressionspolitik in diesem Lande abgelehnt wurde.

Widerspruch zur Bibel

In der parlamentarischen Demokratie gibt es in der Regel verschiedene Ansichten und Lösungsvorschläge. Politische Entscheidungen sind fast immer Ermessensentscheidungen und deshalb Ergebnisse von Kompromissen, die durch Mehrheitsentscheidungen festgelegt werden, denen sich die Minderheit im Bewußtsein der Relativität politischer Entscheidungen und Toleranz fügt – vorläufig, denn sie darf mit parlamentarischen Methoden Abänderungen suchen. Die parlamentarische Demokratie wird zerstört, wenn politische Entscheidungen zu *absoluten moralischen Entscheidungen* hochstilisiert werden und dadurch die Politiker in moralisch Gute und amoralisch Böse eingestuft werden.[11] Die Folge ist, daß immer mehr legale Entscheidungen und Kompromisse nicht mehr als legitim akzeptiert werden, sondern im Sinne der Verpflichtung vor dem absoluten Ziel das *Widerstandsrecht* einer Minderheit proklamiert wird. Die Maßstäbe für das politisch Erlaubte werden dann verschoben: Nicht nur gewaltsame Demonstrationen und Verhinderungsaktionen gegen politisch legal zustande gekommene Maßnahmen werden erlaubt, vielmehr wird das Ziel der Unregierbarkeit bewußt ins Auge gefaßt. Terroraktionen werden unter Hinweis auf das angeblich moralisch einzig gute Ziel legitimiert.

Die Vorstellung und Zielsetzung, das *Reich Gottes als irdisches Idealreich* mit politischen Mittel verwirklichen zu sollen, steht in krassem

---

[11] Vgl. Christian Graf von Krockow: „Grenzen der Politik" (FN 2), S. 11ff.

Widerspruch zur Bibel, denn a) Gott will selbst, und zwar er ganz allein, sein Reich bringen; b) sein Reich ist nicht von dieser Welt, sondern es ist das Ende unserer Welt und „ein neuer Himmel und eine neue Erde“.[12]

Der Versuch, mit politischen Mitteln dieses Reich auf Erden zu realisieren, führt nicht nur zu einer Karikatur, sondern zum furchtbaren Gegenbild des Reiches Gottes. Es ist dann das Produkt der Anmaßung des Menschen, der sein will wie Gott. Es wiederholt sich die Versuchung der Schlange aus dem Paradies: „Ihr werdet sein wie Gott!“

Die Umdeutung Jesu in einen Sozialrevolutionär und Gründer der sozialrevolutionären Bewegung bedeutet theologisch die Abwahl Jesu Christi zugunsten von Barabbas. Wenn dann die Erlösungsaufgabe nach Meinung der Protesttheologen von Jesus auf die sich zum Aufstand entschließende Masse der Unterdrückten übergeht, so zeigt das, daß die Grundüberzeugung der Bibel von der Erlösungstat Christi verlassen ist. Der Mensch erlöst sich selbst und bedarf Gottes bzw. Christi hierzu nicht mehr.

Neuer Klerikalismus

Die Aufhebung der Unterscheidung zwischen Glaube und Politik führt dazu, daß sich Kirchenleute befugt sehen, bindende Vorschriften für das politische Handeln zu machen, und für sich in Anspruch nehmen, ihre Sicht sei Gottes Wille und deshalb allein christlich und moralisch. Damit überschreiten diese Theologen ihre Kompetenz und entmündigen Politiker und Laien in einem neuen Klerikalismus. In gleichem Maße schwächen sie ihre geistliche Autorität als Verkünder des Evangeliums. Nichts gegen Denkschriften der Kirche, in denen Christen zeigen, daß sie sich politisch verantwortlich wissen und zu aktuellen Problemen Stellung nehmen. Diese haben schon wertvolle Anstöße gegeben. Aber für sie gilt das Urteil Konrad Hesses: „Begeben sich die Kirchen . . . in den weltlich-politischen Bereich, so gelten für sie die allgemeinen Regeln. Ihre Stellung ist insoweit prinzipiell die gleiche wie die aller sonstigen Gruppen, die versuchen, auf den politischen Prozeß einzuwirken.“[13]

---

[12] Vgl. Jes. 65,17, Matth. 24, Joh. 18,30ff., Offbg. 21.

[13] Konrad Hesse, in: „Grundzüge des Verfassungsrechtes der Bundesrepublik Deutschland“. 15. Aufl., Heidelberg 1985, § 12 V Rn 474, S. 183.

Nehmen wir die eigenen Worte Jesu wieder ernst: „Das Reich Gottes kommt nicht mit äußerlichen Gebärden. Man wird auch nicht sagen: siehe hier! oder: da ist es! Denn sehet, das Reich Gottes ist mitten unter euch“ (Lukas, 17,20,21) – nämlich in der Gegenwart Jesu. „Mein Reich ist nicht von dieser Welt. Wäre mein Reich von dieser Welt, meine Diener würden kämpfen, daß ich den Juden nicht überantwortet werde. Aber nun ist mein Reich nicht von dannen.“ Joh., 18,36.

Wolfhart Schlichting

Ökumene im Verständnis der evangelischen Studentengemeinden

Die theologische Arbeit der Evangelischen Studentengemeinden der Bundesrepublik (ESG), die auch deren Selbstverständnis formuliert, ist greifbar 1) in *Arbeitspapieren der Theologischen Kommission*, einer von fünf Kommissionen, die von Mitarbeitern der Stuttgarter Geschäftsstelle der ESG koordiniert werden, 2) in *Referaten und Protokollen der jährlichen Studentenpfarrerkonferenzen* (SPK), zu denen auf EKD-Ebene eingeladen wird – sowie 3) in *Veröffentlichungen des ESG-eigenen Alektor-Verlages*. Diese theologischen Äußerungen decken sich indessen nicht mit dem, was in einzelnen Gemeinden an theologischer Arbeit geleistet wird, z. B. in theologischen Arbeitskreisen, Bibelkreisen und interdisziplinären Gesprächsgruppen zu philosophischen und theologischen Themen. So ergibt es sich, daß die Arbeit der Kommission, die Themen der SPK und die im Alektor-Verlag erscheinenden Titel in der Sicht einzelner Gemeinden gelegentlich als abseitig, manchmal auch als unannehmbar erscheinen.

Es geht im folgenden um einen eigentümlichen Sprachgebrauch, der sich in der auf den genannten Wegen publizierten ESG-Theologie seit etwa 1967 eingebürgert und mit erstaunlicher Konstanz bis heute erhalten hat. Dieser Sprachgebrauch ist ungewöhnlich, aber nicht ohne Hintergründe und Zusammenhänge, die ihm eine gesamtkirchliche Bedeutung geben. Er kristallisiert sich in einem speziellen Ökumene-Begriff, der in den oben erwähnten Quellen einer sogenannten „ESG-Theologie" vorherrscht.

Zunächst verständigen wir uns über den Wortsinn und über verschiedene gebräuchliche Anwendungsmöglichkeiten des Begriffs „Ökumene" (I). Dann wenden wir uns dem spezifischen Ökumene-Verständnis der ESG (II) und seiner theologischen Herleitung (III) zu.

I.

Das Wort „Ökumene“ besagt zunächst nur, daß die Erde bewohnt ist, aber noch nicht, was man mit ihren Bewohnern vorhat. Bekanntlich ist *οἰκουμένη* ein substantiviertes Partizip der griechischen Sprache, zu dem *γῆ* zu ergänzen ist, und benennt in dieser Zusammenstellung die „bewohnte Erde“[1], bzw. ihre Bewohner[2], und zwar im Gegensatz zur (relativ) unbewohnten Erde, z. B. wüstenartigen Landstrichen. Dieser zunächst geographisch gemeinte Begriff, der nach Auskunft der gängigen Nachschlagewerke seit Herodot (5. Jhdt. n. Chr.) nachweislich in Gebrauch ist, wurde in der vorchristlichen griechischsprechenden Welt mit einer kulturellen und politischen Bedeutung angereichert. Im Gefolge der Welteroberung Alexanders d. Großen verbreitete sich nicht ohne äußeren Nachdruck (vgl. Israel) der Hellenismus über die Grenzen von Hellas hinaus und wurde zur Menschheitskultur[3]. Die Bedeutung der Zugehörigkeit zur antiken Polis wurde durch das Bewußtsein der Mitgliedschaft in der Ökumene in den Schatten gestellt. Man war Kosmopolit. Mitglied der Ökumene zu sein, hieß, sich von hellenistischer Kultur prägen zu lassen. Man begann, zu wissen, was man mit den Bewohnern der Ökumene vorhatte. In der römischen Kaiserzeit schließlich verband sich der kulturelle Begriff der hellenistischen Ökumene mit der politischen Macht und der rechtlichen Struktur des römischen Imperiums[4]. Aus der griechischen Umgangssprache und der griechischen Übersetzung des Alten Testamentes, der Septuaginta, gelangte das Wort „Ökumene“ auch in die Schriften des Neuen Testamentes[5].

Vor allem Lukas bevorzugte diesen Begriff[6] und schob ihn beispielsweise auch in die überlieferte Geschichte der Versuchung Jesu ein. Die „Ökumene“ ist dem Satan übergeben, der sie Jesus anbietet, falls er ihm die Proskynese erweist, was Jesus mit der Erinnerung an das Erste Gebot zurückweist (Lk 4,5–7). Diese „Ökumene“ ist, wie die Weihnachtsgeschichte in Übereinstimmung mit der Terminologie des römischen Imperialismus zeigt, mit dem Römischen Reich deckungsgleich.

---

[1] *Vgl. die Lexikon-Artikel, z. B. Otto Michel,* οἰκουμένη, *in ThWNT.*

[2] *Vgl. Walter Bauer, Wörterbuch zum Neuen Testament, Gießen 1928.*

[3] *Vgl. J. Kaerst, Die antike Idee der* οἰκουμένη *in ihrer politischen und kulturellen Bedeutung, 1903.*

[4] *Vgl. J. Vogt, Orbis Romanus. Zur Terminologie des römischen Imperialismus, 1929.*

[5] *Vgl. O. Michel, ThWNT, Art.* οἰκουμένη.

[6] *Ebd.*

(Lk 2,1: „Das Gebot des Kaisers Augustus“ ging dahin, die ganze „Ökumene“ in Steuerlisten zu registrieren.) Auch laut Apokalypse 12 ist die „Ökumene“ von Satan irregeführt (v. 9) und vorübergehend beherrscht (v. 12). Sie fühlt sich einerseits durch die christliche Mission irritiert und wehrt sie ab (Apg 17,6; 19,27 und 24,5) und ist andererseits der Raum der großen Anfechtung der Christen (Apk 3,10) und der wirkungsvollen antichristlichen Propaganda (Apk 16,14). Gleichwohl wird sie am Ende von Gott gerichtet (Apg 17,3) und ist einstweilen der Adressat des Evangeliums, wie Paulus mit einem Psalmenzitat aus der Septuaginta proklamiert (Röm 10,18). Allein schon die insgesamt fünfzehn Textstellen, an denen der Begriff im Neuen Testament ausdrücklich vorkommt, deuten an, was die Christen von der „Ökumene“ zu erwarten haben, aber auch, was sie mit ihr vorhaben.

Diese aktive und zielstrebige Weise des Umgangs mit der „Ökumene“ wollen wir näher ins Auge fassen.

Wie im Zeitalter des Hellenismus die griechische Kultur den weltumspannenden, „ökumenischen“ Anspruch erhob, Menschheitskultur zu sein, so hatte auch die im sog. Missionsbefehl (Mt 28,19; Mk 16,15) verdichtete und legitimierte missionarische Tendenz des Christentums zumindest seit Paulus „ökumenisches“ Ausmaß. Und wie der römische Imperialismus die Rechtsordnung und Herrschaftsform Roms über die ganze bewohnte Erde ausdehnte, so konnte, zumindest seit der Duldung und Begünstigung durch Konstantin, auch die institutionelle Gestalt annehmende Kirche sich als „ökumenisch“ oder, was ungefähr das gleiche bedeutet, „katholisch“ verstehen. Indem die Christen vorhatten, durch ihre Mission die ganze „Ökumene“, bzw. ihre Bewohner, zum Glauben an Christus zu bekehren, bzw. der Organisation ihrer Kirche einzugliedern, entstand ein christlicher, bzw. kirchlicher Ökumene-Begriff. Man spricht bis heute vom „ökumenischen“ Charakter konfessioneller Weltbünde und beansprucht den Titel „ökumenisch“ sowohl für römische Konzilien, wie für das orthodoxe Patriarchat in Konstantinopel.

Die ersten christlichen Konzilien, von römischen Kaisern einberufen, vertraten die Kirche im Bereich des römischen Imperiums. Ihre Beschlüsse sollten für die Kirche des damit deckungsgleichen ganzen Erdkreises gelten. Die byzantinischen Kirchen reservieren den Titel „ökumenisch“ für die ersten sieben Konzilien, ungeachtet der Tatsache, daß schon damals ein nicht unerheblicher Teil der Christenheit aus der Reichskirche ausschied. Nach ihrer Ansicht kann nach der Kirchenspaltung kein Konzil einer Partikularkirche mehr den Anspruch erheben, „ökumenisch“ zu sein. Auch der Sprachgebrauch der lutherischen Reformation, belegt im Konkordienbuch von 1580, hat das Adjektiv „ökumenisch“ den altkirchlichen Bekenntnissen vorbehalten, nämlich dem als „Apostolicum“ bezeichneten und autorisierten römischen Taufbekenntnis, dem „Nicaeno-Constantinopolitanum“ als Ergebnis der Konzilien von 325 und 381, sowie dem „Symbolum Quicumque“, das (irrtümlich) auf Athanasius zurückgeführt wurde. In diesem traditionellen Sprachgebrauch der byzantinischen und der lutherischen Kirchen drückt sich das Bewußtsein aus, daß trotz des weltweiten Anspruchs und der weltweiten Ausdehnung der jeweiligen Teilkirche der ökumenische, nämlich alle Bewohner der Erde, zumindest alle, die an Christus glauben, umfassende Charakter der Kirche verlorengegangen ist. Die christliche „Ökumene“ muß erst wieder hergestellt werden. Vor allem im Bereich der Weltmission wurde um die Wende vom 19. zum 20. Jhdt. der Einspruch unabweisbar, daß die konkurrierend mit jeweils „ökumenischem“ Anspruch auftretenden Partikularkirchen, wenn anders sie den Bewohnern der Erde ihre Botschaft glaubhaft nahebringen wollen, sich zunächst einmal untereinander absprechen müssen. Wie bei den ersten Konzilien, sollten erneut die Vertreter der ganzen, wenn auch inzwischen vielfältig zersplitterten, Christenheit zusammentreten. So entstand die sog. „ökumenische Bewegung“ dieses Jahrhunderts.

Statt von einer einheitlichen Lehre auszugehen, die der gesamten Menschheit nahezulegen-, oder von einer Institution, der sie einzuordnen war, ging man von der faktischen Zerspaltenheit der Christenheit aus, die unterschiedlich lehrend, auch unterschiedliche Organisationsformen ausgebildet hatte und der Welt eine unterschiedliche Botschaft brachte. Im Jahr 1880 trat in London und im Jahr 1900 in New York eine von Missionsgesellschaften verschiedener Konfessionskirchen beschickte Missions-Konferenz zusammen, die sich als „ökumenische Missionskonferenz“ bezeichnete.

Der von der Evangelischen Kirche in Deutschland als Beobachter zum Zweiten Vatikanischen Konzil nach Rom entsandte lutherische Dogmatiker Edmund Schlink charakterisierte den seither veränderten Gebrauch des Wortes „ökumenisch“ folgendermaßen: „Die altkirchlichen Synoden gingen von der sichtbaren Einheit der Kirche aus und suchten diese Einheit gegen Bedrohungen in Fragen der Lehre und der Ordnung zu schützen und zu stärken. Die Versammlungen des Ökumenischen Rates aber setzen eine gespaltene Kirche voraus"[7].

Es blieb umstritten, ob es angebracht war, dem Begriff „ökumenisch" eine neue Bedeutung zu geben, nämlich die einer gegenseitigen Annäherung der getrennten christlichen Kirchen mit dem Ziel, so etwas wie die Ökumenizität der ersten christlichen Konzilien wiederherzustellen. Der große Promotor der nachmals so genannten „ökumenischen Bewegung" am Anfang dieses Jahrhunderts, der Uppsalenser lutherische Erzbischof Nathan Söderblom (1886–1931), hegte diesen Wunsch. Die für 1910 in Edinburgh geplante weltweite Missionstagung sollte als „Ecumenical Missionary Conference" proklamiert werden. Ein hochkirchlicher Anglikaner, von dem „ökumenischen" Anspruch der katholischen Kirche bestimmt, brachte aber diesen von Methodisten eingebrachten Vorschlag bei der Sitzung des vorbereitenden Tagungsausschusses 1908 zu Fall. Daraufhin ging die Tagung als „Weltmissionskonferenz" in die Kirchengeschichte ein.[8]

Als Söderblom für 1925 eine Weltkonferenz für praktisches Christentum nach Stockholm einberief, um trotz fortdauernder Unterschiede in Lehre und Kirchenverfassung eine Einheit der Christen im praktischen Handeln zu erreichen, schlug er dafür die Bezeichnung "Oecumenical Council of Churches" vor. Aber der Erzbischof von Canterbury, Davidson, machte die Mitwirkung der Anglikaner davon abhängig, daß in dem Einladungsschreiben, zumindest in der vorherrschenden englischen Sprache, weder das Wort "ecumenical", noch das Wort "Council" (Konzil) vorkomme. Söderblom mußte sich mit der Bezeichnung "Universal Christian Conference on Life and Work" zufriedengeben. Allerdings behielt er für die deutschen, skandinavischen und lateinischen Dokumentationen den Terminus „ökumenisch" bei, was im Vatikan dann auch auf schroffe Ablehnung stieß. So erklärt es sich, daß der 1948 in Amsterdam konstituierte „Weltrat der Kirchen" zwar in den deutschen, niederländischen, skandinavischen und französischen Sprachgebieten als „Ökumenischer Rat der Kirchen" (ÖRK) bezeichnet wird, in der vorherrschenden englischen Sprache aber als "World Council of Churches" (WCC).[9]

---

[7] Edmund Schlink, Nach dem Konzil, Siebenstern-tb 75, 1966, S. 22f.

[8] Jürgen Wilhelm Winterhager, Alte und neue Ökumene, in: Leuenberg-Konkordie oder Diskordie?, Berlin 1974, S. 204.

[9] Winterhager, a.a.O., S. 211f.

Die anglikanischen Einwände erwiesen sich aber als Rückzugsgefechte. – Allmählich setzte sich das neue Verständnis des Ökumenischen durch, das nun nicht mehr den über die Bedenken der exkommunizierten Mitchristen hinweggehenden universalen Anspruch der je eigenen Auffassung des Christentums, sondern dessen Relativierung bezeichnete. Schlink sagte von den neuen „ökumenischen" Versammlungen der Delegierten getrennter christlicher Kirchen: „Zwar gehen auch sie von einer Einheit aus, nämlich von der Anerkennung des einen Christus als Gott und Heiland", wie es zuerst in der Pariser Basis des Weltbundes der Christlichen Vereine Junger Männer 1855 formuliert und später mit Erweiterungen als Basisformel des Ökumenischen Rates übernommen worden ist. „Aber dieses Einssein in Christus ist noch verborgen unter der Uneinigkeit der Kirchen. Die Versammlungen *suchen* die Einheit, in der dieses Einssein in voller Kirchengemeinschaft zur sichtbaren Darstellung und Auswirkung kommt".[10]

Die römisch-katholische Kirche jedoch fuhr fort, ihre eigenen Konzilien als „ökumenisch" zu bezeichnen, also an dem die getrennten Christen übergehenden Begriff des Ökumenischen festzuhalten, und die neue Auffassung von „Ökumene" in päpstlichen Enzykliken (wie „Mortalium animos" von 1928 und „Mystici corporis" von 1943) und vatikanischen Instruktionen (so am 20. 12. 1949) zu verurteilen. Als einige katholische Theologen 1954 zur zweiten Weltkirchenkonferenz nach Evanston anreisten, um als Beobachter daran teilzunehmen, wurde ihnen kurzfristig verboten, auch nur das Stadtgebiet zu betreten.[11] Der Grund war, wie Schlink formulierte, daß die römisch-katholische Kirche „keine andere Kirche als Kirche im wahren und vollen Sinn des Wortes anerkennt".[12]

Wir sind Zeugen des unerwarteten Wandels geworden, den Papst Johannes XXIII einleitete, und der sich beim Zweiten Vatikanischen Konzil Bahn brach. In seiner Analyse des Ökumenismusdekrets sprach Edmund Schlink 1966 im Rückblick auf das Konzil von einem spezifisch römischen Ökumenismus: „Er ist der Versuch einer eigentümlichen Synthese zwischen dem kirchenrechtlich exklusiven Begriff, wie er in der Selbstbezeichnung der Generalsynoden der römischen Kirche als ökumenische Konzile vorliegt, und dem weiteren Begriff, wie er heute

---

[10] Nach dem Konzil, S. 23.
[11] Nach dem Konzil, S. 25.
[12] Nach dem Konzil, S. 30.

in der ökumenischen Bewegung als Bezeichnung für die Einigungsbestrebungen und die wachsende Gemeinschaft getrennter Kirchen verwendet wird. Die römische Kirche bezeichnet ihre Konzile als ökumenische, weil sie nach ihrem Selbstverständnis bereits in sich selbst die eine, heilige, katholische, apostolische Kirche ist". „Ohne diesen engen Begriff des Ökumenischen aufzugeben, hat sie den ganz anderen aufgenommen, der sich im Verlauf der Einigungsbewegungen der nichtrömischen Kirchen allgemein durchgesetzt hat, und sucht ihn mit jenem zu verbinden". Dieser Begriff des Ökumenismus „bedarf" „weiterer Klärung".[13]

Allerdings bedarf m. E., obwohl das selten gesagt wird, auch die Verbindung des „ökumenischen" Anspruchs der Reformation mit der Beteiligung an der ökumenischen Bewegung durchaus weiterer Klärung.

II.

Wenn man aber in den Arbeitspapieren und Berichten der Ökumene-Kommission der Evangelischen Studentengemeinden auf diesem Gebiet Weiterführendes sucht, findet man nichts. In meiner neunjährigen Tätigkeit als Studentenpfarrer habe ich nie wahrgenommen, daß sich die Ökumene-Kommission der ESG mit kontroverstheologischen Fragen befaßt und Themen wie z. B. „Taufe, Eucharistie und Amt" behandelt hätte. Ich greife beliebig einen Rechenschaftsbericht der Geschäftsstelle über das Jahr 1978/79 heraus. Danach geht es im Ökumene-Referat um „Solidaritätsarbeit im südlichen Afrika". Als weitere Schwerpunkte wurden genannt: „Iran, Naher Osten, Latein-Amerika (allgemein), Nicaragua" usw.

Das in der Theologischen Kommission der ESG und auf den Studentenpfarrerkonferenzen vorherrschende Ökumene-Verständnis scheint sich von den in der bisherigen Geschichte des Christentums aufgetretenen Auffassungen des Begriffs grundlegend zu unterscheiden. Die eingangs erwähnten Quellen erlauben es, das Ökumene-Verständnis der ESG-Theologie zu skizzieren. Dabei ist zu beachten, daß es sich um teilweise unsorgfältig formulierte Protokolle, Thesen und bestenfalls Nachschriften von Referaten handelt, die aus losen Blättern zitiert werden müssen.

[13] Nach dem Konzil, S. 124.

Ich beginne mit den Verlautbarungen zweier Studentenpfarrerkonferenzen, die das Thema hatten: „Die ESG als ökumenische Gemeinde". Die eine fand vom 26. bis 30. September 1979 auf der Burg Rothenfels statt, die zweite vom 5. bis 9. März 1984, in Wuppertal. Die Texte liegen mir in unterschiedlicher Form vor. Von der SPK 1979 habe ich ein Protokoll, dem acht Anlagen beigegeben sind. Von der SPK 1984 erschienen „Texte und Referate" als in einen Umschlag eingelegte, gefaltete Flugblätter.

Die dem Protokoll von 1979 beigegebenen Anlagen 1 und 1 a dienten der thematischen Einführung. Das erste Arbeitspapier trug die Überschrift: „Über den ökumenischen Anspruch der ESG und über den Verlust der Selbstverständlichkeit dieses Anspruchs", und war verfaßt von Klaus Schneidewind, damals Studentenpfarrer in Düsseldorf. Zunächst ist man erstaunt über den Begriff „ökumenischer Anspruch". Hinter dem ökumenischen Anspruch eines römischen Konzils steht immerhin eine erdrückend große, weltweite Partikularkirche. In welchem Sinne aber kann die ESG einen „ökumenischen Anspruch" erheben? ESG ist Studentengemeinde oder allenfalls, großzügig interpretiert, Hochschulgemeinde, umfaßt also nur die an Hochschulen studierende Jugend, und diese nur während der kurzen Spanne ihrer Ausbildung an diesen Hochschulen, tatsächlich aber überall nur einen winzigen Teil der Studierenden (ein bis zehn Prozent), – und bestenfalls noch einige ihrer Lehrer. Teil A des Arbeitspapiers begann so: „Bis vor kurzem gingen wir davon aus, daß der ökumenische Anspruch der ESG unbestritten und durch die ESG-Praxis gedeckt ist". „Dabei meint ökumenisch", so fuhr das Arbeitspapier fort, „nicht nur die Beziehung zur KHG, nicht nur die Beziehung zur ökumenischen Bewegung, sondern auch und vor allem die Praxis der Ausländerarbeit und der Internationalismusarbeit und den damit verbundenen politischen Anspruch".

Mit dem Begriff „ökumenisch" wird also ein „politischer Anspruch" formuliert, und zwar „vor allem"; die herkömmliche Bedeutung des Begriffs klingt nur am Rande mit an.

Teil B des Einführungspapiers wendet sich der „Infragestellung des ökumenischen Anspruchs" zu. Sie folgt aus „Verunsicherung und Orientierungslosigkeit" der Studenten. „Die Zeiten", so wird geklagt, „in denen sich die ESG als politische Gemeinde mit sozialistischer Option titulieren konnte und wollte, . . . sind vorbei". Als Ursachen dieses Verfalls werden vier Stichworte angegeben, darunter neben der „therapeutische(n)" und „technokratische(n) Kultur", sowie dem

„neue(n) Pragmatismus“ auch „Die neue Religiosität“. Pfarrer Schneidewind versäumt nicht, sofort hinzuzufügen: „und Ernst Bloch konstatiert mit Recht: ‚Man kann nicht mit einer erlösten Seele in einer unerlösten Welt herumlaufen‘“. Damals ergab sich die seltsame Situation, daß evangelische Studentenpfarrer und evangelische Studentengemeinden sich gegen das Aufkommen einer neuen Religiosität unter Studenten leidenschaftlich zur Wehr setzten. Eine als „Christival“ bezeichnete, evangelikal geprägte evangelistische Großveranstaltung für Jugendliche in Essen wurde damals von seiten der ESG hart attackiert. Die einseitige Aufnahme der christlichen Religionskritik des frühen Karl Barth, die dieser selbst revidiert hat, und der Versuche einer an fragmentarische Äußerungen Bonhoeffers anknüpfenden nichtreligiösen Interpretation des Christentums in einer religionslosen Welt führte dazu, daß christliche Theologen und Gemeinden einer religiösen Erweckung unter Jugendlichen ratlos und schroff abweisend gegenüberstanden. Denn von dieser Seite war offenbar eine Infragestellung des neuen Ökumene-Verständnisses und der ihm entsprechenden Praxis zu befürchten.

Das Protokoll der Studentenpfarrerkonferenz 1979 zeigt aber, daß auch Spannungen mit einigen Landeskirchen, z. B. der hannoverschen und kurhessischen, zu dieser Infragestellung beigetragen haben. Auf die demonstrative Umbenennung des ESG-Zentrums Hannover in „Thomas-Müntzer-Haus“ hatte die lutherische Kirchenleitung – ungeschickt und eigentlich zu spät – mit Schließung des Hauses und Abberufung des Pfarrers reagiert. Neue Pfarrer wurden eingesetzt und sammelten eine neue ESG. Ebenso in Marburg. Seither bestehen in beiden Universitätsstädten je zwei ESG'n, eine sozusagen kirchliche und eine, die sich als „autonom“ bezeichnet. – Auch wurden seitens der EKD kritische Anfragen an die Arbeit der ESG gerichtet und in den Beienroder Gesprächen (I-III) kompromißbereit behandelt, wobei auffiel, daß die Vertreter der EKD den eigentlichen Sachfragen jeweils auszuweichen schienen.

Unter Tagesordnungspunkt 4 ist auch von „Widersprüchen und Konflikten unter uns“ die Rede. Im Januar 1979 hatte sich im Haus der Begegnung der Universität Regensburg erstmals die sogenannte „Neue ESG“, inzwischen verharmlosend als „Befreundete ESG'n“ bezeichnet, zu einer Wochenendtagung versammelt, an der neben den ESG'n Flensburg, Hannover, Marburg, Tübingen und Regensburg als Zeichen ökumenischer Verbundenheit im landläufigen Sinne auch Vertreter der italienischen katholischen Studentenbewegung „Comunione e Liberazione" teilnahmen. Der Gründer dieser Bewegung, Prof. Luigi Giussani aus Mailand, hielt eines der Hauptreferate. Das Thema war „Spiritualität und Politik" und die Hauptthese, daß die Gemeinde gerade dann, wenn sie nichts anderes als Gemeinde Jesu Christ sein will, sich also konsequent als religiöse Gemeinschaft versteht, ein politischer Faktor wird. Unter der Überschrift: „Christen gegen Sozialismus?" (Fragezeichen) berichtete die Frankfurter Rundschau am 3. April 1979 ausführlich darüber. „In den linksverdächtigen Evangelischen Studentengemeinden der Bundesrepublik soll offenbar von Bayern aus ein Kurswechsel eingeleitet werden," schrieb Christian Feldmann. Und „mit ihren Gästen . . . einigten sich die Regensburger rasch auf ein neues Selbstverständnis, das die Bindung an Christus und an die kirchliche Tradition wieder zur Mitte des Gemeindelebens machen soll". Der Pressereferent der EKD brachte die Bezeichnung „Regensburger Konvent" in Gebrauch. (Ob er damit absichtlich an den Beginn der Gegenreformation im Jahre 1524 erinnern wollte, ist uns unbekannt).

Anlage 3 erläutert unter dem Titel: „Die Ausländerarbeit in der Gesamtarbeit der ESG als ökumenische(r) Gemeinde" in These 41 erneut den neuen Ökumene-Begriff: „Die Ausländerarbeit ist ein wesentlicher Bestandteil der Arbeit der ESG und in der ESG, und zwar in dem Maße, in dem . . . die ESG sich als Bestandteil der Kirche mit einem betont ökumenischen Selbstverständnis begreift, wobei das ‚ökumenische' (sic!) nicht im landläufigen Sinne von ‚Gesamtchristlich' verstanden wird, sondern im Sinne der ‚Gemeinsamkeit aller, die über die Grenzen des Glaubens, der Konfession, der Partei, der Rasse, der Kultur, der Klasse . . . ein ähnliches Lebensprojekt suchen und es zu verwirklichen versuchen'".

Und These 51 hält fest: „Die Mitgliedschaft der ausländischen Studenten in der ESG soll weiterhin nicht durch Konfession bzw. Religion bedingt sein – genauso wie bei den deutschen Studenten".

Das ist natürlich alles andere als selbstverständlich; denn normalerweise stellt man sich unter „Evangelischer Gemeinde" eine Gemeinschaft vor, in der die Mitgliedschaft durch Konfession bedingt ist. In einem fortgeschrittenen, an der Basis die Institutionen überholenden Stadium der ökumenischen Bewegung kann man sich vorstellen, daß die Mitgliedschaft sich auf Angehörige anderer Konfessionen erweitert. Dieses landläufige Verständnis von „Ökumene" betont aber eben *das gemeinsam Christliche.* Dies ist hier jedoch *nicht* gemeint. In der als ESG bezeichneten Spielart von evangelischer Gemeinde ist die Mitgliedschaft nicht durch Konfession bzw. Religion bedingt. Wodurch dann?

Als Anlage 6 war dem Protokoll eine von Studentenpfarrer Gerhard Breitenstein vorgetragene Bibelarbeit beigegeben. Die Vorbemerkung deutet das Thema der Studentenpfarrerkonferenz so, daß es dabei „keineswegs nur um die Fragen der Ausländerarbeit gehen" soll, sondern wie der damalige Generalsekretär der ESG, Friedrich Grotjahn, in seinem Einladungsbrief schrieb, „um den Versuch, unsere Grenzen überschreitende (sic!), offene Gemeindearbeit theologisch neu zu qualifizieren".

Pfarrer Breitenstein ging von zwei Fragen aus, die „immer wieder" von Kirchenleitungen wie von Vertretern der kirchlichen Basis und gelegentlich auch von „Studenten" an die ESG gerichtet werden:

1. „Wieso seid Ihr christliche Gemeinde?" Wenn die Mitgliedschaft nicht durch Konfession oder Religion bestimmt sein soll, liegt die Frage nahe: „Wollt Ihr überhaupt Christen sein?" „Woran erkennt man Euer Christsein?" „Wie kommt es, daß bei Euch nicht nur Katholiken, sondern auch Muslims, Religionslose und sogar erklärte Atheisten mitarbeiten?"

Eine mögliche Antwort könnte lauten: Es kommt daher, daß das Evangelium und die Nachfolge Jesu ihre Anziehungskraft erweisen. Aber dann ließe sich die Frage: „Woran erkennt man Euer Christsein?" bereits eindeutig beantworten: Daran, daß das Evangelium zur Sprache kommt, und an dem einladenden Versuch der Nachfolge Jesu. Daß das Evangelium zur Sprache kommt, ist nach Artikel 7 der Confessio Augustana neben der Feier der Sakramente, ein unentbehrliches, aber auch ausreichendes Kennzeichen christlicher Gemeinde. Die Predigt und Feier des Abendmahls entfiel aber, wie die Semesterprogramme zeigten, in zahlreichen ESG'n. Gottesdienste und Bibelstunden fanden über Jahre hin nicht statt. Daher stellte sich die Frage: „Wie unterscheidet Ihr Euch von anderen (polit.) Gruppen, die dasselbe tun wie Ihr?"

Als 2. Frage nannte Breitenstein: „Wer gehört eigentlich zu Euch, wer nicht?" „Wie grenzt Ihr euch ab gegen z. B. kommunistische Gruppen? Wen laßt Ihr alles unter Euer Dach (Homosexuelle, Atomkraftgegner, Schahgegner)?! (ESG Hamburg!)"

Pfarrer Breitenstein verzichtete bei seiner Bibelarbeit auf eine Textgrundlage und beleuchtete lieber einen „breiteren Ausschnitt biblischer Tradition“. Er berief sich auf die „Frühzeit der Jesus-Bewegung“, wie die Neutestamentler Luise Schottroff und Stegemann sie rekonstruieren.

Das Fazit der Ausführungen war: »Ich denke, wir (als ESG) werden uns gerne berufen auf die Abgrenzung gegen das Alte“, die für die frühe Jesusbewegung kennzeichnend gewesen sein soll, „also Protest und Kritik gegen den ‚Tempel‘ der kirchlich-politischen Strukturen, gegen das Verlogene und Tote des Volkskirchentums, gegen das Pharisäertum der Fundamentalisten“. Damit ist nicht nur die verbreitete, wahrlich beklagenswerte Leblosigkeit des kirchlichen Christentums, sondern *die Institution Kirche selbst und ihre Berufung auf die Bibel getroffen*, indem die Kirche einfach mit dem Tempel und die Berufung auf die Heilige Schrift mit Pharisäismus gleichgesetzt wird.

„Noch lieber werden wir uns auf die Offenheit der Jesusbewegung berufen, auf die Nichtunterscheidung zwischen Getauften und Nichtgetauften“, denn Jesus selbst hat nicht getauft, „auf die Gemeinschaft mit den politischen und sozialen Randfiguren der Gesellschaft, auf die Unwichtigkeit von religiösen Riten und Bekenntnissen“.

„Schließlich werden wir uns gerne darauf berufen, daß es Jesus nicht auf fromme Bekenntnisse ankam, nicht aufs ‚Herr, Herr‘-Sagen, nicht auf Gottesdienste und Bibelkreise“.

Die eingangs zitierten Fragen wurden in dieser angeblichen Bibelarbeit nicht ausdrücklich beantwortet.

Weiter führt ein schon 1975 von Peter Winzeler und Ton Veerkamp verfaßter, immer wieder zitierter „Entwurf zu einem verbindlichen Kommentar zur Präambel der Satzung der Evangelischen Studentengemeinden in der Bundesrepublik Deutschland und Berlin (West)“.

In diesem Entwurf heißt es z.B. (S. 3): „Die Kirche ist kein neuer Tempel“. Dem hielt die ESG Regensburg im August 1979 entgegen: „Das Neue Testament bestreitet, daß Gott in ‚mit Händen Gemachtem‘ wohne. Diese Bestreitung wird nun auch auf die Metapher bezogen, in der sich das Selbstverständnis der neutestamentlichen Gemeinde ausdrückt. Das ist eine metabasis eis allo genos. Das Neue Testament versteht die Gemeinde durchaus als Tempel im metaphorischen Sinne (Eph 2,19–22; vgl. Mt 16,18). Eben weil Gott nicht in ‚mit Händen Gemachtem‘ wohnt, ist seine ‚Behausung‘ die Gemeinde.

Der Bestreitung dieser neutestamentlichen Aussage stellt der ‚Entwurf' die Behauptung an die Seite: ‚sondern sie zieht mit den Mühseligen und Beladenen (Mt 11,28) mit'. An der zitierten Evangelienstelle ist jedoch nicht von einem Aufbruch und einem ‚Mitziehen' auf einem Marsch die Rede, sondern von dem Angebot Jesu, angesichts ungelöster Probleme Ort der Zuflucht zu sein: ‚Kommt her zu mir!' ‚Ich will euch erquicken'. Gemeinde ist das Sich-Versammeln an dem Ort der Erquickung.

Hier entsteht der Eindruck, daß im ‚Entwurf' biblische Reminiszenzen in ein anderswo entworfenes Bild von Kirche eingezeichnet werden: Sie soll nicht Ort der Anbetung sein (Tempel), sondern Marschbegleitung der Verdammten dieser Erde".

Unter der Frage: „Was ist Kirche?" sagt der Entwurf (S. 3): „Irrtümlich ist die Auffassung, wonach Kirche Jesu Christi nur dort Gestalt gewinnen kann, wo sie sich mit Bekenntnis, Predigt und Sakrament in Form eines religiösen Kultus bezeugt und sich so noch auf etwas anderes gründen läßt als auf den Herrn der Kirche selbst, der mit ‚Zöllnern und Sündern' (Mt 11,19) zu Tische saß."

Dem hielt die ESG Regensburg entgegen: „Hier wird als Irrtum verworfen, was Lehre der lutherischen Bekenntnisschriften ist. Was die Confessio Augustana (CA VII) als Wesen der Kirche versteht, wird hier als ‚religiöser Kultus' abgetan. Die Versammlung um Gottes Wort und Sakrament, also der christliche Gottesdienst, scheint hier mit dem von den Propheten kritisierten Kultus gleichgesetzt zu werden. Demgegenüber versteht sich evangelischer Gottesdienst als Versammlung um den Herrn der Kirche selbst. Bekenntnis, Predigt und Sakrament sind nicht ‚noch . . . etwas anderes' als der Herr der Kirche selbst, sondern die Art und Weise, wie die versammelte Gemeinde ihm begegnet. Der ‚Entwurf' will den Eindruck erwecken, eine ‚offene Gemeinde' ‚mit Juden und Heiden' (S. 3), d. h. mit in verschiedenen Namen zu ähnlicher Praxis Versammelten, gründe sich ausschließlich auf Christus, während die Gemeinde, die am Bekenntnis zu Christus, an der Versammlung zum Hören seines Wortes und zur Feier seiner Sakramente, zu erkennen ist, diese Erkennungszeichen neben Christus stellen würde. Tatsächlich marschiert die im ‚Entwurf' beschriebene ‚offene Gemeinde' im Namen bestimmter unter den ‚Mühseligen und Beladenen' aufgekommener, aus einer Auswahlbibel theologisch begründeter Parolen Seite an Seite mit vielen, die von Christus nichts halten, während die ‚Bekenntnisgemeinde' sich auf nichts anderes als den in Wort und Sakrament sich mitteilenden Christus gründet, der die Mühseligen und Beladenen zu sich ruft, um sie zu erquicken".

Der „Entwurf“ wurde daraufhin zwar zurückgezogen, aber die auf der Studentenpfarrerkonferenz 1984 gehaltenen Referate zeigen, daß sich am Ökumene-Verständnis der ESG seither nichts geändert hat. *Geändert hat sich nur, daß die „Christen für den Sozialismus“ weltweit an Zahl und Einfluß zugenommen haben, an Einfluß vor allem auch auf den Weltrat der Kirchen.* So konnte das Mitglied des Präsidiums der Studentenpfarrerkonferenz, Godeke von Bremen, in seinem Vorwort schreiben: „Gerade die letzte Vollversammlung des ÖRK“, nämlich in Vancouver, „könnte ein Anstoß sein dafür, sich als Teil der ökumenischen Bewegung zu begreifen, vielleicht sogar die Studentengemeinde als ökumenische pressure group in der Bundesrepublik zu begreifen“ (S. 3). Die Anwesenheit des bisherigen Stellvertretenden Generalsekretärs des Weltrats der Kirchen, Konrad Raiser, bei der Studentenpfarrerkonferenz und seine Mitwirkung als Referent schien die Verbundenheit der sich im oben angedeuteten Sinne als ökumenische Gemeinde verstehenden ESG mit „Genf“ zu bestätigen.

Ton Veerkamp, Ausländerpfarrer in Berlin, wiederholte in seinem Einführungsreferat die These, daß wie zur Zeit des Paulus „‚Jude‘ und ‚Grieche‘ zwar Realitäten, aber keine Kriterien mehr waren, jetzt ‚Christ‘ und ‚Nicht-Christ‘ zwar Realitäten (vorwiegend kultureller Natur, und das ist nicht wenig!) sind, aber keine Kriterien in der messianischen Gemeinde. So wie damals der Jude Jude blieb und der Grieche Grieche und ER alles in allen, so bleibt heutzutage der Christ Christ und der Nicht-Christ Nicht-Christ, eben Muslim, Atheist, Marxist oder was auch immer, ER alles in allem. Keiner hat einen Vorteil, keiner kann dem Anderen seine Eigenart aufzwingen. Diese Trennwand hat ER niedergerissen, Eph 2,11 ff.“ (S. 10). Daher gibt es –, ganz anders als Paulus im Epheserbrief folgerte, – keine „Mission“ „kein messianisches Kernland mit ‚heidnischer‘ Peripherie“. „Ökumene ist auch heute noch die bewohnte Welt der Völker und nicht internationales Kirchenpalaver“ (S. 7).

Die Gemeinde, die aus *Getauften und Nichtgetauften* besteht, wobei nicht Noch-nicht-Getaufte, sondern Nie- zu-Taufende gemeint sind, und die sich aus *Christen und Atheisten* zusammensetzt, wobei nicht zweifelnd nach Christus fragende, sondern ihren Atheismus bekennende Atheisten gemeint sind, wird zusammengeführt und zusammengehalten durch das *„Messianische“*.
Veerkamp wählt das hebräische Äquivalent für „christlich“, um eine Differenz auszusagen. Es geht auch heute in der ESG, wie 1979, nicht

um Bekenntnis, Glauben, Gottesdienst und Gebet, obwohl alle diese Formen als Ausdruck der „Bewegung" wieder in Gebrauch gekommen sind (evangelische Pfarrer haben z.B. im Zusammenhang mit Friedensdemonstrationen plötzlich – ökumenisch! – die Bedeutung von Prozessionen entdeckt), sondern um *politischen Kampf*. Die von der Studentenpfarrerkonferenz 1984 verabschiedete Erklärung sagt: „Im Wissen, daß wir in einer weltweiten Bewegung von Christen und Nicht-Christen stehen, erfahren wir, daß die messianische Bewegung . . . neu lebendig wird" (S. 28). „Mit dieser weltweiten Bewegung haben wir gelernt, daß Rassismus und Militarismus unser Bekenntnis herausfordern und uns nötigen, an unserem Ort Rassismus und Militarismus zu erkennen und zu bekämpfen" (ebd).

Dieses Ökumene-Verständnis der ESG ist, wie gesagt, nicht das Verständnis der evangelischen Studentengemeinden, sondern der Wortführer, die sich als Traditionsträger der Studentenbewegung verstehen.

Ende Mai 1976 trafen sich in Göttingen zwölf Studentenpfarrer und Studenten, um zu beraten, wie „ein Arbeits- oder wenigstens ein Informationszusammenhang unter den ausscheidenden Pfarrern ermöglicht werden" kann. Sie stellten fest, daß „die Arbeit der ESG, zumindest in ihren repräsentativen Teilen, seit 1967 durchaus von einer gewissen Kontinuität gekennzeichnet" war. „Für viele von uns ist diese Hoffnung mit Vorstellungen von Sozialismus verbunden. Vorstellungen, die primär aus einer nichttheologischen Analyse der Wirklichkeit gewonnen werden, die aber für die Theologie belebend wirken." Nun stellte sich die Frage, wie diese Kontinuität festzuhalten und auszuweiten sei „innerhalb des kirchlichen Rahmens". Denn „diesen Rahmen zu verlassen", „kann nicht unser Interesse sein", „da ihn zu verlassen gleichbedeutend ist mit dem Verzicht, ihn zu verändern". Ergebnis: „Dies bedeutet, daß unsere zukünftige Arbeit sich in einem, so unscharf es auch ist, linkskirchlichen Milieu bewegen muß."

III.

Was sind die Quellen dieser bereits traditionellen ESG-Theologie?

Ich beschränke mich darauf, wiederum einige innerhalb der ESG publizierte Quellenangaben vorzustellen und zu kommentieren.

Auf einer Europäischen Studentenkonferenz in Athen legte im April 1978 Studentenpfarrer Heinrich Brinkmann anhand der Texte

Jes 11,1–9 und Jes 65,17–25 dar, „wie jemand, der sich selbst als Marxist und Atheist versteht, dazu kommen kann, sich mit der Bibel auseinanderzusetzen"[14]. Zunächst würde man umgekehrt vermuten, daß ein Studentenpfarrer begründen sollte, wie er dazu kommen kann, sich als Marxist und Atheist zu verstehen.

Das schien aber auf dieser Konferenz keiner Begründung bedürftig zu sein. Brinkmann gab aber Auskunft, wer sein Lehrer war. „Zunächst durch Ernst Bloch habe ich gelernt, daß die Bibel durchaus auch andere Traditionen in sich enthält als es dem normalen Christentum lieb ist."[15] Damit ist eine der Quellen des neuen, als „ökumenisch" bezeichneten Gemeinde- und Christentumsverständnisses in der ESG angegeben.

Ernst Bloch hat seinerseits durch die Kombination vor allem zweier Traditionen auf Theologen nachhaltigen Eindruck gemacht.

Er hat einerseits die Tradition der von Luther so genannten *„Schwärmer"* aufgegriffen und sie gewissermaßen rehabilitiert. Waren sie bislang als an den Realitäten gescheiterte Utopisten geringgeschätzt worden, so leuchtete ihr Anliegen im Licht des Prinzips Hoffnung plötzlich verheißungsvoll auf. Ernst Bloch hat schon 1921 dem „Schwärmer" Thomas Müntzer eine Monographie gewidmet, die ihn „als Theologe(n) der Revolution" darstellt. Durch Bloch ist wohl auch Brinkmann auf Müntzer aufmerksam geworden. „Durch die Beschäftigung mit Thomas Müntzer habe ich gesehen, wie sich im Rahmen einer durch das konstantinische Christentum ausgesparten und verdrängten Tradition revolutionärer Theologie eine imponierende Theorie weltlich-politischen Handelns entwickeln läßt, die in ihrer Radikalität erst durch Marx eingeholt wurde und in ihrer revolutionären Rhetorik in Rosa Luxemburg ein ebenbürtiges Pendant finden sollte."[16]

Im Zuge ihrer theologischen Rehabilitierung werden die von Luther als „Schwärmer" bekämpften Theologen und Laien heute unter der die Sitzordnung des Parlaments voraussetzenden Bezeichnung „Der linke Flügel der Reformation" gewürdigt.[17]

Ihr Anliegen war es, ungeteilt in der Nachfolge Jesu zu leben und keinen Bereich der Wirklichkeit von der alles verändernden Herrschaft Christi

---

[14] Neue Exegese, Materialsammlung, Alektor-Verlag, Stuttgart 1978, S. 84.

[15] Ebd.

[16] Ebd.

[17] Heinold Fast in: Der Linke Flügel der Reformation, Klassiker des Protestantismus Bd IV, Sammlung Dieterich, Bd. 269, Bremen 1962, S. Xf., XXVII.

auszunehmen. Sie hatten auf dieser Welt zwei Möglichkeiten: Sie konnten Märtyrer werden oder sich zur Gewalttätigkeit entschließen. In beiden Formen haben die „Schwärmer" Geschichte gemacht. Müntzer zählte zu dem zweiten Typ. Allerdings tat sich rechtzeitig ein Ausweg auf: Die Auswanderung in die Neue Welt. Dort konnten die vermeintlichen „Schwärmer" neue Formen menschlichen Zusammenlebens erproben, aus denen z. B. die Formulierung der Menschenrechte und viele demokratische und rechtsstaatliche Errungenschaften erwuchsen, die uns heute als unverzichtbar erscheinen.

Dem früheren Kölner Studentenpfarrer Klaus Schmidt, einem der Wortführer der *„Christen für den Sozialismus"* in Deutschland, kommt das Verdienst zu, die Berufung auf die Tradition der Freikirchen in einer Monographie über die Einflüsse der englischen Reformation auf die amerikanische Revolution unter dem Titel: „Religion, Versklavung und Befreiung" (Kohlhammer 1978), ausführlich begründet zu haben.

Nicht nur autobiographische Äußerungen ehemaliger Studentenpfarrer, sondern verschiedene in Flugblattform oder als Broschüren publizierte Texte zeigen, daß oft ein Ungenügen an der das wirkliche Leben der Menschen nicht mehr berührenden kirchlichen Verkündigung und an der Unbeweglichkeit und Selbstgenügsamkeit ‚verbürgerlichter' Gemeinden, und die Suche nach einer radikaleren Form des Christentums für viele der Grund war, von Bloch angeregt, auf die Tradition des linken Flügels der Reformation zurückzugreifen.

Damit verband sich aber bei Bloch auf eigenartige Weise die Tradition des *Marxismus* und des für den Marxismus grundlegenden *Atheismus*.[18] Hatte Marx für christliche Schwärmer nur Spott übriggehabt und lag den christlichen Schwärmern nichts ferner, als Atheisten zu werden, so gelang es Bloch, in dem paradoxen Motto seines Buches „Atheismus im Christentum" eine Verschmelzung beider Traditionen programmatisch zu formulieren: „Nur ein Atheist kann ein guter Christ sein, nur ein Christ kann ein guter Atheist sein".[19]

Obwohl dieses Motto abwegig klingt, hat es christliche Theologen in unerwartetem Maße beeindruckt. Über die Gründe dafür kann ich nur Vermutungen anstellen. Die Jahrzehnte, bevor Blochs Einfluß auf die

---

[18] Vgl. Rupert Hofmann, Zur neuen Ökumene von Christen und Marxisten, in: Münchener Theologische Zeitschrift 35. Jg., H. 3, 1984, S. 224ff.; Hinweis auf Angelika Senge, Marxismus als atheistische Weltanschauung, Paderborn, 1983.

[19] Suhrkamp 1968.

Theologie wirksam wurde, standen unter dem Vorzeichen der sog. Entmythologisierungsdebatte. *Rudolf Bultmanns* am 4. Juli 1941 in Alpirsbach gehaltener Vortrag über „Neues Testament und Mythologie" gewann in den Nachkriegsjahren eine durchschlagende Überzeugungskraft. Unter dem Eindruck eines naturwissenschaftlich wohl bereits überholten, vermeintlich naturwissenschaftlichen Weltbildes und dessen, was innerhalb des Rahmens seiner ehernen Naturgesetze als möglich gelten könne, ließ Bultmann es sich und allen Gläubigen verboten sein, irgendwelche unvorhersehbaren, unberechenbaren oder gar wunderbaren Vorgänge im Weltgeschehen anzunehmen. Die Menschwerdung eines Gottessohnes, Auferstehung und Himmelfahrt und alles, was an Wundern überliefert war, gehörte in den Bereich der Mythologie und war als Glaubensartikel modernen, wissenschaftlich gebildeten Menschen nicht mehr zuzumuten. Die christliche Botschaft sollte aber nicht aufgegeben werden. Also mußte man sie entmythologisieren. Das Ergebnis war eine abstrakte Verkündigung, die um das Selbstverständnis des Menschen kreiste und den Gemeinden kaum nahezubringen war.

Unter den damals jungen Theologen herrschte der Eindruck, unter dem unabweisbaren Diktat der Entmythologisierung zu stehen. Karl Barths souveränem Versuch, sich über die Schranken des vermeintlich modernen Weltbildes hinwegzusetzen, folgten nur noch wenige, wohl auch wegen des entmutigenden Ausmaßes seiner, dreizehnbändig, Fragment gebliebenen Dogmatik. Paul van Buren, einer der „Gott-ist-tot"-Theologen in den USA, kritisierte, daß Barths "conservative alternative" die Tatsache vernachlässigt habe, daß die Christologie des ökumenischen Konzils von Chalkedon (451, die besagte, daß Jesus wahrer Gott und wahrer Mensch zugleich ist, unvermischt und ungetrennt,) "may be literally nonsense to men today"[20]. Das sog. ‚moderne Denken' richtete auf allen Wegen theologischen Denkens Verbotstafeln auf, auf keinen Fall weiterzugehen. Wenn man fragte: Und was ist mit dem Leichnam Christi nach der Kreuzigung geschehen?, antwortete Bultmann: Mit ihm wird geschehen sein, was mit Leichen eben geschieht: er ist verwest. Denn Gott greift nicht ein; der biblische „Arm des Herrn" gehört in die Mythologie.

[20] "The secular meaning of the Gospel", London 1963, S. 8.

Was tut Gott dann eigentlich? Bei einigen Schülern Bultmanns verdichtete sich der Verdacht, auch „Gott" selbst könne ein mythischer Begriff sein. Gemeint sei mit diesem Wort „eine bestimmte Art der Mitmenschlichkeit".[21]

Viele Theologen vermochten sich der Folgerichtigkeit dieses Denkens nicht zu entziehen, blieben aber trotzdem unbefriedigt von dieser anscheinend reduzierten, jedenfalls die Weltwirklichkeit nicht mehr berührenden, geschweige denn verändernden Form christlichen Glaubens. Da machte Bloch Mut, Mythen wieder ernstzunehmen und mit ihnen etwas anzufangen. Die verbotene mythische Sprache der Bibel leuchtete in seinen Auslegungen in verführerischer Pracht wieder auf. Man konnte also mit Bultmanns konsequenten Schülern Atheist sein und mußte dennoch die Welt nicht hinnehmen, wie sie war, durfte träumen, sogar von Auferstehung, und den Träumen in einer „Ontologie des Noch-nicht-Seins"[22] eine höhere Seinsdichte zumessen als der vorgegebenen Wirklichkeit.

Mir scheint, viele Theologen lehnten sich innerlich auf gegen die Kargheit der Bultmann'schen Kerygma-Theologie, konnten sich aber ihren Prämissen nicht entziehen. Barth schien in die Vergangenheit zurückzuführen, und man meinte, es sich nicht erlauben zu dürfen, ihm auf diesem verlockenden Weg zu folgen. Nichts wurde konsequent zuende gedacht.

Aber man folgte Bloch, der einen Ausweg wies, den *Moltmann* als christlich gangbar pflasterte. Bloch schien es möglich zu machen, *daß man als Atheist Christ sein konnte, und als Christ Atheist, und damit also auch christlicher Marxist.*

Dafür bestand gegen Ende der sechziger Jahre Bedarf. Nun setzte ein emsiges Bemühen der Theologen ein, sich zumindest als marxistisch belesen zu erweisen. Die „Religiösen Sozialisten", von denen Barth einst ausgegangen, später aber abgerückt war, wurden aus der Vergessenheit erweckt. Und kaum war Barth gestorben, wandelte ein Schüler Gollwitzers, ehemaliger Studentenpfarrer in Berlin, ihn in einen Sozialisten um, extrem links, links noch von Lenin, Anarchist also, der sein sozialistisches Anliegen nur in der Sprache klassischer Dogmatik verfremdend dargestellt habe.[23] Friedrich-Wilhelm Marquardts Barth-

[21] Herbert Braun, Gesammelte Studien zum Neuen Testament und seiner Umwelt, Tübingen 1967, S. 341.

[22] Titel einer Vorlesung von Ernst Bloch.

[23] Friedrich-Wilhelm Marquardt, Theologie und Sozialismus. Das Beispiel Karl Barths, München 1972.

Buch wurde zwar wegen methodischer Mängel von der Kirchlichen Hochschule in Berlin nicht als Habilitationsschrift angenommen, Gollwitzer brachte es aber an der FU zu Ehren. Und Marquardt blieb ein bevorzugter Referent bei ESG-Seminaren. Auch er berief sich übrigens auf die „Denkanleitung Blochs", der „die heutige Aktualität des frühen Barth" zu verdanken sei.[24]

In einer im Alektor-Verlag erschienenen Materialsammlung zum Thema „Materialistische Exegese" zählte der frühere Hamburger Studentenpfarrer Wolfgang Wiedenmann die Quellen auf, aus denen der neue Ökumenismus der ESG-Theologie geschöpft worden sei. Er nennt „die Wiederentdeckung der Theologie Karl Barths" mit ihren politischen Implikationen, die aber nachweislich[25] in einer Mißdeutung besteht und Barth auf Bloch reduziert; „die Neuentdeckung der Geschichte der Bekennenden Kirche", die aber, wie die Vorbereitung der Dreißigjahrfeier des sog. Darmstädter Wortes vom 8. August 1947, einer Art Weiterführung des sog. Stuttgarter Schuldbekenntnisses von 1945, zeigte, darin bestand, alle wesentlichen theologischen Aussagen der Bekennenden Kirche in der Art, wie Bloch, enttheokratisierend, mit der Bibel verfuhr, als Überbaufloskeln abzutun und sie atheistisch zu interpretieren; denn entscheidend ist im variablen Sprachgewand nur die eindeutige politische Richtung. Wiedenmann nannte darüber hinaus die „religiösen und christlichen Sozialisten", die „neuere(n) Theologie in den südeuropäischen Ländern, in Lateinamerika und Afrika, wie auch die Beschäftigung mit Abweichlern vom offiziellen Weg der Kirche".[26]

Auf die ebenfalls durch Bloch vermittelte Anknüpfung an die um die Ketzergeschichte des Mittelalters zu erweiternde Tradition der „Schwärmer" des Reformationsjahrhunderts und ihre Folgen haben wir bereits hingewiesen. Es bleibt noch der die ESG-Theologie im Augenblick beherrschende Einfluß römisch-katholischer Dissidententheologie aus Lateinamerika und Südeuropa zu nennen, der nocheinmal eine Nuance des Ökumene-Verständnisses der ESG beleuchtet. Es handelt sich um Spielarten der „*Theologie der Befreiung*" und um die Methodik „*Materialistischer Bibelexegese*".

---

[24] A. a. O., S. 89.

[25] Vgl. meine Auseinandersetzung mit Marquardt in: Evangelische Theologie, 32. Jg. H. 6, 1972, S. 595–606.

[26] In: Neue Exegese, a. a. O., S. 76.

Das umfangreichste Buch, das der Alektor-Verlag wohl bis heute herausgebracht hat, ist *Fernando Bélos* Werk: „Das Markus-Evangelium, materialistisch gelesen“ (1980). Bélo ist Portugiese und war Priester. Er möchte, daß man sein Buch liest „wie einen tastenden Versuch, von dem Ort wegzukommen, an dem man lange glücklich gelebt hat“[27]. Es ist „in keiner Hinsicht neutral“. Er hätte auch, erwägt der Autor, wie viele andere, „das ganze ideologische und religiöse System, das mich in meiner Jugend begeisterte, fallen lassen können“. Doch eine Psychoanalyse riet ihm von Verdrängung ab. Das Buch ist seine Abrechnung mit dem Christentum.[28]

Bélo hat sein Priesteramt aufgegeben und lebte, wie sein evangelischer Freund *Georges Casalis* berichtet, „mehrere Jahre im Exil, als Gastarbeiter in Frankreich“[29], wo er 1974 sein Buch veröffentlichte. Als er am 25. April 1974 von der Revolution in Portugal hörte, kehrte er sofort nach Lissabon zurück und arbeitete bis zum 25. November 1975 beim Fernsehen. Nach Casalis hat er „nicht“ die Hoffnung verloren, daß aus der z.Z. sehr bedrohten und vielleicht mißglückten portugiesischen Revolution noch etwas werden könnte“.[30]

Bélo schrieb: „Letztlich geht es um die Konfrontation einer politischen Praxis mit revolutionärem Anspruch mit einer christlichen Praxis, die keinen religiösen Anspruch mehr hat“.[31] Dieser Satz scheint mir charakteristisch zu sein für das den ehemaligen römischen Priester mit manchen evangelischen Studentenpfarrern ökumenisch verbindende neue Ökumeneverständnis. Ein Christentum, das sich als Praxis versteht und keinen religiösen Anspruch mehr hat, – wodurch, wie Hans-Werner Bartsch, ein übergetretener Veteran der Bultmann-Schule, behauptet, die reformatorische Rechtfertigungslehre, die Luther als „articulus stantis et cadentis ecclesiae“ hervorgehoben hatte, und damit das Anliegen der lutherischen Reformation selbst, gegenstandslos wird[32], – ein Christentum, das Blochs Motto gefolgt ist: „Entscheidend: Ein Transzendieren ohne Transzendenz“, begegnet einer politischen Praxis mit revolutionärem Anspruch und erkennt sich, solchermaßen religionslos geworden, in der säkularisierten Eschatologie marxistischer

---

[27] Markus-Evangelium, S. 18f.
[28] Markus-Evangelium, S. 18f.
[29] In: Neue Exegese, a.a.O., S. 39.
[30] In: Neue Exegese, a.a.O., S. 44 (1978).
[31] Markus-Evangelium, S. 13.
[32] In: Neue Exegese, a.a.O., S. 33.

Selbsterlösung wieder. „Das Neue“, erklärt Bélo, „ist das Auftauchen einer Generation von Christen, die sich in Sprache und Analyse, politischem Engagement und strategischer Polemik als Marxisten verstehen.“[33] Sein exegetisches Programm kleidet er in das Wortspiel: „Es wird immer darum gehen, Markus (französisch: Marc) mit Marx zu lesen“.[34]

So stellt sich gegenwärtig das ökumenische Programm der Evangelischen Studentengemeinden in ihren offiziellen Äußerungen dar. Es hat *Rückhalt im Weltkirchenrat.* Denn seit Anfang der ökumenischen Bewegung hat sich die „Kommission für praktisches Christentum“, die neben der unauffälliger arbeitenden, mit theologischen Themen befaßten „Kommission für Glauben und Kirchenverfassung“, mit größerer Öffentlichkeitswirkung arbeitet, keineswegs an der im deutschen Luthertum herkömmlichen Unterscheidung der Zwei Reiche orientiert, die davon ausgeht, daß politisches Engagement und Glauben an das Evangelium, daß irdisches Wohl und ewiges Heil zweierlei sind. In den Anfängen der ökumenischen Bewegung war die angelsächsische Theologie des "Social Gospel", die Luther durchaus als „schwärmerisch“ bezeichnet hätte, einflußreich.[35] Söderblom selbst, vergleichender Religionswissenschaftler[36], träumte von einer religiös geprägten, menschheitsweiten Friedensbewegung nach Art des Völkerbundes.[37] Teilhard de Chardin hat im modernen Katholizismus ähnliche Träume geweckt.

Karl Rahner meinte, daß „das Christentum eine Menschlichkeit entwikkelt, die gar nichts spezifisch Christliches an sich zu tragen meint und sich auch außerhalb des institutionalisierten Christentums, der Kirche“, – man müßte protestantisch ergänzen: auch abseits der Verkündigung Christi, – „realisieren läßt“. „Das Christliche ist in irgendeinem Intensitätsgrad überall, wird aber nicht als christlich empfunden und bedeutet darum für viele Menschen kein Argument und keine Einladung, in die Kirche einzutreten. Man scheint, wenn man es einmal etwas boshaft so sagen darf, genügend in der Kirche zu sein, wenn man der UNO und deren humanitären Organisationen angehört“[38], – für die ESG wäre einzufügen: bzw. einer neuen Sozialistischen Internationalen.

---

[33] Markus-Evangelium, S. 13.

[34] Markus-Evangelium, S. 18.

[35] Vgl. den Aufsatz von Winterhager, a. a. O.

[36] Winterhager, a. a. O., S. 203.

[37] Winterhager, a. a. O., S. 210.

[38] Brief an Mario von Galli, in: Orientierung, 43. Jg., Nr. 19, Zürich, 15. Okt. 1979, S. 207.

Dagegen wandte Hans Urs von Balthasar ironisch ein: „Vielleicht ist das wieder einer der vielen Punkte, wo die heutige evolutionierte Christenheit es weitergebracht hat als ihr Stifter. Aber unglücklicherweise schneidet dieser den Traum des ‚Weiterkommens' (Mt 10,25) sowohl wie den der ‚friedlichen Koexistenz' dadurch ab, daß er *sein* historisches ‚Kreuz' (v. 38) als überzeitlich erklärt und zur bleibenden Lebensform der Nachfolge-willigen macht"[39]. Dem ist lutherischerseits wenig hinzuzufügen, höchstens dies, daß Lutheraner, wo die Theologie des Kreuzes auf dem Spiel steht, sich unausweichlich im Status Confessionis befinden.

Im Alektor-Verlag wurde tatsächlich 1983 ein Büchlein des Schweizer Pfarrers Ulrich Hedinger veröffentlicht, das „Die Hinrichtung Jesu von Nazareth" in der Form einer „Kritik der Kreuzestheologie" behandelt. Der Grundfehler aller bisherigen Theologie bestand demnach darin, daß sie der Kreuzigung Jesu einen Sinn zu geben versuchte. Die Kreuzigung war aber sinnlos. Ihr einziger Sinn besteht darin, daß sie auffordert, gegen jede Art von Kreuzigung zu kämpfen. Die theologische Kommission der ESG hat dieses Büchlein fast wie ein neues Evangelium empfohlen.

---

[39] Cordula oder der Ernstfall, Einsiedeln 1966, S. 11.

Peter Beyerhaus

Theologie als Instrument der Befreiung

In ökumenischen Veröffentlichungen über Themen der Dritten Welt begegnet uns seit 1977 in wachsender Häufigkeit der Begriff „*Theology of People*" (mit oder ohne Artikel). Er ist insofern nicht ganz leicht zu übersetzen, als der englische Wortgebrauch sowohl mit „Theologie des Volkes", „Volkstheologie" oder auch „Theologie der (einfachen) Leute" wiedergegeben werden kann. Abwegig wäre es, dabei an eine internationale Wiederbelebung jener Volkstums-Theologie zu denken, die in der deutschen evangelischen Missionswissenschaft seit Karl Graul und Gustav Warneck die Christianisierung der völkischen bzw. volkstümlichen Bindungen zur Aufgabe der Mission werden ließ. Gemeint ist hier vielmehr der neue Leitgedanke, nach dem Theologie in der Dritten Welt – und nicht nur hier! – sich in Zukunft durch ihre Relevanz für die gesellschaftlichen Probleme und Nöte des „Volkes" auszeichnen müsse und deswegen aus dem unmittelbaren existentiellen Engagement des Theologie treibenden Christen in ihnen hervorgehen müsse. Von daher wird die bisher auch an den Ausbildungsstätten der einheimischen Kirchen betriebene traditionelle Theologie, wie sie von den westlichen Missionaren eingeführt worden ist, als wenig brauchbar in Frage gestellt.

Zu diesem Urteil gelangte auch der Tübinger Neutestamentler Ernst Käsemann aufgrund seiner Eindrücke bei der 9. Weltmissionskonferenz in Melbourne 1980. Er erklärte dort[1], die Zeit westlicher Theologie sei nunmehr vorbei, „es kommt eine eigene, nicht-westliche Theologie auf, fragmentarisch und erzählend". Melbourne stellt für unsere Thematik in der Tat ein wichtiges Datum dar. Denn hier begegneten sich erstmalig bewußt die drei Quellströme, aus denen sich die heutige Ökumenische Bewegung „Towards a Theology of People"[2] unter zielbewußter Förderung durch den Weltkirchenrat herleitet.

---

[1] Zitiert nach Wereld en Zending 4/1980, S. 263.

[2] Titel einer Veröffentlichung von URM bei der Christian Conference of Asia, Tokio 1977.

I. Drei Quellströme

1. Theologen-Vereinigungen in der Dritten Welt

Fragt man nach den Ursprüngen der Bemühungen um volksnahe theologische Kreativität, so sind an erster Stelle die seit Neu-Delhi 1961 erfolgenden Zusammenschlüsse von einheimischen Theologen in Asien, Afrika und Lateinamerika zu nennen. Versuche in Richtung einer „inkulturierten" Theologie gibt es schon seit langem; in Indien lassen sie sich bis zum Anfang des 19. Jahrhunderts zurückverfolgen. Zunächst waren diese Entwürfe allerdings alles andere als volksnah; vielmehr zeichneten sie sich durch ihre religionsphilosophische Spekulativität aus. Im Zuge der Entkolonisierung der farbigen Völker gerät aber Ende der 50er Jahre auch die theologische Arbeit einheimischer Christen unter ein nationalistisches oder rassebewußtes Vorzeichen; man wird sich nun seiner Eigenständigkeit in erklärter Distanzierung von der westlichen Tradition bewußt und schließt sich zur Solidarisierung in diesem Bestreben zu regionalen und kontinentalen Theologen-Vereinigungen zusammen. Die Arbeit geschieht zunächst weiter unter dem Aspekt der *Inkulturierung* des Christentums. In einigen Gebieten gerät aber die Theologie zugleich oder vornehmlich in den Dienst eines politischen, auf Befreiung gerichteten Engagements. Dies gilt für die *Black Theology* in den USA und in Südafrika, für die *Theologie der Befreiung* in Lateinamerika, die *Homeland Theology* auf Taiwan und die *Minjung-Theologie* in Südkorea. Von ihrem induktiven, sozialkritischen Ansatz her stehen alle diese genannten Entwürfe in innerer Analogie zueinander. Wie weit dies in einer „praestabilisierten Harmonie" bzw. wie weit in einer bewußten gegenseitigen Anregung begründet liegt, wird später noch zu erörtern sein.

Daß es in der Tat solche gegenseitige Beeinflussung gegeben hat, die im letzten Jahrzehnt eine zielbewußte ökumenische Förderung erfahren hat, zeigt die Entstehungsgeschichte der *Ecumenical Association of Third World Theologians* (EATWoT). Über sie ist seit 1977 in der Ökumenischen Rundschau vor allem durch Erhard Kamphausen ausführlich berichtet worden[3], bevor im Jahre 1983 alle Abschlußdokumente der sechs bisherigen Tagungen der ökumenischen Vereinigung

---

[3] Zur Geschichte der EATWoT-Konferenzen:
Sergio Torres und Virginia Fabella: The Emergent Gospel, Maryknoll NY 1976.

von Dritte-Welt-Theologen (1976–1983), jeweils eingeleitet und kommentiert durch Teilnehmer, unter dem Titel „Herausgefordert durch die Armen" als Band 4 in der Reihe „Theologie der Dritten Welt" im Herder-Verlag erschienen sind. Wir können uns deswegen hier mit einer knappen Zusammenfassung begnügen:

Unter Initiative des chilenischen Befreiungstheologen *Sergio Torres* (der dabei zwei vorausgehende Anstöße in ähnlicher Richtung aufnahm), wurde im August 1976 in Daressalam eine erste ökumenische Konferenz von Dritte-Welt-Theologen einberufen, zu der sich 21 Vertreter aus Asien, Afrika, Lateinamerika, der Karibik und der schwarzen Bevölkerung in den USA zusammenfanden. Einige wenige, mit der politischen Theologie sympathisierende, westliche Theologen nahmen im Beobachterstatus teil und versprachen, sich insbesondere für finanzielle Förderung einzusetzen. Die Teilnehmer „kamen überein, daß die westliche Theologie, die sie übernommen hatten, für ihre Länder ungenügend sei, und daß es eines neuen Modells bedürfe. Zu diesem Zwecke beschlossen sie die Bildung einer Ökumenischen Vereinigung von Dritte-Welt-Theologen"[4]. Aufgabe der Vereinigung sollte die systematische Entwicklung kontextueller Theologien in den Kontinenten der Dritten Welt sein. Die Satzung von EATWoT definiert deren Ziele wie folgt:

- Mitwirkung an den gegenwärtigen Tendenzen der Auslegung des Evangeliums in der verschiedenen Ländern der Dritten Welt unter Berücksichtigung der Aufgaben der Theologie im Vergleich zu anderen Glaubensweisen und Ideologien und im Hinblick auf die Kämpfe für eine gerechtere Gesellschaft;
- Förderung des theologischen Gedankenaustauschs durch Bücher und Publikationen verschiedener Länder der Dritten Welt;
- Förderung der Wechselwirkung zwischen theologischer Aussage und sozialer Analyse;

Ludwig Wiedenmann (Hg.): Herausgefordert durch die Armen.
Dokumente der Ökumenischen Vereinigung von Dritte-Welt-Theologen 1976–1983, Herder 1983.
Wilhelm Wille, „Zum Weg der Vereinigung von Theologen der Dritten Welt", in: ÖkRdsch 2/79, S., 138ff.
Erhard Kamphausen, „Eigenständigkeit und Dialog", in: ÖkRdsch 2/82, S. 205ff.
Ders., „Theologische Praxis in einer geteilten Welt", in: ÖkRdsch 2/83, S. 208ff.

[4] Wiedenmann, a.a.O., S. 10.

– Kontakt zu und Beteiligung an handlungsorientierten Bewegungen zur sozialen Veränderung.[5]

Dies sollte entsprechend einem Plan geschehen, der zunächst ähnliche EATWoT-Tagungen auf kontinentaler Ebene (unter jeweils internationaler Beteiligung) vorsah, um dort die Teilnehmer zu analogen kontinentalen ökumenischen Vereinigungen zu organisieren. Dementsprechend fand die 2. EATWoT-Tagung 1977 in Acra, die dritte 1979 in Colombo (Sri Lanka), die vierte 1980 in Sao Paulo statt.[6]

Das fünfte Gespräch, das 1981 in Neu-Delhi geführt wurde, trug wieder internationalen Charakter und diente der Auswertung der in den vergangenen Jahren geleisteten Arbeit sowie dem Versuch einer Synthese der von EATWoT in Angriff genommenen theologischen Arbeit. Insbesondere wurden die Gemeinsamkeiten und die Differenzen in den Dritte-Welt-Theologien sowie ihre Beziehungen zur traditionellen westlichen Theologie erörtert. Das bildete zugleich die Voraussetzung dafür, eine 6. EATWoT-Tagung einzuberufen, an der erstmalig auch Vertreter der *Ersten Welt* gleichberechtigt teilnahmen. Dabei lud man allerdings nur solche Frauen und Männer ein, die dem emanzipatorischen sozialpolitischen Anliegen ihrer Kollegen aus der Dritten Welt sympathisierend gegenüberstanden und selbst ähnlich motivierte Theologien, wie z.B. die Feministische Theologie bzw. die theologische Begründung in der Friedens- und der ökologischen Bewegung vertraten. Die genannte 6. Tagung fand im Januar 1983 in Genf unter dem Protektorat des Ökumenischen Rates der Kirchen statt, dessen Anteilnahme durch ein pointiertes Referat des gastgebenden Generalsekretärs Philipp Potter zum Ausdruck gebracht wurde[7].

Wir werden auf die Ergebnisse der EATWoT-Tagungen später zurückkommen, haben aber schon jetzt zu bemerken, daß hier eine neue Art und Weise, Theologie zu betreiben, zum Programm erhoben wurde, dessen Grundsätze sich entschieden von den fundamental-theologischen Voraussetzungen aller bisheriger Theologie absetzten, welche von nun derogativ als „westliche Theologie" relativiert wurde.

---

[5] ÖkRdsch 2/77, S. 211.

[6] Wiedenmann, a.a.O.

[7] Ph. Potter, „Doing Theology in a Divided World", in: Ecumenical Review, July 1983, S. 289ff.

2. Christen für den Sozialismus

Die Bewegung der Christen für den Sozialismus (CfS), die auf populärer Ebene ähnliche Ideen vertritt, wie sie mit größerer akademischer Dignität von den Theologen der Befreiung entfaltet werden, hat ihren Ursprung und bis heute ihre weiteste Verbreitung in Lateinamerika, wo wir ihr erstmalig 1968 in Chile begegnen. Sie hat diese Grenzen frühzeitig überschritten. Das Erste Lateinamerikanische Treffen fand vom 23.–30. April 1972 in Santiago/Chile statt, und schon im April 1975 konnte das Zweite Treffen als Internationale Konferenz in Quebec/Kanada einberufen werden. Drei Merkmale waren für diese Bewegung von Anfang an konstitutiv:

- Aus der Anerkennung der revolutionären Praxis als Mutterboden der neuen theologischen Kreativität folgt die Forderung nach einer „neuen Art, die Bibel zu lesen", auf die wir später (II.6.) näher eingehen werden.
- Für den Befreiungsprozeß des Kontinentes wird eine „strategische Allianz revolutionärer Christen mit den Marxisten" gefordert, wobei der Sozialismus als einzige Alternative zum *status quo* bezeichnet wird.
- Die neue Sicht des kontextual im Lichte des Befreiungskampfes gelesenen Evangeliums führt zu einer Kritik an der institutionellen Kirche, an deren Stelle das Leitbild einer von der Basis aus alternativ strukturierten Kirche tritt, für die sich bald der Begriff „die neue Volkskirche" durchsetzte. Das im Deutschen mit dem kompositiven Genitiv „Volks"-wiedergegebene Adjektiv *„populär"* trägt dabei eindeutig klassenkämpferischen Charakter. Das gleiche gilt – wie für alle übrigen analog zusammengesetzten Begriffe – auch für die *Volkstheologie,* die sich in ihrer inhaltlichen Ausrichtung ganz wesentlich der Denkweise der CfS verdankt.

3. Urban and Rural Mission (URM)

Einen dritten Quellstrom heute entwickelter Volkstheologien stellt die theologische Arbeit dar, wie sie im Rahmen des durch ein Genfer Referat koordinierten „Kirchlichen Dienstes in urbanen und ländlichen Gebieten" (URM, Abkürzung für *Urban Rural Mission*) betrieben wird. URM ist der 1978 erfolgte Zusammenschluß zweier Arbeitszweige des ÖRK, die bis dahin getrennt organisiert waren, nämlich die *Urban Industrial Mission (UIM)* und die *Rural Agricultural Mission.* URM koordiniert Teams von sozial-politisch engagierten einheimischen und überseeischen Missionsarbeitern, deren gemeinsame geistige Ausrichtung durch eine internationale Beratergruppe[8] gefördert wird. Das besondere Charakteristikum der URM-Gruppen ist ihr Bemühen um zeit- und situationsgemäße Erfüllung des Missionsauftrages durch Unterstützung der Armen und Machtlosen in deren Bestreben, ihre Lebens- und Arbeitsbedingungen zu verändern. Die internationale Beratergruppe hält zur Bewußtseinsbildung immer wieder an strategischen Punkten der Dritten Welt Konsultationen ab. Auch hat sie auf der 9. Weltmissionskonferenz in Melbourne 1980 und auf der 6. Vollversammlung des ÖRK in Vancouver 1983 wichtige Beiträge geliefert.

Das Sendungsverständnis von URM ist ein sozial-ethisch bzw. -politisch radikales. Ihr Ziel ist es, den Christen der Dritten Welt in Stadt und Land zu helfen, ihre „totale Mission" im Kampf für mehr Gerechtigkeit zu verstehen.[9] Die dahinter stehende Theologie wurde 1977 in einer Broschüre des Tokioer Sekretariats der *Christian Conference of Asia* veröffentlicht unter dem Titel „Auf dem Wege zu einer Volkstheologie I". Hier wird die Kirche dargestellt als eine Volksbewegung, die nach dem so gedeuteten Muster der Urgemeinde ihre Mitglieder aus dem politisch, sozial und wirtschaftlich unterdrückten Volke holt. Schon zwei Jahre zuvor hatten die Teilnehmer einer in Tokio zusammengetretenen Konferenz der internationalen Beratergruppe bei der Festlegung der Richtlinien für die UIM-Arbeit sich eindeutig für die Ideologie des Klassenkampfes ausgesprochen.[10]

Es ist das Bestreben der URM-Gruppen, intensiv die Bildung eines sozial-revolutionären Bewußtseins bei den schlichten Gliedern der Gemeinden zu fördern, das zugleich religiös begründet wird. Dem dient das Abhalten von theologischen Konsultationen, die von Theologen, kirchlichen Mitarbeitern und auch einflußreichen Laien besucht sind, und auf denen eine sozial-kritische Lektüre der Bibel auf dem Hintergrund des jeweiligen sozialwirtschaftlich-politischen Kontexts eingeübt wird. Dabei wird den Teilnehmern die Aufgabe gestellt, als Multiplikatoren solche Betrachtungsweise an die „Graswurzeln" der Kirche weiter zu vermitteln. Besondere Fortschritte haben diese URM-Seminare auf

---

[8] Orientierung Ökumene (hg. v. Moderov und Sens), Berlin 1979, S. 79f.

[9] Vgl. P. Beyerhaus: Aufbruch der Armen, Bad Liebenzell 1981, S. 32f.

[10] Vgl. Åge Holter in: Norsk Tidskrift for Misjon, 3/78, S. 152f.

den Philippinen gemacht, wo die *Cebu-Malaybalay-Konsultation* im Jahre 1978 bahnbrechend wirkte.[11] Der Grundgedanke ist der, daß das ausgebeutete Volk den kongenialsten Zugang zu den biblischen Texten habe, die nämlich in analoge Situationen hineingeschrieben worden seien. Theologie ist deswegen eo ipso primär eine Angelegenheit des Volkes, und das Ziel der Bemühung ist deswegen, aus den „*Responses by the People*" in ihrer Zusammenschau eine „*Theology of the People*" – der Begriff begegnet uns hier zum ersten Male – zu entwickeln.

Die Idee, neue Perspektiven bei der aktuellen Auslegung biblischer Texte aus dem Echo zu gewinnen, das diese bei einfachen Christen finden, die man einlädt, sich aus dem Horizont ihrer oft bedrängenden Alltagserfahrung heraus spontan zu ihnen zu äußern, spielt auch in der Bewegung der Christen für den Sozialismus eine Rolle, wie wir schon sahen.

4. Die Rolle des Ökumenischen Rates der Kirchen

Sehr frühzeitig hat die Genfer Zentrale des ÖRK ihr Interesse am Entstehen und an der Entwicklung einheimischer, kontextualer Theologien gezeigt, insbesondere da, wo diese eine sozial-politische Dynamik aufwiesen. So hat schon im März 1973 ein erstes Symposium von Vertretern der nordamerikanischen *Schwarzen Theologie* und der lateinamerikanischen *Theologie der Befreiung* in Bossey stattgefunden. Hier wurde den gastweise anwesenden Europäern rundweg erklärt, daß eine theologische Kommunikation mit ihnen nicht möglich sei, da es keine gemeinsame Basis zwischen Unterdrückern und Unterdrückten gebe. *James Cone* als Hauptvertreter der Schwarzen Theologie wirkte zwei Jahre darauf auch im Rahmenprogramm der 5. Vollversammlung in Nairobi mit.

Wie sehr den Vertretern des ÖRK an der Aufnahme des Begriffes „Volk" in Verbindung mit der neuen, sozial-kritisch kontextualen Weise, Theologie zu treiben, liegt, läßt sich z. B. aus dem Oktoberheft 1977 der *International Review of Mission*[12] erkennen. Angeregt durch die Veröffentlichung des Priesterdichters Ernesto Cardenal „Das Evan-

---

[11] Teresa Dagdag, „Towards the Emergence of a People's Theology in the Philippines" in: Ching Feng, Sept. 1982, S. 139ff.

[12] International Review of Mission, Oct. 1977, S. 311ff.

gelium in Solentiname", in der dieser die Bemerkungen festgehalten hat, welche eine Gruppe von christlichen Fischersleuten beim gemeinsamen Lesen des Evangeliums machten, lud Emilio Castro Gruppen in Solo (Indonesien), in der südafrikanischen Kap-Provinz, in Minneapolis, Krakau, Hongkong und in einem Dorf in Guatemala ein, über zwei lukanische Perikopen, nämlich Lukas 4, 16–30 (Jesu Predigt in Nazareth) und Lukas 5, 1–11 (Petri Fischzug) gemeinsam nachzudenken. Konkret erhoffte Castro sich dabei Antworten auf die Fragen: Wer ist das Subjekt der christlichen Mission? An wen richtet sie sich? Welche Rolle spielen wir dabei? Mit wem arbeiten wir in unserer missionarischen Bemühung zusammen? Gegen welche Art von Mächten und Gewalten geht sie – welche Namen tragen diese? Das Ergebnis war ein großer Bericht, der unter dem Titel *Commentaries by the People* dem Oktoberheft 1977 der IRM seine Hauptüberschrift gegeben hat. Er ist ein frühes Musterbeispiel von Bausteinen einer durch kontextuale Bibelgespräche gewonnenen „Theologie des Volkes", wie sie durch die Initiative von URM-Missionaren in allen Erdteilen der Dritten Welt erstrebt wird.

Die 9. Weltmissionskonferenz zu Melbourne im Mai 1980 war, worauf wir schon hingewiesen haben, stark von Vertretern der URM bestimmt. Ebenso bedeutsam war die Tatsache, daß die Mehrzahl der Referate wie auch der Sektionsarbeiten im Zeichen der *„Theologie der Armen"* stand, einer neuen Version der lateinamerikanischen Theologie der Befreiung. Schließlich verdient in diesem Zusammenhang hervorgehoben zu werden, daß die Bibelarbeiten in kleinen Gruppen, für welche das Programm der Melbourne-Konferenz reichlich Zeit vorsah, ganz nach den Grundsätzen der sozial-kritisch kontextualen Schriftauslegung mit *Commentaries by the People* gestaltet wurden, wie wir sie sowohl aus der Arbeit der CfS wie der von URM her kennen.

II. Die Methodik der „Volkstheologien"

1. Abgrenzung gegen „westliche Theologie"

Die ökumenische Sammlung von Theologen der Dritten Welt stand von Anfang an im Zeichen des Verlangens nach einer Eigenständigkeit, die man in bewußter Antithese zur herkömmlichen Theologie entwickeln wollte, und zwar sowohl zu deren inhaltlichen Aussagen wie bereits zu ihrem methodischen Ansatz. Die postkoloniale Reaktion der farbigen

Völker, die sich auch beim Selbständigwerden einheimischer Kirchen bemerkbar gemacht hatte, findet nun ihren Ausdruck auch in einer emotionsgeladenen Reaktion auf dem Gebiet der Theologie. Dies kann bisweilen zu pauschalen Verurteilungen führen: „Die Theologien aus Europa und Nordamerika", heißt es bereits im Bericht der 1. EATWoT-Konferenz 1976, „sind zur Zeit vorherrschend in unseren Kirchen und stellen eine Form der kulturellen Beherrschung dar"[13]. Konkret geht der Vorwurf dahin, die westliche Theologie vollziehe sich in einer akademischen Form, die vom Handeln isoliere und deswegen für die Lebensfragen der Dritten Welt irrelevant sei. Als akademisch wird bereits der traditionelle deduktive Ansatz abgelehnt, bei dem autoritative biblische oder dogmengeschichtliche Texte zum Ausgangspunkt theologischer Reflexion gemacht werden. Das bedeutet natürlich auch, wie den beteiligten Dritte-Welt-Theologen bewußt ist, eine Absage an das bisher universal gültige theologische Erkenntnisprinzip, sei es in seiner evangelischen Gestalt *sola scriptura,* sei es in seiner katholischen Form „Schrift und Tradition". Statt dessen vollziehen die Dritte-Welt-Theologen eine entschiedene Option für das Aktions-Reflexions-Modell, wie es sich – abgesehen von der *Faith and Order*-Kommission – unter dem Einfluß der Theologie der Befreiung in den meisten Abteilungen des ÖRK durchgesetzt hat:[14] „Wir sind im Hinblick auf die Erkenntnislehre zum radikalen Bruch bereit, d.h. bereit, das Engagement zum ersten Akt der Theologie zu machen und kritisch über die Wirklichkeit der Dritten Welt nachzudenken so wie sie sich in der Praxis darstellt."[15]

2. Option im gesellschaftlichen Ringen

Die neuen „Volkstheologien" haben für den aufgegebenen deduktiven exegetischen Ansatz eine konsequent herausgestellte Alternative gewählt: die Praxis des gesellschafts-politischen Kampfes. So lesen wir im Schlußdokument der CfS-Konferenz zu Quebec 1975:[16]

---

[13] ÖkRdsch 2/77, S. 221.

[14] M. M. Thomas weist in seinem Rechenschaftsbericht in Nairobi auf das heute in der ÖRK-Einheit „Gerechtigkeit und Dienst" vorwiegend angewandte Aktions-Reflexions-Verfahren hin, in: Bericht aus Nairobi 75, ÖRK Genf 1976, S. 246.

[15] ÖkRdsch 2/77, S. 221.

[16] Zitiert nach Bonaventura Kloppenburg: Die neue Volkskirche, Aschaffenburg 1981, S. 67.

„Viele von uns Christen haben entdeckt, daß die Verpflichtung für die geschichtliche, befreiende und revolutionäre Praxis der Ort für das Erlebnis, die Reflexion, Mitteilung und Feier unseres Glaubens an Christus ist. Dies hat uns dazu geführt, immer klarer zu erkennen, daß die revolutionäre Aufgabe der Ort ist, wo der Glaube seine wahre Dimension und seine radikal subversive Kraft gewinnt."

Wie ein Echo aus den beiden anderen Kontinenten der Dritten Welt auf diese lateinamerikanisch inspirierte Aussage klingt die Erklärung des indischen Katholiken *D. S. Amalorpavadas* in Daressalam 1976, der damit auch „viele afrikanische und asiatische Christen vertrat"[17]:

„Die Kirche hat nur eine einzige Mission, nämlich hier und jetzt Zeichen Jesu Christi zu sein. Sie muß sein befreiendes Handeln in der entmutigenden Situation unseres Lebens gegenwärtig machen durch ihr Engagement im Kampf unseres Volkes um Befreiung von ungerechten und unterdrückerischen Strukturen unserer Gesellschaft. Es gehört zu ihrem Zeugnis, daß sie sich wie Christus mit den leidenden Massen identifiziert, daß sie unter den konkreten Bedingungen der Gesellschaft, in der sie sich befindet, Solidarität praktiziert."

Politisches Engagement und theologische Arbeit können also nicht einmal *unterschieden* werden; vielmehr ist der Einsatz auf der Seite des um Befreiung kämpfenden Volkes der erste Akt dieser neuartigen Form von Theologie, weil hier die primäre Erkenntnisquelle für ihre inhaltlichen Aussagen fließt.

3. Das „Volk" als Subjekt der Theologie

Wer ist das eigentliche Subjekt im Aktions-Reflexions-Prozeß der Volkstheologie? Die Antwort klingt überraschend, aber doch folgerichtig: Das Volk ist nicht nur der Gegenstand theologischen Nachdenkens und Nutznießer seiner Ergebnisse, sondern zugleich auch der berufene *Träger* der nach ihm benannten Theologie.

„The emphasis on the PEOPLE as doers of theology is a recent development not only in the Philippines, but in many parts of the world", schreibt Schwester Teresa Dagdag in ihrem Aufsatz „Towards

[17] ÖkRdsch 2/79, S. 139.

the Emergence of People's Theology in the Philippines"[18]. Der Bruch mit der herkömmlichen westlichen Theologie zeigt sich auch darin, daß man mißtrauisch ist gegenüber der Bildung eines eigenen professionellen Theologenstandes, der seine Arbeit nur allzu leicht in Absonderung von der großen Gemeinschaft der Christen an der Basis vollzieht, dem sie doch zugute kommen soll. Ohne ausdrücklich die Lehre vom allgemeinen Priestertum der Gläubigen in Anspruch zu nehmen, wird auch den einfachen Christen, und ihnen sogar besonders, die Fähigkeit, Theologie zu treiben, zuerkannt. Wie die Arbeiten von Walter Hollenweger zu zeigen suchen, ist für diese neue Theologie, die zugleich als ihre ursprüngliche, „narrative" Form ausgegeben wird, nicht einmal Lesekundigkeit erforderlich. Theologie des Volkes äußert sich im natürlichen, engagierten Gespräch, in dem biblische Texte und eigene Erfahrung einander begegnen. Wir wiesen schon auf die durch entsprechende Gruppengespräche zustande gekommenen *Commentaries by the People* hin.

Allerdings zeigen die gegebenen Beispiele auch, daß solche Gespräche nicht völlig spontan verlaufen. Sie sind vielmehr auf die Mitwirkung von Animateuren angewiesen, die natürlich nicht ohne eigenes Vorverständnis in das Gespräch hineingehen. Und gerade hier sehen die Vertreter der Volkstheologie nun doch einen Platz für den speziell ausgebildeten Theologen, der den Prozeß der Bewußtseinsbildung fördert. Die Frage, wie sich beim Werden der Volkstheologie die Rolle der Laienchristen und die der ausgebildeten Theologen zueinander verhalten, wird bei theologischen Konsultationen in der Dritten Welt immer wieder diskutiert. Zwei Meinungen prallen aufeinander: Der Erklärung, „es sind die Armen an der Basis, welche die theologischen Formulierungen verfassen, die wir suchen; s i e s i n d die Theologen", steht die andere Meinung gegenüber: „Laßt die Theologie bei den Theologen!" Die EATWoT-Konferenz in Neu-Delhi 1981 versuchte diesen Gegensatz mit folgender Lösung zu überwinden[19]:

> „Die auf dem Glauben gründende Deutung des Lebens dieser ‚Graswurzeln' spricht sich in ihrer kulturellen Eigenart, in ihren Liturgien, Arbeitsgruppen, dem Geschichtenerzählen, dem

[18] Teresa Dagdag, a.a.O., S. 140. „Die Betonung des Volkes als des Trägers der Theologie ist eine neuerliche Entwicklung nicht nur auf den Philippinen, sondern in vielen Teilen der Welt." – Der Aufsatztitel lautet auf deutsch: „Unterwegs zu einer Volkstheologie auf den Philippinen".

[19] Wiedenmann, a.a.O., S. 124.

> Drama, den Liedern und Gedichten aus und stellt echte Theologie dar. In einem formalen Verständnis als besondere Kunst und Wissenschaft ist die Theologie eine Disziplin, die technische oder akademische Kompetenz erfordert; aber beide Formen von Theologie sind nur dann von Bedeutung, wenn sie aus Engagement und befreitem Bewußtsein kommen."

Wer ist nun das „Volk", dem die Rolle, zugleich Subjekt und Objekt der Theologie zu sein, zufällt? Wir haben schon eingangs darauf hingewiesen, daß der Begriff nicht im herkömmlichen missionswissenschaftlichen Sinne ethnisch bestimmt ist. Gemeint ist auch nicht der *laos theou,* das Volk Gottes im Sinne von 1. Petrus 2, 10, also die durch Glaube und Taufe konstituierte Kirche Jesu Christi. In seiner Einführung zum Bericht der 4. EATWoT-Konferenz in Sao Paulo bemerkt der mexikanische Theologe *Enrique Dussel:* „Nach L. Boff hat in Lateinamerika der spanische Ausdruck ‚*popular*' eine andere Bedeutung als im Englischen. Im Spanischen wird er benutzt, um die Arbeiterklasse, die Armen, die Unterdrückten und die Marginalisierten zu bezeichnen."[20] Obgleich diese Bemerkung semantisch höchst fragwürdig ist, so gibt sie doch treffend den durchgehenden Wortgebrauch in der lateinamerikanischen Befreiungstheologie und bei den CfS wieder. Der Begriff „Volk" hat hier einen betont klassenkämpferischen Akzent. Das Volk wird verstanden als die organisierte Gemeinschaft derjenigen, die materiell arm sind, objektiv unterdrückt und sich dieses Zustandes bewußt sind, und die gegen ihre Unterdrücker kämpfen, und zwar radikal, nicht reformistisch.[21] Das Volk ist in dieser Theologie analog zur Theorie des dialektisch-historischen Materialismus das Subjekt der Geschichte, das dazu berufen ist, den Prozeß der Befreiung zu vollführen.

In ekklesiologischer Perspektive wird es zugleich das eigentliche Subjekt der Kirche – im Gegensatz zur hierarchisch organisierten institutionellen Kirche. In der neuen Volkskirche besitzt das Volk eine prophetische und charismatische Potenz, die es dazu befähigt und beruft, die kirchlichen Institutionen kritisch in Frage zu stellen.

Das Volk Gottes, dessen Identität nicht dogmatisch, sondern durch seine sozial-revolutionäre Schicksalsgemeinschaft gebildet wird – und deswegen grundsätzlich ökumenischen, ja interreligiösen Charakter trägt –, gilt als der einzige Ort der authentischen Gottesbegegnung,

---

[20] ebd., S. 79.

[21] B. Kloppenburg, a.a.O., S. 51.

damit aber auch als Träger der Evangelisation und als primäres Subjekt der Theologie.

4. Arbeitsschritte einer Theologie des Volkes

Wie vollzieht sich theologische Arbeit im Rahmen des neuen Modells? Noch befindet sie sich im experimentellen Stadium und kann deswegen unterschiedliche Gestalt annehmen. Aber wie aus den bisherigen Ausführungen hervorgeht, ist die erste Voraussetzung das Zusammenkommen von Vertretern des Volkes, der „Graswurzel-Armen", zum Austausch ihrer Erfahrungen. Die Aufgabe, die sich ihnen stellt, impliziert nach einer Darstellung von den Philippinen[22] vier weitere Schritte:

- Die gegenwärtige Lebenssituation und die Geschichte werden zur Grundlage theologischer Reflexion gemacht. Die Teilnehmer erzählen einander, vielleicht angeregt durch einen verlesenen Text, einen Film oder ein Rollenspiel, ihre persönlichen Erlebnisse und bemühen sich, deren Gehalt zu interpretieren.
- die soziale, wirtschaftliche und politische Situation wird nunmehr „nach den Methoden wissenschaftlicher Gesellschaftsanalyse" beurteilt.
- Zur sozial-kritischen Analyse tritt ferner die Betrachtung im Lichte des biblisch-geschichtlichen Glaubens, wobei die Bibel als Textbuch einer Sammlung von Befreiungsgeschichten betrachtet wird.

Sie ist aber nicht die einzige Quelle spiritueller Erfahrung. Ergänzend treten die Einsichten einheimischer Weisheit und Religion hinzu. Gerade die Betonung der traditionellen Religion als Material und erweiterter Bezugsrahmen einer relevanten Dritte-Welt-Theologie begegnet uns immer wieder in den Berichten von ökonomischen Konsultationen in der Dritten Welt. Dies gilt insbesondere im Blick auf Asien (vorrangig Indien) und im Blick auf die kulturorientierte Denkrichtung innerhalb afrikanischer Theologie, im Unterschied zur kontextual orientierten, die fast ausschließlich an der sozial-politischen Situation interessiert ist. Im Bericht aus Neu-Delhi 1981 lesen wir:[23]

> „Menschen anderer Religionen und Glaubensbekenntnisse offenbaren einige Aspekte des Willens und der Botschaft Gottes für

[22] T. Dagdag, a. a. O., S. 146.
[23] Wiedenmann, a. a. O., S. 130.

unsere Zeit. Wie wir Christen das Wirken Gottes in den Ereignissen der jüdischen Geschichte erkannten, so müssen wir auch lernen, die Gegenwart Gottes bei den Unterdrückten anderer Religionen zu erkennen, die heute in der Dritten Welt um volle Menschlichkeit kämpfen. Ihre Heiligen Schriften und Traditionen sind auch eine Quelle der Offenbarung für uns. Die Berücksichtigung der göttlichen Offenbarung führt uns zu der Erkenntnis, daß der Begriff „Volk Gottes“ erweitert werden sollte, um nicht nur Gläubige anderer Religionen, sondern die ganze Menschheit einzuschließen – all die, denen der Gott der Bibel Leben und Selbstverständnis verleihen will.“

Nirgendwo wird so klar wie hier der pan-religiös universalistische Charakter der erstrebten „Theologie des Volkes“ deutlich!

– Das Ergebnis des theologischen Prozesses erschöpft sich nicht in der Formulierung neuer Einsichten zur Deutung der Situation des Volkes. Es muß, wenn es echt ist, immer zu neuer, gesellschaftsverändernder Aktion führen.

Und gerade in der Aktion erweist sich das Verständnis des Begriffs Volkstheologie. Träger des Handelns sind nicht nur Christen, sondern alle Menschen, die zum unterdrückten Volke gehören, und gerade in diesem gemeinsamen Handeln auch mit Angehörigen anderer Religionen werden dann weitere theologische Erkenntnisse gewonnen:[24]

„Wir unterstützen den bestehenden Dialog zwischen Christen und Angehörigen anderer Religionen; aber dieser Dialog kann nicht ein intellektuelles Gespräch über Gott, Erlösung, menschliche Erfüllung oder andere Begriffe bleiben. Über den Dialog hinaus muß es einen gemeinsamen Einsatz für die ganzheitliche Befreiung der Unterdrückten geben, nicht nur eine Aktion, um die ungerechten und drückenden Strukturen zu verändern, sondern Versuche, unsere verlorene Identität und unsere Leben spendenden Werte wiederzuerlangen. Unser gemeinsames Handeln mit den Menschen anderen Glaubens ist eine gültige Quelle der Theologie in der Dritten Welt.“

[24] ebd., S. 131.

5. Marxistische Sozialanalyse

Wenn eben von der „wissenschaftlichen Analyse der Gesellschaftssituation" als zweitem Arbeitsschritt theologischen Bemühens die Rede war, so muß hinzugefügt werden, daß unter solcher wissenschaftlicher Analyse stets die marxistisch-sozialistische gemeint ist. Dies gilt für die Bewegung der Christen für den Sozialismus und für die Befreiungstheologie in Lateinamerika erklärtermaßen und findet seine Bestätigung bei den Konsultationen für Volkstheologien in asiatischen Ländern. Die Kommission V des Internationalen Treffens der CfS in Quebec 1975 erklärte:[25]

> „Die Unterscheidung der Optionen und die grundlegende Richtung der Volksbewegung haben uns daher zu einer wissenschaftlichen marxistischen Analyse der Wirklichkeit gedrängt, die mit unserer Klassenoption übereinstimmt und die uns als Stütze und Aktionsanweisung dient."

Analog heißt es in einem Aufsatz über die Volkstheologie auf den Philippinen:[26]

> „Vielleicht ist einer der stärksten Einflüsse auf den christlichen Glauben bzw. eine Herausforderung an ihn die MLMTT (Marxistisch-Leninistisch-Mao-Tse-tung-Ideologie). Der katholische Priester Edicio de la Torre meint, daß ein philippinischer Christ keine christlich politische Option treffen kann, ohne die Herausforderung des Maoismus ernsthaft zu betrachten . . ., denn in letzter Analyse bedeutet die ernsthafte Annahme der maoistischen Herausforderung zugleich, die Inkarnation in der philippinischen Gesellschaft ernst zu nehmen."

Auch die Ökumenische Vereinigung von Dritte-Welt-Theologen hat bereits auf ihrer konstituierenden Konsultation in Daressalam 1976 – wenn auch abgeschützt durch den Versuch zu einer Differenzierung – ihre deutliche Sympathie für den Sozialismus zum Ausdruck gebracht, indem sie auf die beachtlichen Ergebnisse des sozialistischen Experimentes in der Volksrepublik China, in Nordkorea, Nordvietnam und Kuba hinwies. Zugleich zollte sie der Sowjetunion und Osteuropa dafür Anerkennung, daß sie „oft unterdrückten Völkern anderer Länder Beistand in ihrem Kampfe um Befreiung geleistet" haben. Wenn dann

---

[25] Zitiert bei Kloppenburg, a. a. O., S. 81.
[26] T. Dagdag, a. a. O., S. 144.

scheinbar einschränkend hinzugefügt wird, daß der Sozialismus seine eigenen Probleme habe, besonders im Hinblick auf die Wahrung der menschlichen Freiheit und den „Preis an Menschenleben, den der revolutionäre Prozeß fordert“[27], so erfährt mit dieser Formulierung sogar die sozialistische Unterdrückung noch eine geschichts-philosophische Entschuldigung! Das Bild rundet sich ab, wenn wir erfahren, daß bei der letzten EATWoT-Tagung in Genf 1983 Philip Potter in seiner Eröffnung erklärt hat: „ . . . it is significant to observe that we have been forced to it“ (d.h. die Entdeckung der Realitäten der Dritten Welt in ihrer historischen Dimension) „by the largely secular tools of analyses which have become available, especially Marxist analysis.“[28]

6. Sozial-geschichtliche Hermeneutik

Wie wir in der Beschreibung der Arbeitsschritte in der Volkstheologie gesehen haben, ist an dritter Stelle, nach der „wissenschaftlichen Gesellschaftsanalyse“, die Betrachtung der heutigen Situation im Lichte der biblischen Geschichte vorgesehen. Damit stehen wir bei der Frage des Bibelgebrauches in der Volkstheologie. Welchen Stellenwert hat die exegetische Arbeit, nach welchen hermeneutischen Prinzipien wird verfahren?

Die EATWoT-Tagungen haben gezeigt, daß bisher noch kein einheitliches Modell von Dritter-Welt-Theologie entstanden ist, sondern daß unterschiedliche Richtungen anzutreffen sind. Das zeigt sich gerade in der unterschiedlichen Beachtung der biblischen Texte. So kristallisierten sich z.B. bei der Accra-Tagung 1979 drei Richtungen Afrikanischer Theologie heraus, nämlich 1. eine auf *Inkulturation* bedachte *afrikanische Theologie,* welche die Werte afrikanischer Religionen anerkennt und in ihnen die Verkündigung des Evangeliums vorbereitet sieht; 2. eine (besonders von John Mbithi und Kwesi A. Dickson) geforderte *„kritische Theologie“*, die durch den Kontakt mit der Bibel, Offensein für die Realität des afrikanischen Lebens und den Dialog mit nichtafrikanischen Theologien entsteht; sowie 3. eine *schwarz-afrikanische Theologie der Befreiung,* welche „vom biblischen Glauben inspiriert

[27] ÖkRdsch 2/77, S. 215.

[28] Ph. Potter, a.a.O., S. 291. „Es ist bedeutsam zu beobachten, daß wir hierzu durch die wesentlichen weltlichen Mittel zur Analyse gezwungen worden sind, die sich dazu anboten, insbesondere die marxistische Analyse.“

wird, wie er sich in afrikanischen Sprach- und Denkformen ausdrückt"[29].

Im Blick auf die Gemeinsamkeiten verschiedener sozial-politisch bestimmter Entwürfe zu Theologien der Dritten Welt läßt sich jedoch zeigen, daß das von den CfS praktizierte und in der lateinamerikanischen Theologie der Befreiung verfeinerte Modell kontextualen, sozialgeschichtlichen Bibelverständnisses sich in den letzten Jahren immer universaler durchgesetzt hat, zumal es auch die Förderung durch die ÖRK genießt.[30] Bei dieser Form des Schriftgebrauches führt die Betroffenheit durch die eigene notvolle sozial-geschichtliche Erfahrung zu einer – wie man überzeugt ist – kongenialen Öffnung für das Verständnis der biblischen Texte. Denn diese seien ebenfalls Zeugnisse von Erfahrungen der Unterdrückung und der Befreiung des Volkes Gottes und stünden in einem heilsgeschichtlichen Zusammenhang, welcher über die damaligen Ereignisse hinausweise und die ganze Menschheitsgeschichte als Prozeß des befreienden Handelns Gottes einbeschließe. Der Befreiungstheologe *Severino Croatto*[31] spricht von der „semantischen Achse", welche in der Folge von biblischer Verheißung und Erfüllung besteht, wobei die Erfüllung ihrerseits neue Verheißungen noch größerer Heilsereignisse in der Zukunft in sich beschließe. So weise insbesondere das vielfach behandelte Exodus-Geschehen über sich hinaus auf die Auferstehung Christi hin. Diese finde ihrerseits eine sie überbietende Fortsetzung in den korporativen Auferstehungserfahrungen der Menschheitsgeschichte, wie z.B. in der Wiedergeburt des nicaraguanischen Volkes durch die sandinistische Revolution. So rief z.B. Julia Esquivel aus Guatemala in Melbourne 1980 auf zum Glauben Abrahams, wie er erneut bekannt geworden sei von dem ermordeten Erzbischof Romero, als er sagte: „Wenn ich getötet werde, werde ich wieder auferstehen in dem salvadorianischen Volk", und sie fährt fort:[32]

> „Jesus, der Christus, . . . zeigt uns, daß die Heilsgeschichte eins ist mit der Geschichte der Welt der Menschen. Israel ist nur ein Beispiel. Für uns könnte Israel Zimbabwe, El Salvador, Nicaragua oder Guatemala sein . . . Jesus ist anwesend und handelt unter dem

[29] ÖkRdsch 2/79, S. 142.

[30] Vgl. Beyerhaus, a.a.O., S. 39ff.

[31] Severino Croatto, „Befreiung und Freiheit. Biblische Hermeneutik für die Theologie der Befreiung", in: Theologie der Dritten Welt, hg. v. EMW, Hamburg 1979.

[32] Julia Esquivel, „The Crucified Lord: A Latin American Perspective", in: Your Kingdom Come, Report on the World Conference on Mission and Evangelism, ÖRK Genf 1980, S. 54.

Volk als der leidende Gottesknecht oder als der gekreuzigte König . . ."

Konsequent sozial-geschichtlich wird die biblische Hermeneutik in der sog. *Materialistischen Bibellektüre*[33], wie sie von einigen Theologen in romanisch-europäischen Ländern entwickelt und in der Bewegung der CfS durchgehend praktiziert wird. Nach ihr ist Jesus nicht so sehr als eine individuelle Gestalt – über die wir gemäß der historisch kritischen Erforschung des Neuen Testamentes wenig wissen können – als vielmehr als Sammelpunkt einer ganzen Bewegung der Marginalisierten und Entrechteten, eben der „Jesus-Bewegung" zu verstehen, der er das unmittelbar bevorstehende Reich Gottes, den Umschlag aller sozialpolitischen Verhältnisse zu ihren Gunsten, verkündete.

Diese Betrachtungsweise macht sich auch *Ahn Byung Mu,* ein profilierter Theologe der koreanischen *Minjung-Theologie,* zu eigen.[34] Ahn will die redaktions-geschichtliche Betrachtung der biblischen Texte, welche wesentlich an der religiös-geistlichen Bedeutsamkeit bestimmter Traditionsgeschichten interessiert war, erweitern zu einer sozial-geschichtlichen, welche in den geographischen und geschichtlichen Traditionen wesentlich symbolische Konzentrationen für politische, soziale und wirtschaftliche Hintergründe sucht. Anknüpfend an die von *Ernst Lohmeyer* in die Forschung eingeführte und von *Willi Marxsen* in seinem Buch „Der Evangelist Markus" wieder aufgenommene Gegenüberstellung von *Galiläa und Jerusalem* in der Geschichte Jesu gibt er beiden eine politische Bedeutung: Während *Jerusalem* die davidische Königsherrschaft symbolisiere, welche immer wieder ihre Eroberungen und Unterdrückungsmaßnahmen religiös zu sanktionieren suchte, sei *Galiläa* der Bereich, wo sich das unterdrückte Volk und auch die für Befreiung kämpfenden Zeloten sammelten. Jesu Entscheidung, seine Wirksamkeit nach Galiläa zu verlegen (Markus 1,11–15; 14, 28) – nach Marxsen die wichtigste Aussage im ganzen Markus-Evangelium –, sei zugleich eine Option für den *ochlos* (das Volk) – koreanisch: *minjung* –, mit dem Jesus von nun an umgeben ist und zu dem er stets ein freundliches Verhältnis unterhält. Demgegenüber ständen Jerusalem und der Tempel als Symbole für die Ablehnung Jesu, wo die Macht-

---

[33] *Vgl. Kuno Füssel, „Materialistische Lektüre der Bibel", in: W. Schottroff/W. Stegemann, Der Gott der kleinen Leute, Bd. 1, S. 20f. und Georges Casalis: Die richtigen Ideen fallen nicht vom Himmel, Kohlhammer-Verlag 1979.*

[34] *Ahn Byung Mu, „Was ist Minjung-Theologie? Zur ‚Theologie des Volkes' in Südkorea", in: Junge Kirche 6/82, S. 209ff.*

haber, jene Verächter und Ausbeuter des Volkes, im Interesse der Aufrechterhaltung des *status quo* ihre abschließende Gewalttat an Jesus verübten. Daß Jesus sich als Auferstandener bewußt in Galiläa und nicht in Jerusalem sehen lassen will, versteht Ahn als Krönung seiner Option für das Volk und wird für ihn deswegen zu einem entscheidenden Heilsdatum in seiner *Minjung-Theologie.*

Es ist klar, daß in solchem Hypothesen-Spiel – in das z. B. das Lukas-Evangelium trotz seiner Vorliebe für die Armen gar nicht passen will – die politische Parteilichkeit des Volks-Theologen von vornherein zu einer willkürlichen Sichtung und Deutung der biblischen Texte führt, die sich zum bisherigen Bibelverständnis weitestgehend im erklärten Widerspruch befindet. In der Tat gehen die Vertreter der Volks-Theologien davon aus, daß sie in der Bibelauslegung ganz neue Bahnen brechen müssen, nachdem diese bisher allzu lange im Interesse der Herrschenden gestanden habe. Der Prozeß, in dem die befreiende Tradition schon innerhalb der biblischen *Redaktionsgeschichte* einer konsequenten, politisch motivierten Überfremdung seitens der Mächtigen unterlegen war, habe kirchengeschichtlich bis in die Gegenwart seine Fortsetzung in der politisch motivierten Bibel*interpretation* gefunden. Diesen negativen Prozeß gelte es heute umzukehren. Auf diesem Wege sind die Christen für den Sozialismus mit ihrer „materialistischen Bibellektüre“ bahnbrechend vorangegangen. Auf einer Tagung in Bologna kamen 3000 Teilnehmer zu folgendem Schluß:[35]

> „Heute können wir die Treue zu Christus und zu den Armen nur in der Lebendigkeit einer revolutionären Verpflichtung leben. So entdecken wir eine völlig neue Art, die Bibel zu lesen . . . Es handelt sich um eine ungeheure Aufgabe, um die Wiederentdekkung des ursprünglichen Sinns des Evangeliums und seiner bedrängten Wirkungsmöglichkeiten: Eine Aufgabe, zu der wir uns alle gemeinsam verpflichtet sehen und die wir als eine Wiederaneignung des Evangeliums seitens der Armen betrachten, denen es gehört und denen es entrissen worden ist.“

Der chilenische Priester Estoban Torres stellt prinzipiell zwei unvereinbare Weisen, die Bibel zu lesen, gegeneinander. Das eine sei die bürgerliche Lektüre, die nach Torres „eine götzendienerische Lektüre, eine gottlose Lektüre, eine falsche Suche nach Gott ist.“ Die einzig legitime Lektüre gehe dagegen aus von einer Klassenoption für die

---

[35] Zitiert nach Kloppenburg, a. a. O., S. 79.

Unterdrückten.[36] Tut man dies, so wird man, wie der Portugiese *Fernando Bélo* bereits 1973 endeckt zu haben meinte, beispielsweise das ganze Markus-Evangelium als einen „Bericht über die Praxis von radikaler Subversivität" neu verstehen lernen. Dieser Bericht sei in seinem subversiven Charakter über Jahrhunderte hin durch eine idealistisch bürgerliche Exegese verdunkelt worden, der eine materialistische Lektüre entgegenzusetzen sei.[37]

Wer aber gelernt hat, in dieser Weise die ganze Bibel mit neu geöffneten Augen radikal anders zu lesen, der braucht dann nicht einmal bei den kanonischen Texten stehen zu bleiben. Vielmehr wird er der Anregung von Dorothee Sölle – die übrigens als Referentin an der letzten EATWoT-Tagung in Genf 1983 teilgenommen hat – folgen, nun selbst „neue Bibeln zu schreiben", als Niederschlag der eigenen Erfahrung von Gottesbewegung in der heutigen Geschichte.[38]

7. Gestalten der Volks-Theologie

Wenn das primäre Subjekt der Volkstheologie nicht mehr der akademisch gebildete Theologe, sondern das Volk im Sinne der niederen, unterdrückten Schichten darstellt, dann wird sich das folgerichtig auch in der Gestalt ausdrücken, die solche elementar-theologische Aktivität annimmt. Gewiß wird es, soweit dem professionellen Theologen doch eine Funktion im Prozeß nötiger wissenschaftlicher Formgebung zuerkannt wird, auch weiterhin theologische Monographien und systematische Entwürfe – z. B. einer Theologie der Befreiung – geben. Aber dem Volke muß zugestanden werden, daß es seine theologischen Erkenntnisse in den ihm eigentümlichen Ausdrucksweisen artikuliert. Das kann z. B. die Gestalt persönlich zeugnishafter Erzählung (Narrative Theologie) annehmen, oder in neuen Gebeten, Gedichten, Liedern oder ganzen Liturgien Form gewinnen, u. U. sogar in nonverbaler Gestalt, wie in kultischen Tänzen. Die Freude vieler farbiger Völker am Drama kann ebenfalls der Gestaltwerdung theologischer Erkenntnisse in religiösen Laienspielen zugute kommen. Erinnert sei hier an das Theaterstück Muntu, in dem bei der 5. Vollversammlung der ÖRK in Nairobi

[36] Zitiert nach Kloppenburg, a. a. O., S. 80.

[37] ebd.

[38] Referat von Dorothee Sölle in einem Hearing in Vancouver 1983 „Theologie in den 80er Jahren", eigene Nachschrift.

der Versuch einer Totalschau der afrikanischen Geschichte und der Einheimischmachung der Person Christi als Symbol der zeitlosen afrikanischen korporativen Persönlichkeit vorgestellt wurde.[39]

Dies ist bereits ein Beispiel für die Forderung von Theologen aus der Dritten Welt, daß auch die Zeugnisse einheimischer Religionen zur Quelle theologischer Aussagen gemacht werden. Ein Vorbild dafür gibt der taiwanesische Theologe C. S. Song mit seinem Büchlein „Die Tränen der Lady Meng". In ihm gibt er einer altchinesischen mythologischen Legende vom Selbstopfer einer Witwe für das Seelenheil ihres Mannes eine symbolische Deutung in Richtung auf die Hoffnung, die aus dem Leiden der unterdrückten Völker Asiens geboren wird.

An dieser Stelle stellt sich natürlich unabweisbar die Frage nach der christlichen Identität solcher Theologie des Volkes, für die der biblische Einschlag in souveräner Auswahl Proportionierung und Deutung nur *ein* Element neben ebenso ernstgenommenen anderen, aus der nichtchristlichen einheimischen Mythologie oder auch aus der Geschichtsschau des dialektischen Materialismus stammenden, darstellt. Wir werden auf diese Frage abschließend zurückkommen.

III. Inhaltliche Aussagen der Volkstheologie

Wenn die Anwälte einer Theologie des Volkes von einer leidenschaftlichen Reaktion gegen die bisher betriebene „westliche Theologie" motiviert sind und einen schon in seinem erkenntnistheoretischen Grundansatz völlig unterschiedlichen methodischen Weg gehen, wird sich das folgerichtig auch in den eigenen inhaltlichen Aussagen solcher Theologie niederschlagen. Wir haben bereits darauf hingewiesen, daß es eine in sich geschlossene, einheitliche Gestalt von Volkstheologie bisher noch nicht gibt; vielleicht wird es sie, weil ihre Intention ja bewußt gegen traditionelle Systembildung gerichtet ist, auch in Zukunft nicht geben. Wir können deswegen nur versuchen, einzelne theologisch zentrale Themen nach ihrer inhaltlichen Füllung anzusprechen. Dabei müssen wir zugeben, daß wir in der Wahl dieser Themenbereiche von einem klassischen Verständnis christlicher Theologie geleitet sind, das in seiner Legitimität ja von den Vertretern solcher Volkstheologie

[39] Vgl. Bericht aus Nairobi, a.a.O., S. 132.

prinzipiell in Frage gestellt ist. Andererseits ist es offenkundig, daß auch sie, eben weil und solange sie Volkstheologie als *christliche* Theologie treiben wollen, von diesen klassischen Themen nicht loskommen, sondern sich – *nolens volens* – an ihnen immer wieder orientieren müssen. Die fundamental-theologische Frage, welche Aussagen grundsätzlich zum Wesen jeglicher Theologie gehören und deswegen bei aller Antithetik gemeinsame Bezugspunkte geschichtlicher, heutiger westlicher und gegenwärtiger Drittwelt-Theologie bleiben müssen, wartet noch darauf, von den Vertretern letzterer – zunächst vielleicht unter sich, und dann in einem universal-ökumenischen Gespräch – gestellt, erörtert und beantwortet zu werden.

Wir beginnen mit der Grundfrage, die jeglicher Theologie schon mit ihrem Namen gestellt ist, nämlich der Frage, was sie über Gott zu sagen weiß.

1. Gott in der Bewegung des Volkes

Gerade wenn wir von diesem scheinbar selbstevidenten Vorverständnis ausgehen, daß das wichtigste Anliegen der Theologie die Frage nach Gott ist, wird uns eine entsprechende Anfrage an die Theologie des Volkes der Dritten Welt überraschen: Wir begegnen hier erstaunlich wenigen Aussagen über seine Person und sein Wesen. Man könnte die Behandlung der Gottesfrage fast „apophatisch“ (verneinend) nennen. Ausgangspunkt eines Redens über Gott ist eher eine negative Reaktion auf das bisherige Sprechen über und zu ihm in der traditionellen christlichen Theologie und Frömmigkeit, das für die Vertreter einer Theologie des Volkes oft gerade ein Skandalon darstellt. Denn sie finden diesen Gott assoziiert mit einem gesellschaftlichen System, das sie zutiefst verabscheuen, zu dessen metaphysischer Legitimation er aber nach ihrem Eindruck angerufen wird. Man reagiert empört über den tatsächlichen oder vermeintlichen sozial-politischen Quietismus in den Verlautbarungen katholischer Amtsträger oder in der Verkündigung evangelikaler Missionen und über die dem entsprechende Frömmigkeit der Massen. Hören wir dazu den zornigen Aufschrei der bereits erwähnten *Julia Esquivel* in Melbourne[40]:

[40] J. Esquivel, a.a.O., S. 54.

> „Wir hatten gelernt, daß Gott reiner Geist sei; die Beteuerung gewann in der Praxis die Bedeutung: reine Luft, d.h. leere Worte . . . Wir haben entdeckt, daß wir tatsächlich einen Gott erfunden haben, der das System sanktioniert . . ., der über die Preise von Öl, Kaffee oder Zucker entscheidet . . , der jenes Monstrum erschuf und stützte, das sich den Schah von Iran und . . . Somoza in Nicaragua nannte. Dieser Gott . . . verstellt sich mit religiöser Frömmigkeit, um uns gegen den Atheismus zu verteidigen, oder er legt die neue Pose der Menschenrechte an . . ."

Weniger leidenschaftlich, aber in seiner negativen Reaktion ebenso eindeutig ist die Behandlung der Gotteserfahrung evangelikaler Frömmigkeit bei *Ahn Byung Mu*. Er knüpft an das starke Vertrauen in die Macht des Gebetes an, das so typisch für koreanisches Gemeindeleben ist. Im Jahrzehnt des politischen Druckes durch das koreanische Militärregime hätten die Angehörigen der Verhafteten besonders anhänglich wie Bettler zu Gott gebetet, einzeln und gemeinsam[41]:

> „Aber obwohl wir heute ständig davon hören, daß in den pfingstlerischen Kirchen, wo es hauptsächlich egoistische Gebetslaute gibt, laufend Wunder geschehen, hat es bei uns keine derartigen Gotteserscheinungen und keine Wunder gegeben. Da gab es nur Gewalttat und Folter und als Folge davon Sterbende und Verletzte, also – eine Realität der Abwesenheit Gottes. Ist Gott wirklich tot für uns? Ist Gott nur ein Gott für die Reichen, Glücklichen und Lachenden und nicht für Leidende und Weinende?"

Aber die hier wiedergegebene Enttäuschung endet nicht in atheistischem Zynismus, sondern – wie übrigens auch bei der lateinamerikanischen Sozialistin Esquivel – in einem *Wandel des Gottesverständnisses* und *-bezuges*. Gott ist von nun an kein personales Gegenüber, souverän über der Welt des Menschen thronend, wenn auch nahe denen, die ihn in Anbetung und Flehen anrufen, um in ihr Leben einzugreifen. Vielmehr nimmt er nun seinen Ort inmitten des Volkes selbst, identifiziert sich unsichtbar mit ihm dermaßen, daß er selbst teil hat an seinem Leiden, aber zugleich auch Quelle der Inspiration neuer Hoffnung ist. Diese Identifikation ist so eng, daß zwischen dem Leiden und der Hoffnung Gottes und des Volkes nicht mehr unterschieden werden kann. Das Volk, der *Minjung* bzw. die ausgebeutete salvadorianische Arbeiter- und Bauernbevölkerung, wird selbst zur neuen Inkarnation

---

[41] Ahn, a.a.O., S. 295f.

dieses Gottes, der modalistisch mit dem leidenden Gottesknecht in eins gesetzt wird. Dieser Gott wird in der *Messe des Volkes von Nicaragua* mit folgendem Hymnus besungen[42]:

> Du bist der Gott der Armen,
> Der menschliche und demütige Gott,
> Der Gott, der auf der Straße schwitzt,
> Der Gott der Ausgemergelten
> Und derer mit ledernem Gesicht.
> Darum rede ich zu dir
> In der Weise, in der mein Volk spricht,
> Weil du, Gott, der Werktätige bist,
> Christus, der Arbeiter.

Wir fühlen uns erinnert an Aussagen westlicher sozial-kritisch orientierter Theologen wie *Dorothee Sölle*, die in ihrer Sympathie mit den Leidenden, insbesondere mit den in Auschwitz Vergasten, denen kein Gott – von außen ihr Leid abwendend – zu Hilfe gekommen ist, zunächst zur theologischen Atheistin wurde, später aber Gott als einen Unfertigen, Leidenden und Hoffenden in den hegelianisch verstandenen Geschichtsprozeß hineinversetzte. In diesem Sinne sprach Frau Sölle in Vancouver nun von der „Gott-Bewegung", an der wir uns im Engagement in Befreiungs- und Friedensbewegungen beteiligen. Gott ist nach den Volkstheologien gegenwärtig in den geschichtlichen Umbrüchen; er ist ganz und gar eins geworden mit der Bewegung des Volkes, so daß die Frage unabweisbar wird, ob nicht letztlich von ihm abstrahiert worden ist, so daß er zu einem Symbol, einer Chiffre wurde für das sich nach Erlösung sehnende und dafür kämpfende korporative Ich dieses Volkes selbst. Vorgegeben ist er diesem vielleicht noch dadurch, daß man fest davon überzeugt ist, daß die Geschichte nach einem festgelegten Heilsplan verläuft und deswegen definitiv universale Heilsgeschichte ist. Allerdings ist die Ausführung dieses Heilsplanes den Menschen anvertraut. Dementsprechend konnte Dorothee Sölle in Vancouver die Forderung aufstellen: „Wir müssen die Idee Gottes *demokratisieren*." Was aber heißt dies anders, als die Herrschaft des *Kyrios Theos* (Gottes des Herrn) durch die Herrschaft des Volkes zu ersetzen, bzw. beide für identisch zu erklären? *Vox populi, vox dei* . . .

---

[42] J. Esquivel, a. a. O., S. 55.

2. Die Unheilsdiagnose

Statt mit der Frage nach Gott zu beginnen, wären wir sicher den Theologen des Volkes kongenialer geworden, wären wir von der Unheilsdiagnose ausgegangen. Denn als kontextuale Theologen nehmen sie ja in der Tat ihren Ausgangs- und Ansatzpunkt bei der Leiderfahrung des Volkes heute.

Das Buch der Genesis berichtet von dem radikal lebensstörenden Unheil der Menschheitsgeschichte bereits in seinem dritten Kapitel, im Bericht vom Sündenfall. Doch anders als der biblische Autor sehen die Vertreter der Theologie des Volkes das Elend des Menschen nicht durch einen solchen, von jedem einzelnen immer erneut mitverantworteten Abfall von Gott verursacht. Vielmehr ist es ausgelöst und bestimmt durch die Ausbeutung und Unterdrückung, welchen die Massen der Völker der Dritten Welt ausgesetzt sind, und die ihre Armut verursachen. Der eigentlich Schuldige für diese Verelendung ist in der Vergangenheit der westliche Kolonial-Imperialismus, in der Gegenwart der Neo-Kolonialismus und das kapitalistische Weltwirtschaftssystem, in dessen Dienst sich auch die einheimischen Militär-Diktaturen wie Marionetten stellen. In allen Selbstdarstellungen der Theologie der Dritten Welt und allen Berichten über entsprechende Konsultationen nimmt meist schon eingangs die Schilderung des so diagnostizierten Elendes einen breiten Raum ein, z.B. schon im Bericht der ersten EATWoT-Konferenz in Daressalam 1976 und in den Sektionsberichten der Melbourne-Konferenz. Der Schuldige wird also außerhalb der Gemeinschaft des Volkes gesucht, über dessen Befreiung die Theologen des Volkes nachdenken. Es ist vornehmlich der politische Gegner, der Träger des wirtschaftlichen Systems. Aber an dieser Schuld beteiligt ist auch die *christliche Mission,* weil sie mit der Kolonialexpansion kollaborierte, und sind beteiligt die heutigen *Kirchen,* weil sie zu diesem System schweigen und von ihm durch eigene Investitionen wirtschaftlich profitieren.

Dem gegenüber tritt die Diagnose der universal menschlichen, wesenhaften Sündhaftigkeit und deren Ausprägung in den Taten jedes einzelnen Menschen, auch der Glieder des Volkes, weitgehend zurück. Auf der 9. Weltmissionskonferenz in Melbourne kritisierte der chinesische frühere UIM-Missionar und heutige Mitarbeiter in der Genfer Abteilung für Weltmission und Evangelisation, *Raimund Fung,* die Mission dafür, daß sie in ihrer evangelistischen Verkündigung ihre

Adressaten als Sünder angesprochen habe, statt zu erkennen, daß sie sich doch vornehmlich an Arme und Unterdrückte wendet, welche in erster Linie „Opfer der Sünde“ sind[43]. Der Begriff *the sinned against* („gegen die gesündigt wird“ = „die Opfer der Sünde“) wurde deswegen in Melbourne als wichtige neue Kategorie in die theologische Sprache eingeführt. Fung möchte die Glieder des Volkes zwar nicht völlig von eigener Sünde freisprechen, sieht aber solche Sünde wesentlich nicht in ihrem gestörten Verhältnis zu Gott, als vielmehr in mangelnder Solidarisierung im gemeinsamen Befreiungskampf.

3. Holistische Soteriologie

Das Heilsverständnis in der Theologie des Volkes entspricht natürlich der geschilderten Diagnose. Heil ist die Überwindung des Elendes der Armen durch die Zerstörung der Mächte und Gewalten sozial-wirtschaftlich-politischer Art, die es verursachen. Solche Erlösung ist das direkt anvisierte Ziel des Befreiungskampfes, und die Hoffnung richtet sich in den meisten Situationen auf eine geschichtliche Erfüllung in nicht zu ferner Zukunft:

> „Vielleicht nehmen wir Christen erstmalig in vielen Jahrhunderten des Christentums auf den Philippinen die Herausforderung zu völliger Erlösung (TOTAL SALVATION) ernst. Es ist die Wirklichkeit, daß der Christ von allen Übeln befreit werden muß, den physischen, moralischen, psychologischen, politischen, wirtschaftlichen und sozialen Übeln, welche Menschen dehumanisieren; sie wird auf den Philippinen stark empfunden . . . Die Aufgabe ist langwierig und hart, aber dies ist einer der besten Augenblicke in der Geschichte, weil heute die Geschichte neu geschrieben wird . . .“[44]

Erlösung ist in der Theologie des Volkes ein wesentlich *dramatischer* Begriff. Sie vollzieht sich – ähnlich wie in der von Gustav Aulén so bezeichneten „klassischen Erlösungstheorie“ – kämpferisch durch die Besiegung des Bösen. Dieses wird allerdings nicht in metaphysisch dämonischen Feinden gesehen. Vielmehr sind die *Mächte und Gewalten*

---

[43] Raimund Fung, „Good News for the Poor – Its Implication for a Missionary Movement“, in: Your Kingdom Come, a.a.O., S. 85f.

[44] T. Dagdag, a.a.O., S. 146f.

die Träger des unterdrückenden Systems, insbesondere des Kapitalismus.

Dem gegenüber tritt zurück die biblische Vorstellung vom Sühnetod Christi, der als Hoherpriester sein Leben als Schuldopfer darbrachte (vgl. Hebr. 8 und 9). Wenn dieser biblische Gedanke aufgenommen wird, geschieht dies entweder im abweichenden Sinne oder in einer seine Spitze verbiegenden Umdeutung:

> „Wir hatten wiederholt gelernt, Jesu Tod am Kreuze als Sühne zu verstehen, wobei wir immer das kultische Opferlamm vor Augen hatten. Wir haben also die Kreuzigung Jesu nur religiös verstanden und das Leiden Jesu nur individuell interpretiert. Aber das ist für uns schwer verdaulich, so daß es uns schließlich zwang, die fremde Gedankenart zu überwinden, um zu verstehen. Von unserem „Sitz im Leben" her bekam die Tatsache, daß schon die Urgemeinde Jesu Passion mit dem leidenden Gottesknecht aus Jesaja 53 erklärt hat, große Bedeutung, und dieser leidende Knecht ist ja nicht als Individuum, sondern kollektiv zu verstehen. Darf man von daher nicht auch das Kreuz Jesu in direktem Zusammenhang sehen mit dem Leiden des Minjung? Welche Ähnlichkeit besteht doch zwischen Jesu Verhalten am Kreuz und dem leidenden Minjung . . .? Wir sind im leidenden Minjung dem leidenden Christus begegnet. Er war ausgewählt von Minjung, Sündenbock zu sein."[45]

Es verdient darauf hingewiesen zu werden, daß diese Deutung von Jesaja 53 keine originäre der Minjung-Theologie ist. Vielmehr geht sie in der Neuzeit zurück auf den rabbinischen Theologen *Abraham Heschel* und ist von *Pinchas Lapide* dann ausdrücklich auch auf den Kreuzestod Christi bezogen worden. Die Vermittlung an die Minjung-Theologie dürfte durch deren Gesprächspartner *Jürgen Moltmann* erfolgt sein, auf den unter Verweis auf Abraham Heschel sich auch Metropolit Mar Osthathios beruft, der z. B. in seinem Melbourner Vortrag „Das Evangelium vom Reich Gottes und dem gekreuzigten und auferstandenen Herrn"[46] ganz ähnliche Gedanken vertritt. Diese Deutung geht aber trotz ihrer scheinbaren Wiederentdeckung von Jesaja 53 an dessen eigentlicher Botschaft vorbei. Wenn Christus sein Leben als Stellvertreter des Minjung zum Opfer brachte, so hätte er dies für die

---

[45] Ahn Byung Mu, a. a. O., S. 295.

[46] G. Mar Osthathios, „Das Evangelium vom Reich Gottes und dem gekreuzigten und auferstandenen Herrn", in: Dein Reich komme. Bericht der Weltkonferenz für Mission und Evangelisation in Melbourne 1980, Frankfurt/M. 1980, S. 104.

nach ihrem Verständnis in der Minjung-Theologie *unschuldig* Unterdrückten getan. Damit aber wird *de facto* die Kernaussage von Jesaja 53: „Die Strafe liegt auf ihm, auf daß wir Frieden hätten" in ihr Gegenteil verkehrt.

Welches sind die heutigen Mittel der Erlösung? Voraussetzung für die Beantwortung dieser Frage ist die Besinnung auf den Charakter repressiver Macht, die hier zu überwinden sei. Wir begegnen nun der widersprüchlichen Situation, daß von verschiedenen Vertretern politischer Dritt-Welt-Theologie unterschiedliche Wege vorgeschlagen werden. Die einen, wie vor allem viele lateinamerikanische Befreiungstheologen, denen auch die philippinischen Volkstheologen folgen, vollziehen die klassenkämpferische Option für die *Gewalt,* die als eine aus der Notwehr heraus erzwungene Gegengewalt verstanden wird; und sie berufen sich dafür auf das Vorbild Jesu bei der Tempelreinigung.

Einen gegensätzlichen Weg gehen ostasiatische Theologen wie *Ahn Byung Mu* oder *C. S. Song,* welche sich für den gewaltlosen Widerstand entschieden haben. Sie sind aber davon überzeugt, daß gerade dem Leiden der Machtlosen eine überwindende Kraft innewohnt, welche letztlich zur Überwindung der Machthaber führen wird. Denn hier vollzieht sich die Mobilisierung der Hoffnung bei den Unterdrückten und deren Solidarisierung, gegen welche schließlich die Tyrannen wehrlos sein werden. Es waren die Tränen der Lady Meng, welche die chinesische Mauer über dem Grabe ihres ermordeten Mannes abtrugen, und es waren die silbernen Fische, in die sich ihr im Freitod zerschmetterter Körper verwandelte, welche zu unauslöschlichen Symbolen der Hoffnung des schmachtenden Volkes wurden. In diesem Falle geschieht der Bezug auf Christus als Befreier dadurch, daß man darauf hinweist, daß auch sein stellvertretender Tod in Solidarität mit seinem Volke nicht zum Scheitern seiner Hoffnung führte, sondern dieser im Gegenteil durch die Auferstehungserfahrung neue Dynamik verlieh.

Letztlich ist der *Gegensatz* zwischen beiden Optionen für die Gewalt bzw. die Gewaltlosigkeit kein prinzipiell theologischer, sondern ein *situationsbedingter.* Das zeigt sich schon darin, daß alle Vertreter politischer Theologien prinzipiell mit dem bewaffneten Befreiungskampf des Volkes in lateinamerikanischen Ländern sympathisieren. Die Frage nach der Wahl der Mittel, die in beiden Fällen durch den Hinweis auf Jesus legitimiert wird, entscheidet sich daran, wieviel Aussicht der eingeschlagene Weg hat, zum ersehnten Ziele, der totalen Befreiung, zu führen.

4. Jesus Christus

Von einer „Christologie" zu sprechen, würde im Blick auf keine Gestalt politischer Dritte-Welt-Theologie angemessen sein. Ihre Vertreter haben keinerlei Interesse an christologischer Dogmatik oder einem Nachdenken über das Persongeheimnis Christi, wie es die Alte Kirche mit der Lehre von seinen beiden Naturen zu umschreiben suchte. Aber sie alle beziehen sich auf den geschichtlichen Jesus, wie er von der sozialkritischen Bibellektüre vermeintlich neu entdeckt worden ist. Dabei ist aber auch dieser geschichtliche Jesus nicht etwa Ausgangspunkt für die Besinnung auf eine seinem Vorbild und seiner Verkündigung entsprechende Handlungsanweisung. Vielmehr geht auch hier der Erkenntnisweg in umgekehrter Richtung:

> „Theologisieren verstehen wir überhaupt als Frage nach dem gegenwärtigen Christus. So verstanden, ist Minjung-Theologie schließlich auch nichts anderes als Frage nach dem gegenwärtigen Christus. Aber – die Minjung-Theologie hat nicht zuerst nach Christus gefragt, sondern ist zuerst dem leidenden Minjung begegnet und hat sein wahres Gesicht und seine wahre Realität verstanden. Und genau dort sind wir dem gegenwärtigen Christus begegnet."[47]

Wenn wir oben gezeigt haben, daß im Gottesverständnis der Volkstheologien sich eine weitgehende Identifikation von Gott und Volk vollzieht, so gilt das im gleichen Maße auch für das Christus-Verständnis. *Ahn Byung Mu* betont, daß es nach seiner Meinung unstatthaft sei, Jesus vom *ochlos* (dem Volk), mit dem er sich ständig umgeben hat und mit dessen Geschick er sich identifizierte, zu isolieren: „Man darf Minjung und Jesus nicht in das Subjekt-Objekt-Schema einrahmen. Ich habe Jesu Weg unter diesem Gesichtspunkt durchdacht bis zu seinem Kreuz. Die Kreuzigung war nicht eine Kreuzigung des Individuums Jesus, sondern die Kreuzigung des leidenden Minjung."[48] Ganz auf der Linie der Vertreter materialistischer Bibellektüre argumentierend, behauptet Ahn, daß die von der Urgemeinde geformten Fragmente der Geschichte Jesu kollektiv gestaltet worden seien. Die Gemeinde sei in der Darstellung Jesu nicht an seinem Wesen in metaphysischer Hinsicht interessiert gewesen, sondern an Jesus in der Beziehung zu den Menschen. Die kollektive Darstellung sei also wichtig.

---

[47] Ahn Byung Mu, a.a.O., S. 296.
[48] ebd., S. 292.

Dieser kollektive Jesus ist aber nicht nur ein Geschehnis der biblischen Vergangenheit. Auch heute wird er wieder Ereignis in den geschichtlichen Kämpfen des Volkes, eine Vorstellung, wie wir ihr bereits in der „Messe des Volkes von Nicaragua“ begegnet sind.

Nach diesen beiden Beispielen aus Asien und Lateinamerika darf auch noch eine ganz parallele Beobachtung in den Äußerungen afrikanischer Theologie angezeigt werden. Wenn in dem in Nairobi 1975 aufgeführten Theaterstück *Muntu* Christus ganz aus seinem biblisch-geschichtlichen Zusammenhang herausgelöst wurde, um in ihm den Menschen darzustellen, in welchem der seiner Kultur entfremdete und damit „anthropologisch verarmte“ Afrikaner seine eigene Authentizität wiederentdeckt, so ist dies nur die Kehrseite der gleichen Tendenz, welche die Vertreter der südafrikanischen schwarzen Befreiungstheologie dazu veranlaßt, Christus als „schwarz“ zu bezeichnen. Sie wollen damit zum Ausdruck bringen, daß Christus im südafrikanischen Rassenkonflikt auf der Seite der Schwarzen stehe und ihr Leiden die gegenwärtige Wiederholung seines Leidens sei. In diesem Sinne können südafrikanische Künstler dem Kruzifix die Züge afrikanischer Freiheitskämpfer geben, wofür es Analogien auch in Chile gibt.

Was bei dieser christologischen Schau auf der Strecke bleibt, ist das von den Reformatoren betonte paulinische *pro nobis* („für uns“). Dies ist nicht nur die Befürchtung eines Außenstehenden, sondern es findet seine ausdrückliche Bestätigung bei *Ahn Byung Mu*[49]*:* „Ich will ganz bewußt den Gedanken, das Jesus für Minjung da ist, beseitigen. Er ist mit Minjung.“ Die Erkenntnis, daß bei Paulus ersteres die Voraussetzung für das letztere ist, ist hier verloren gegangen.

5. Reich Gottes

Weil die Theologie des Volkes sich gerne als narrative Theologie ausdrückt, ist sie an den synoptischen Evangelien stärker interessiert als an den reflektiven Briefen des Paulus und an dem meditativen *Corpus Johanneum.* Insbesondere ist es die Reich-Gottes-Verkündigung Jesu, an der die Theologen des Volkes dessen eigene Hoffnungen festzumachen suchen. Das Reich Gottes wird in der Volkstheologie zum Inbegriff aller Hoffnungen auf einen künftigen Zustand totaler Erlösung. Sie kennzeichnen dabei ihre Hoffnung gerne mit dem Begriff der „Vision“

[49] ebd.

oder dem der „Utopie", um damit zum Ausdruck zu bringen, daß sie einen bisher noch abwesenden, aber doch zuversichtlich ersehnten Heilszustand innerhalb der Geschichte im Sinne haben. Das wird deutlich an dessen inhaltlicher Füllung. So bezeichneten die Teilnehmer an der ersten EATWoT-Konferenz 1976 als das Ziel ihrer mit den Menschen in der ganzen Welt geteilten Hoffnung „eine neue Weltordnung, die auf Gerechtigkeit, Brüderlichkeit und Freiheit gegründet ist".[50] Daß dieses Ziel geradezu eschatologisch ultimaten Charakter trägt, kommt zum Ausdruck in der kurz darauf gegebenen Aufforderung an alle, die in den Kirchen Theologie treiben, sich dem „Bestreben all derer anzuschließen, die darum ringen, eine gerechte Welt zu schaffen, damit die, die an Christus glauben, wirklich teilhaben an dem Ringen um eine neue Weltordnung und eine neue Menschheit". Im Schlußteil wird dieses Bestreben der Dritte-Welt-Theologen wieder aufgenommen in dem eigenen Wunsch: „Indem wir Theologie treiben, trachten wir danach, das Evangelium für alle Menschen relevant zu machen und als Seine Mitarbeiter *freudig mitzuwirken an der Erfüllung des göttlichen Heilsplanes für die Welt.*"[51] (Hervorhebung durch mich.)

Die Zukunfts-Perspektive, so dringlich sie gerade in den Volkstheologien gestellt wird, geht so gut wie nie über dieses innergeschichtliche Ziel hinaus. Auch dann, wenn die biblische Reich-Gottes-Verheißung wörtlich angesprochen wird, geschieht dies in unmittelbarer Zuordnung zur geschichtlichen Hoffnung der Welt. So schließt der Aufsatz von Schwester Teresa Dagdag über die philippinische Volkstheologie mit dem Ausblick[52]:

„. . . *It is one of the best moments of history because today, the new history is being forged, the Kingdom of God, His reign of justice is being established in this country of 7000 islands.*"

Sicher würden manche Vertreter von Volkstheologien – wenn mit dieser Frage konfrontiert – nicht leugnen wollen, daß eine Vollerfüllung der biblischen Reich-Verheißungen innerhalb dieser Weltzeit nicht zu erwarten ist, sondern erst im Eschaton erscheinen wird. Aber dieser Gedanke nimmt bei ihnen nirgends eine zentrale Stellung ein.

---

[50] ÖkRdsch 2/77, S. 211.

[51] ebd., S. 220.

[52] T. Dagdag, a. a. O., S. 147: „Es ist einer der besten Augenblicke der Geschichte, denn heute wird die neue Geschichte geschmiedet: Das Reich Gottes, seine Herrschaft der Gerechtigkeit wird aufgerichtet in diesem Lande von 7000 Inseln."

IV. Kritische Beurteilung der „Volkstheologien"

Am Ende dieses Versuches einer analytischen Darstellung kommen wir nicht umhin, ein eigenes Urteil über diese Bemühungen um eine relevante Theologie in der Dritten Welt abzugeben. Wir können dem nicht ausweichen, auch wenn deren Sprecher den Vertretern „westlicher" Theologie von vornherein die Legitimation zu einer sachgerechten Kritik absprechen möchten. Theologie ist nun einmal die vor Gottes biblischer Selbstoffenbarung verantwortete Besinnung auf das Wesen des christlichen Glaubens, welche der ganzen Kirche Christi im gegenseitigen Dienst ihrer Glieder aneinander aufgetragen ist.

1. Berechtigte Anliegen

Es muß anerkannt werden, daß die Vertreter der verschiedenen Entwürfe von Theologien des Volkes umgetrieben werden von realen Nöten ihrer Völker, insbesondere der unteren Schichten. Sie haben mit wachsamen Augen beobachtet und mit sympathisierenden Herzen mitgelitten, wie dies in der Nachfolge Jesu Aufgabe jedes Christen sein sollte. Bewundernswert ist bei vielen Vertretern der Volkstheologien der Mut zum risikovollen Engagement. Wir wissen z.B. von URM-Missionaren wie dem Inder Harry Daniel, der für seinen Einsatz auf den Philippinen mit einer qualvollen Gefängnisstrafe büßen mußte.

Die Beschreibungen der Nöte, die wir im analytischen Teil ihrer Darlegungen finden, sind in ihrem Realismus eindrücklich und in vielen Fällen unbestreitbar auch für den, welcher der sozialwissenschaftlichen Diagnose, die stark von Lenins (widerlegter) Imperialismus-Theorie (auf der auch die lateinamerikanische Dependenz-Theorie fußt) bestimmt ist, nicht zu folgen bereit ist.

Anerkennenswert ist der Ernst, in dem unerbittlich nach der sozialethischen Relevanz des christlichen Glaubens und damit auch der christlichen Theologie gefragt wird, und zwar auch für den, der die Gleichsetzung von Sozialethik und Theologie schlechthin nicht mitzuvollziehen vermag.

Anzuerkennen ist die Forderung nach Verstehbarkeit theologischer Aussagen, zumindest nach ihrer Übersetzbarkeit in den Verstehenshorizont der schlichten Gemeinde. Die Christen Asiens, Afrikas und Lateinamerikas haben ein Recht darauf, eine Antwort auf das Warum ihres Leidens, das Worauf ihres Glaubens und das Wohin ihrer Hoffnung zu erfahren. Oft, wenn auch keineswegs immer, hat die theologische Unterweisung in den einheimischen Kirchen in einem zeitlos abstrakten Sinn, in direkter Übertragung westlicher didaktischer Systeme stattgefunden, welche die einheimischen Pastoren in ihrer späteren Tätigkeit ohne echte Hilfe ließen.

Daß die Aufgabe der Inkulturation des Evangeliums weithin zur noch unerledigten Aufgabe christlicher Mission gehört, wird heute von keinem Missionar, ganz gleich welcher theologischen Richtung, geleugnet werden.

Schließlich darf anerkannt werden, daß die Bibel, soweit ihre Texte wirklich als ganze in ihrem vollen Aussagespektrum ernstgenommen werden, auch bei einer Befragung in spezifisch sozialgeschichtlicher Perspektive neue Aspekte enthüllen kann, die bei früheren Auslegungsversuchen möglicherweise übersehen wurden. Hier wird sich ein ideologisch *vorurteilsfreier* Dialog mit Vertretern solcher Betrachtungsweisen zweifellos lohnen.

2. Ideologisierung des biblischen Glaubens

Die letzte Einschränkung bringt bereits unser entscheidendes Gravamen gegenüber den untersuchten neuen „Volkstheologien" zur Sprache. Der Preis, der für das Streben nach neuer Relevanz der Theologie in den Lebensnöten der Armen der Dritten Welt durch die uns bekannten bisherigen Entwürfe gezahlt wird, ist erschreckend und unverantwortbar hoch. Schon unsere Darstellung der Methoden und ihrer inhaltlichen Ergebnisse – unsere gelegentlich eingestreuten kritischen Zwischenbemerkungen haben darauf schon hingewiesen – hat gezeigt, daß es sich hier um eine radikale und konsequente Veränderung des historischen christlichen Glaubens handelt. Sie wird von den Vertretern der Volkstheologien nicht nur zugegeben, sondern sogar propagiert, obwohl sie deren christliche Authentizität nicht an objektiven theologischen Maßstäben nachweisen können. Der christliche Glaube und die christliche Theologie sind hier einem aktionistischen Zweckdenken unterworfen worden, welches seine eigene Legitimität nur durch das Überspringen bzw. die bewußte Eliminierung biblischer Aussagen oder durch deren gewagte Neudeutung behaupten kann. Das es die Aufgabe christlicher Theologie sei, „freudig mitzuwirken an der

Erfüllung des göttlichen Heilsplanes für die Welt", wobei dieser Heilsplan mit der Errichtung einer neuen Weltordnung und dem Erscheinen einer neuen Menschheit in eins gesetzt wird, kann nur der behaupten, der die souveräne Aussage Gottes beim Anbruch der eschatologischen Schöpfung *„Siehe, ich mache alles neu"* (Offb. 21,4) in den Bereich des Mythos verweist.

Wir haben nachgewiesen, daß die Vertreter von Theologien des Volkes bei allen regionalen Unterschieden überall die marxistische Sozialanalyse als ein legitimes, ja unerläßliches Instrument nicht nur der Gesellschaftsanalyse, sondern auch der Entwicklung einer christlichen Theologie erklärt haben. Damit aber ist das Evangelium an eine Ideologie gekettet worden, die sich schon in ihrem Ursprung als dessen entschiedener Gegner verstanden hat und tatsächlich in ihren Grundaxiomen mit ihm unvereinbar ist. Das Ergebnis ist, wie wir an unseren ausgewählten Beispielen inhaltlicher Aussagen sahen, eine konsequente Überfremdung der biblischen Botschaft, bei der alle biblischen Begriffe eine neue, vielfach gegensätzliche Füllung empfangen. Es handelt sich um eine radikale Substanzveränderung. Was *Bonaventura Kloppenburg* im Blick auf die CfS feststellt[53], gilt in gleicher Weise auch von der Entwicklung sozial-politisch orientierter Volkstheologien:

> „Der Glaube, so wie er uns überliefert wurde, ist – nach gemeinsamer Ansicht aller Anstifter dieser neuen Kirche – ein ideologisierter, domestizierter, entstellter usw. Glaube. Deshalb dringen sie – die Ausdrücke sind von ihnen – auf die ‚Entideologisierung des Glaubens', ‚Neuinterpretation des Glaubens', ‚Umgestaltung des Glaubens', ‚Neuformulierung des Glaubens', ‚Reinigung des Glaubens', ‚Neulesung des Glaubens', ‚den Neuentwurf des Glaubens', ‚neue Ausdrucksweise des Glaubens'. Das christliche Gewissen der Christen für den Sozialismus betrachtet die politische Emanzipation als eine Herausforderung, die den ganzen Dogmatismus der institutionellen Kirche in Frage stellt."

3. Preisgabe der biblischen Soteriologie

Obwohl sich die Volkstheologien als relevante Interpretation der in der Bibel verkündigten und von Christus gewirkten Erlösung verstehen, handelt es sich, wie wir sahen, um eine so grundlegende Veränderung

[53] Kloppenburg, a.a.O., S. 61.

des biblischen Heilsverständnisses, daß ein innerer Zusammenhang zwischen den biblischen Aussagen und den Postulaten sozial-politischer Erlösungsvorstellungen nicht mehr an festen Maßstäben exegetischer oder systematischer Art aufgewiesen werden kann. Weil die Person Jesu Christi selbst verschwindet in dem anonymen Kollektiv einer nach politischer Befreiung strebenden Masse, kann seine Heilstat, wie sie von den Evangelien und Episteln berichtet und gedeutet wird, nicht mehr in ihrem Sinne erblickt werden. Sie muß den ultimativ vorgetragenen Heilserwartungen heutiger Menschen in ihrer jeweiligen Situation das Feld räumen. Dabei besteht die fatale Verschiebung in der völligen Einebnung der vertikalen Gott-Mensch-Dimension in die horizontale gesellschaftliche Dimension. Es wird nicht mehr gesehen, daß die Wiederherstellung des durch die Sünde gestörten Verhältnisses zu Gott gerade auch für die Armen der Dritten Welt – auch wenn sie ihrerseits selber „Opfer der Sünde" sind – die Überwindung ihrer tiefsten Not darstellt, und daß die teils schon geschichtlich, teils erst eschatologisch zu erhoffende Überwindung aller übrigen Nöte eine Konsequenz aus dieser grundlegenden Heilstat darstellt.

4. Tendenz zur politischen Selbstvergottung

Fataler noch als die aufgewiesenen Verschiebungen im Bereich der Soteriologie ist der Verlust der biblischen personalen Konturen im Reden von Gott und von Jesus Christus. Wir haben gesehen, daß die Vertreter der Theologien des Volkes so sehr in der Selbstanalyse des menschlich-korporativen Leidens befangen sind, daß die Frage nach Gott bzw. die Antwort auf seinen Anruf zunächst gar nicht in das Blickfeld solcher Theologie kommt. Beides erscheint vielmehr erst als eine symbolhafte Spiegelung eigenen Leidens, eigenen Hoffens bzw. eigener Befreiungserfahrung, so daß die Namen „Gott" und „Jesus Christus" *de facto* Chiffren für das Volk selbst sind und zwischen beiden jedenfalls prinzipiell nicht mehr unterschieden werden kann. Dem entspricht das hohe Maß der Verantwortung, das in dieser Schau dem Menschen – und übrigens ganz besonders der „Theologie des Volkes"! – bei der Verwirklichung des göttlichen Heilsplanes zugedacht wird, worauf schon hingewiesen wurde.

Damit aber droht diese Art von Theologie ihren ureigensten Gegenstand selbst aus dem Blick zu verlieren. Indem sie zugleich doch dessen Namen zur Prädikation des eigenen Schicksals macht, schreiben sie dem

Menschen in seiner korporativen Gestalt göttliche Würde zu, ja schikken sie sich an, ihn an die Stelle Gottes und seines Sohnes treten zu lassen. Die Urversuchung der Schlange *Eritis sicut Deus* (1. Mose 3,5) gewinnt auf diese Weise erschreckend neue Aktualität.

Abschließend sei noch eine Frage gestellt, die das Selbstverständnis der auf den EATWoT-Konferenzen versammelten Theologen möglicherweise am empfindlichsten treffen könnte:

5. Wie einheimisch und wie universal sind die Volkstheologien der Dritten Welt?

Trutz Rendtorff[54] hat davor gewarnt, daß durch den Aufbruch eigenständiger Theologien in der Dritten Welt die wesensmäßige Universalität der Theologie gefährdet und eine notwendige theologische Kommunikation unmöglich gemacht werden könnte. Wir haben schon darauf hingewiesen, daß *James Cone* bei der ersten Konsultation von Vertretern der Schwarzen Theologie und der Befreiungstheologien 1973 die Möglichkeit solcher theologischer Kommunikation zwischen den „Anwälten der Unterdrücker und der Unterdrückten" *a limine* abgewiesen hat.

Nun ist aber zunächst die vielleicht verblüffende Frage zu stellen, inwiefern die in unserem Beitrag untersuchten Theologien wirklich spontane Erzeugnisse aus den Kirchen der Dritten Welt darstellen. Die Frage drängt sich deswegen auf, weil es unter dieser Voraussetzung schwerfällt, die auffällige Verwandtschaft dieser fast gleichzeitig erscheinenden Entwürfe in verschiedenen Kontinenten und Ländern zu erklären.

Die Antwort der Mitglieder von EATWoT, die schon in ihrem ersten Bericht 1976 gegeben wird, ist der Hinweis auf die gemeinsame Erfahrung, die alle Völker der Dritten Welt als Opfer der imperialen Expansion des Westens in Vergangenheit und Gegenwart gemacht haben. Aber es wirkt doch unwahrscheinlich, daß solche neuartigen theologischen Entwürfe in ihrer Gleichartigkeit nicht schon viel früher erschienen sind, obwohl es an Bemühungen um einheimische Theologien, besonders in Asien, nicht gefehlt hat, und daß nun aber an allen

---

[54] Trutz Rendtorff, „Universalität und Kontextualität der Theologie", in: ZThK 1977.

Stellen gleichzeitig die Ideologie des Marxismus als das entscheidende hilfreiche Instrument zur Erstellung theologisch relevanter Antworten auf die Lebensnöte der Dritten Welt erschienen ist, trotz der ungeheuren inhaltlichen Opfer, welche die christliche Glaubensüberlieferung bei ihrer Aufnahme zu bringen hat!

Wenn wir die Geschichte der *Irruption of the Third World – a challenge to Christian theology*[55] wirklich historisch-kritisch verfolgen, so werden wir feststellen, daß von Anfang an gerade hier eine Vermittlung auch westlicher Theologie an die Vertreter der Dritten Welt stattgefunden hat, und daß es in den letzten Jahren eine zielbewußte ökumenische Koordinierung solcher Bemühungen um das Gestaltwerden ähnlich ausgerichteter Volkstheologien gegeben hat. Deswegen waren bei allem kulturellen Lokal-Kolorit, welche die Terminologie im einzelnen und die sozialpolitische Analyse im jeweiligen geographischen Bereich annahm, die Grundaxiome und die Zielrichtung doch wesentlich gleichartig.

Wir haben hingewiesen auf die vermittelnde Rolle, welche die vom ÖRK berufene internationale Beratergruppe der URM bei der Option für das Klassenkampfmodell in allen Situationen des Einsatzes ihrer Mitarbeiter gespielt hat.

Wir lesen schon im Bericht vor der ersten EATWoT-Konferenz[56], daß die in Daressalam neu gegründete Vereinigung von vornherein finanziell unterstützt wurde von zwei Kreisen in Nordamerika und Europa, wobei die Mitglieder des europäischen Kreises alle bekannt sind als Vertreter einer revolutionären politischen Theologie (Georges Casalis, François Houtard, Paulo Freire, Julio de Santa Ana und Johannes Baptist Metz).

Der Bericht der ersten EATWoT-Konsultation trägt so eindeutig die Handschrift des einladenden Schriftführers *Sergio Torres,* eines radikalen Vertreters der lateinamerikanischen Theologie der Befreiung, daß es leicht erklärlich ist, wie es bei großer Unterschiedlichkeit der Herkunft schon nach wenigen Tagen zu einem so harten Maß an Übereinstimmung kommen konnte.

---

[55] deutsch: „Der Aufbruch der Dritten Welt – eine Herausforderung an die Theologie", dies der Titel des offiziellen Berichtes von EATWoT-Konferenz in Neu Delhi 1981, hg. v. V. Fabella und S. Torres, Maryknoll, NY 1983.

[56] ÖkRdsch 2/77, S. 211.

Dabei ist weiter ausholend darauf hinzuweisen, daß auch die lateinamerikanische Theologie der Befreiung selbst kein völlig autochthones Gewächs jenes Kontinentes ist. Ihre führenden Vertreter standen im Austausch mit europäischen Theologen, und den eigentlichen Anstoß zu ihrer Bildung stellten die Besuchsreisen von zwei profilierten Vertretern einer politischen Theologie in Deutschland dar, nämlich *Jürgen Moltmann* und *Johannes B. Metz*.

Auch die Christen für den Sozialismus in Lateinamerika verdanken gerade ihr wichtigstes theologisches Instrument, mit dem sie ihr revolutionäres Engagement mit einer biblischen Motivierung zu versehen suchen, d. h. die materialistische Bibellektüre, den Arbeiten von katholischen Theologen in Portugal, Italien und Frankreich.

Ähnlich lassen sich die Ursprünge der südafrikanischen Schwarzen Befreiungstheologie auf direkte persönliche Kontakte ihrer Vertreter mit den Repräsentanten nordamerikanischer *Black Theology* zurückführen.

Der Ring schließt sich mit dem Ereignis der 6. EATWoT-Konferenz im Jahre 1983 in Genf, bei der erstmalig nur noch 40 Prozent der Teilnehmer aus der Dritten Welt kamen. Den Rest aber bildeten Vertreter solcher Theologien Westeuropas und Nordamerikas, die ihrerseits in voller Übereinstimmung mit den dort vertretenen politischen Theologien in der Dritten Welt standen.

Die eigentliche Provokation stellten in Genf nicht die auf ihrer Eigenart bestehenden Theologen der Dritten Welt dar; vielmehr kam sie gerade durch die äußerst scharfen Thesen der Referenten aus Westeuropa und Nordamerika, d.h. *J. B. Metz, D. Sölle, G. Casalis* und *Rosemarie Ruether*. Daß die Tagung im Gebäude des ÖRK stattfand, dessen Generalsekretär seine besondere Sympathie mit dieser Art von gesellschaftlicher Theologie in der Dritten Welt zum Ausdruck brachte, war eine abschließende Bestätigung der These, daß Theologien des Volkes in der Dritten Welt sich in hohem Maße ökumenischer Initiative, Finanzierung und Koordinierung verdanken. Im Blick auf die von uns zuletzt gestellte Frage nach der Universalität und Eigenständigkeit der Theologien der Dritten Welt muß dieser Beitrag mit einem besorgten Ausblick enden:

Liegt die theologische Problematik der Ökumene wirklich in der Schwierigkeit, zwischen der von den westlichen Kirchen vertretenen traditionellen Gestalt des christlichen Glaubens einerseits und den eigenständigen Versuchen junger Kirchen in der Dritten Welt andererseits zu vermitteln, die diesen selben Glauben in einheimischen Verstehenskategorien und in gesellschaftlich relevanter Zuspitzung ausdrücken möchten? Besteht das Hauptproblem nicht vielmehr darin, daß durch eine zielbewußte Koordination neben der bisherigen, an Bibel und kirchlicher Lehrentwicklung orientierten Theologie älterer und jüngerer Kirchen – auch solcher in der Dritten Welt! – weltweit eine neue, eher ideologisch zu nennende Totalschau entwickelt wird, die – wenn auch unter Berufung auf die biblische Geschichte – eine andersartige Heilslehre darstellt? Denn wird in dieser Schau nicht die eschatologische Reich-Gottes-Hoffnung weitgehend von der fatalen Utopie einer sozialistisch-sakralen Weltgemeinschaft verdrängt? Wäre dann aber das unvermeidliche Ergebnis nicht eine neue Spaltung der Christenheit, welche aufgrund der radikalen Veränderung im biblischgeschichtlichen Glauben viel tiefer geht als die bereits in theologischer Überwindung begriffenen bisherigen konfessionellen Trennungen? Diese Fragen mögen in ihrer Radikalität überspitzt wirken. Im Lichte der in dieser Untersuchung dargelegten Beobachtungen scheinen sie mir aber einer sorgfältigen Prüfung wert zu sein.

Die Autoren

PETER BEYERHAUS, Prof. Dr. theol., geboren 1929 in Hohenkränig/Neumark. 1957–1965 Missionsdienst und Dozententätigkeit in Südafrika. 1966 Berufung auf den Lehrstuhl für Missionswissenschaft und Ökumenische Theologie an der Universität Tübingen.

WILHELM HAHN, Prof. Dr. theol. MdEP, geboren 1909 in Dorpat, 1950 Professor an der theologischen Fakultät der Universität Heidelberg (Schwerpunkt insb.: Grenzgebiet von Theologie, Politik und Pädagogik). 1964–1978 Kultusminister von Baden-Württemberg. 1979–1987 Abgeordneter im Europäischen Parlament.

RUPERT HOFMANN, Prof. Dr. phil., geboren 1937 in Mannheim. Ord. Professor für Politische Wissenschaft an der Universität Regensburg. Mitglied des Lehrkörpers der Hochschule für Politik in München.

WOLFGANG OCKENFELS OP, Prof. Dr. theol., Dr. phil., geboren 1947 in Bad Honnef, 1985 Professor an der Theologischen Fakultät der Universität Trier. Arbeitsgebiet insb. Christliche Sozialwissenschaft.

RICARDO VÉLEZ RODRÍGUEZ, Prof. Dr. theol., geboren 1943 in Columbia. Lehrt Philosophie an der Universität Gama Filko in Rio de Janeiro sowie an der Katholischen Universität Petropolis und in der Fakultät João Paulo II in Rio.

ANGELIKA SENGE, Dr. theol., geboren 1950 in Bielefeld; 1977–1981 Assistentin am Fachbereich Kath. Theologie der Universität Münster. Derzeit Studienrätin für katholische Religion und Geschichte in Werne/Lippe.

WOLFHART SCHLICHTING, Dr. theol., geboren 1940 in München. 1969/70 Pfarrer in Quito/Ecuador, anschl. Dozent an der CVJM-Sekretärschule in Kassel. 1975–1986 Studentenpfarrer in Regensburg. Derzeit Pfarrer bei der „Christusbrüderschaft" in Falkenstein.

MANFRED SPIEKER, Prof. Dr. phil., geboren 1943 in München. Seit 1983 Professor für Christliche Sozialwissenschaften an der Universität Osnabrück.

ALFONSO LÓPEZ TRUJILLO, Kardinal, Dr. phil., Diplomtheologe, geboren 1935 in Bogotá, 1972 Generalsekretär der Lateinamerikanischen Bischofskonferenz (CELAM), seit 1979 Erzbischof von Medellín (Kolumbien).

Nachweis der Beiträge

1. Erweiterte Fassung von: Rupert Hofmann, „Die eschatologische Versuchung" in: *Die Neue Ordnung* 40 (1986), S. 54–67.
2. Überarbeitete und ergänzte Fassung von: Wolfgang Ockenfels, „Eschatologie und Politik" in: *Die Neue Ordnung* 38 (1984), S. 296–306.
3. Ricardo Vélez Rodríguez, „Politischer Messianismus und Theologie der Befreiung" in: *Internationale katholische Zeitschrift* 13 (1984), S. 343–354.
4. Alfonso López Trujillo, „*Die Kirche und das Problem der Ideologien*", Köln 1983 (Nr. 101 der Reihe „Kirche und Gesellschaft").
5. Manfred Spieker, „Politik und Ökonomie in der Theologie der Befreiung" in: J. Em/M. Spangenberger (H.), *Theologien der Befreiung,* Köln 1985, S. 35–52, 160–163.
6. Ergänzte Fassung von: Angelika Senge, „Christen für den Sozialismus" in: *Die politische Meinung* 30 (1985), S. 60–68.
7. Überarbeitete und ergänzte Fassung von: Wilhelm Hahn, „Christliche Weltrevolution" in: *Die politische Meinung* 30 (1985), S. 48–58.
8. Überarbeitete Fassung von: Wolfhart Schlichting, „Ökumene im Verständnis der evangelischen Studentengemeinden" in: *Homiletisch-Liturgisches Korrespondenzblatt* N.F. 3 (1985/86), S. 169–189.
9. Der Beitrag von Peter Beyerhaus „*Theologie als Instrument der Befreiung*" ist 1986 gesondert erschienen in der Reihe „Theologie und Dienst", Heft 49, der Theologischen Verlagsgemeinschaft (TVG). Der Herausgeber dankt dem Brunnen Verlag Gießen für die freundliche Genehmigung zum Wiederabdruck.

Sachregister

Personenregister

(*Kursivgesetzte* Seitenangaben verweisen auf Namennennungen in den Fußnoten)